德育实践教学研究——以高校为载体

吕静波　编著

内 容 提 要

本书立足于家庭、学校和社会三个方面，进行德育实践教学研究，探索高校的德育建设路径。在多年的德育实践教学探索的基础上，对当前高校德育实践教学的政策进行深入研究，提出德育实践教学的方针、原则、价值等，并对这些方针、原则、价值加以诠释，提出德育实践教学的实现途径和方法，最后，对德育实践教学达到的效果和预期进行了研究。

本书内容详实，循序渐进，可作为从事德育实践教学研究人员的参考书。

图书在版编目（CIP）数据

德育实践教学研究 ：以高校为载体 / 吕静波编著
. -- 北京 ：中国水利水电出版社，2015.1（2022.9重印）
ISBN 978-7-5170-2876-5

Ⅰ. ①德… Ⅱ. ①吕… Ⅲ. ①高等学校—德育工作—研究—中国 Ⅳ. ①G641

中国版本图书馆CIP数据核字(2015)第014229号

策划编辑：杨庆川　责任编辑：陈　洁　加工编辑：谌艳艳　封面设计：李　佳

书　　名	德育实践教学研究——以高校为载体
作　　者	吕静波　编著
出版发行	中国水利水电出版社 （北京市海淀区玉渊潭南路1号D座　100038） 网址：www.waterpub.com.cn E-mail：mchannel@263.net（万水） sales@mwr.gov.cn 电话：(010)68545888(营销中心)、82562819（万水）
经　　售	北京科水图书销售有限公司 电话:(010)63202643、68545874 全国各地新华书店和相关出版物销售网点
排　　版	北京万水电子信息有限公司
印　　刷	天津光之彩印刷有限公司
规　　格	170mm×240mm　16开本　13.75印张　255千字
版　　次	2015年5月第1版　2022年9月第2次印刷
印　　数	3001-4001册
定　　价	48.00元

前　言

德育是一门课，又不仅仅是一门课。因为道德思想和行为从儿童到老叟，从家庭、学校到社会，从个人独处、集体共处到国家交往，从人的出生到死亡，从人类原始社会到人类现代文明，一路走来，向未来奔去，无处不在，无时不在。社会、环境、法律、政治、经济、文化等，都随时对道德发生作用、产生影响。对于这样一个具有广泛的社会生活性和社会生产实践性的道德内容来说，完全依靠学校的德育似乎是不现实、不客观的。因此，德育实在不是学校一方所能承受之重。而对于学校来说，把无处不在、无时不在的鲜活的道德思想以及由此产生的行为，窄化成一门或几门课的形式，在一个特定的场合——课堂或讲堂中表达出来，也就无怪乎学生听得乏味了。不是教师教育不到位，而是德育的担子实在太重。因为，就学校德育而言，有专门的德育课程设置，就必然有专门的德育教师，那么相对于德育教师而言，其他专业课教师就是“非德育工作者”了。学生所学专业一定程度上决定未来所从事的职业，而专业学习与职业道德教育剥离，是学校德育的重大失误。不同职业的职业道德有着很大的差异，用一个章节说透成千上万个专业以及由此拓展的职业道德，实在是德育教师之力所不能及的。那么对于大部分学校而言，如果将“道德教育的时空被窄化到了一门课或某一项工作上”，无论是将德育专门化、课程化、课堂化还是讲堂化，都是一种画地为牢的做法，导致窄化了学校道德教育时空、道德教育工作者范围和道德知识等弊端[1]。

由此看来，德育是一门课，又不仅仅是一门课。因为德育不是孤立存在的领域，德育广泛地存在于人类生活的许多场景中。家长是孩子的第一任教师，正如 20 世纪苏联教育家马卡连柯所言：“如果在父母自己过着积极的文化生活的家庭里，报纸和书籍成为生活上必须的东西……那么，甚至当父母仿佛连想也不想文化问题的时候，文化教育还是会存在的”，这是因为有了良好的文化教育氛围和环境的影响和引导。“儿童的文化教育应当很早就开始，应当早在儿童识字以前就开始，应当在儿童刚学会看、听和说些什么的时候就开始。”[2] 因此，本书立足于家庭、学校和社会三个方面，进行德育实践教学研究，探索高校的德育建设路径。而且，“学校中道德教育的直接方法和间接方法需要有机地结合起来，寓理论、方法的教学于实际活动之中，使实际生活经验获得理论上的升华，才能便于学生将理论与方法付诸实施。”[3] 当代英国教育和道德哲学家约翰·威尔逊的观点说明了离开社会生活的德育是没有灵性和灵魂的德育，离开社会生产实践的德育，原本也是不现实、不道德、脱离了社会根基的德育。因此，将德育问题过多地归咎于学校是起不到太大作用的；而学校将德育固化到一门课程或德育教师的教学中或辅导员的日常管理工作中，极大地将广泛存在于生活世界的道德狭隘化了，这是目前学校德育最大的困惑。

长久以来，由于学校德育的主渠道放在了课程和课堂教学方面，辅助德育手段放在了辅导员或班主任的班会或二课堂方面，德育实践教学研究有实践、有探索，但没有形成必须的德育教学手段，导致德育效果不明显。基于以上原因，本课题研究立足开放的视野、哲学的视阈，从家庭、学校到社会，从儿童的基础德育到高校德育，再延伸到社会。我们不了解学生的昨天，就无法科学地延续今天的德育；我们不了解社会发展的明天，就无法为社会发展输送经得起社会进步和发展推敲的合格人才。

为了将德育实践教学研究规范、有序地开展下去，本书在多年的德育实践教学探索的基础上，对当前高校德育实践教学的政策进行了深入研究，提出德育实践教学的方针、原则、价值等，并对这些方针、原则、价值加以诠释，提出德育实践教学的实现途径和方法，最后，对德育实践教学达到的效果和预期进行了研究。目的在于建立开放性的德育实践教学方法，完善德育教学手段。尤其是高校学生丰富的社会生活和社会生产实践为丰富和完善德育实践教学提供了广阔的研究平台。社会经济结构调整和社会生产建设发展进程中，也不断涌现出很多新的产业和与之相关的职业，高校的德育需要社会进步思想的滋养，同时高校也有在社会发展进程中担当起完善和丰富新的职业道德的责任和义务。

由于立足德育实践教学研究的成果尚不多，因此笔者根据多年对高校德育实践教学研究的探索，进行了“高校德育实践教学研究”的些许尝试，意识到还有很多有待研究的问题和拓展的空间。由于笔者的研究能力、精力和时间有限，本书只是德育实践教学研究的一个开端，算是抛砖引玉，希望得到专家和读者的批评指正。

编　者

2014 年 11 月

目　录

第三章　高校德育实践教学的政策研究

第五章 德育实践教学方法的探索和研究

第六章　高校德育实践教学研究的预期

Chapter 1

第一章 高校德育困境

"道德和教育皆根植于生活世界。"[4]"道德不是一个可以从生活中抽离出来的、单独的现象……道德现象存在于生活的方方面面。"[5]离开社会生活的德育是没有灵性和灵魂的德育，离开社会生产实践的德育，原本也是不现实、不道德、脱离了社会根基的德育。因此，将德育问题过多地归咎于学校是学校德育不能承受之重；而学校将德育固化到一门课程或德育教师的教学中或辅导员的日常工作中，极大地将广泛存在于生活世界的德育狭隘化了。

学校德育不是孤立于社会意识形态和道德环境之外的，尤其是高校德育，更是一个开放的德育环境。如果没有对家庭德育的了解，没有对岗位和职业道德以及对社会公德现状的深入调研，就会导致学校德育不到位。目前，客观上存在着家长重养育、重知识、重技能；学校重教育、重理论、轻培养的问题。家庭和学校共同存在着轻教养的问题，而教养是一个过程，"教"在先，"教"的目的是"养成"，如同有政策，无落实等于零一样，德育的教养问题同教育本身一样重要，"教"与"养"二者有机结合的过程是一个培养的过程，这个过程完成了，才能培养出有教养、有修养的人。社会则重专业、重技能、重岗位（或职业）能力培训，轻培育、轻培养，导致人文精神的缺失和道德的疲软。长此以往，就会导致人格和心灵的扭曲。唯有将家庭美德、职业道德、社会公德三者加以系统思考，整体推进，营造出家庭、学校、社会三者和谐的德育环境，才是科学的德育。德育需要大环境的支持，其中，家庭是社会的细胞，家庭美德教育是学校教育的基石，是一种来自生活的自然而然的感性的教育，也是对社会公德教育的滋养；学校德育引导学生从德育的感性影响和感性思维上升到理论层次进行理性思考，巩固优良的家庭美德，建立系统、完整的道德意识，培育道德精神，形成道德文化；社会德育是家庭教育和学校教育的延伸和落脚点，但不是终点。每个人最终都要走向社会，如果没有社会公德、职业道德和家庭美德的约束，很难想象会成为一个怎样的人。人走向社会后，在工作岗位上，更多的是依靠道德自律，但社会组织的政策引导、国家的规范、社会的舆论引导等是不可或缺的，只有这样才能形成一个文明有序的社会运行机制。

而目前存在的德育困境就是学校德育脱离了家庭和社会德育环境的支撑和衔接，像孤岛一样在众目睽睽之下无所适从，德育从课堂到讲堂，从理论到理论，成了游离于社会生活和社会生产实践之外的一门“专业课”，它的授课内容根据德育理论教材，它的考核内容围绕教材内容进行，书面考核优秀或合格的学生，其道德思维和道德行为完全是另一套行径。更为重要的是：教材的德育内容与社会存在的德育现象形成鲜明的对比，让德育教师很无奈，学生很茫然。这是德育效果不尽人意的根源，是不容回避的、严肃的问题。

第一节　来自家庭的德育困境

德育从儿童就开始了，家长是孩子的第一任教师，高校的德育要追本溯源，这样才能避标治本，固本强能。

一、面对独生子女的家庭德育困境

恰如医生在做病情诊断时，必须了解病人的病史一样，无论当前的病症与以往的病症有没有关联，了解病史是诊断的必要前提。在了解高校德育面临的困境时，必须了解学生的教育背景和所处的时代背景。三十多年前，独生子女家庭很少，这样的家庭因孩子少，家庭经济状况相对较好，着实是令人羡慕的。30 年后的当今社会，从羡慕独生子女发展到观察第一代独生子女成人后教育独生子女，在这个过程中大人和孩子都没有经验可寻。究其原因是因为 30 年前，是一对父母带一帮孩子，父母若在第一个孩子教育出现偏差或失误时，还可以在第二个、第三个……孩子身上引以为戒，随时调整，有了修正偏差、改正失误的机会。而孩子们之间大孩子还能带小孩子，期间，大孩子得到历练，小孩子得到照应，孩子之间的友爱互助、礼让、谦让等品德在生活中自然而然地养成了。如果有三、四世同堂的老人，那更是一宝：一是紧张而繁忙的上班族父母的抚养压力能得到适当缓解；二是在生活中创设了一个培育民族传统文化的环境。那时虽然物资短缺，但对仅有的一点时令果鲜等，大部分父母会引导孩子先顾及老人，再关照最小的弟弟妹妹，敬老爱幼、团结友爱、相互关照，是在自然而然的情景、意境和氛围中形成的。这就是杜威“生活即教育”的意义。

当今为人父母的80后这一代，是在一帮大人带一个孩子的氛围中长大的，如果他们依旧采用其父母抚养他们的方式抚养孩子……结果和他们是一样的：有的是重养育、轻教育，宠爱有加，教育不足；有的则是重智育、轻德育，重技能培养、轻道德培育，德育成为家庭教育的短板。

在研究高校德育实践教学问题时，我们有必要追本溯源，从学生的基础德育本源开始，因为，“主要的教育基础是在5岁以前奠定的”，孩子“5岁以前所做的一切，等于整个教育过程中的90%的工作，以后，一个人的教育还在继续进行，一个人的锻炼也还在继续进行。”[6]因此，高校教育正是处在对学生的教育过程中，这个过程如果没有起点或德育的终极目的研究，就是一个没有起点分析和终点目标的研究。

二、爱的误区和盲区

当下的儿童教育有以下几个分化：

一是“狼爸爸”“虎妈妈”狠过劲。关于“虎妈狼爸”的报道不少，华裔教授蔡美儿的“虎妈”教育方法，自称“中国狼爸”的萧百佑的教育方式，“每天挨顿骂，孩子进北大”着实吸引了众多家长们的眼球。但是这些家长没有分析他（她）们的家庭是几个孩子？蔡美儿的家庭有一对女儿，“中国狼爸”的家庭有四个子女。因此，对于他（她）们的教育方式：一个孩子犯了错误，其他的孩子都必须在旁边站一排，一起听从教诲，同时看着自己的兄弟姐妹挨打，以儆效尤，这种教育方式客观上还真的没法模仿。因为我国目前大部分是独生子女，在一个孩子的情况下，打给谁看？“虎妈狼爸”家庭所拥有的多子女家庭在我国已是少数，所谓中国式教育发生在“虎妈狼爸”身上是个案，不代表中国现代家庭教育的普遍现象。或许正是因为“虎妈狼爸”的“成功”教育模式，导致了今天不少“虎妈狼爸”在儿童教育中因为“恨铁不成钢”而将子女活活伤害至死。如在2012年，深圳打工族郑军鹏因6岁的儿子小蒙拿了同学的钱买了橡皮擦而被父亲用皮带活活“教训”致死，而同样的悲剧仅2012年就已经有8起，这已不属于个案。因此，不排除“虎妈狼爸”是一种畸形的“教育”和“爱”。

二是爱过了头。这两种教育方式都是出于对子女的爱，但表现形式不一样，任何事情过犹不及，即便是爱，若爱的不当，造成的伤害更甚。衣来伸手，饭来张口的学生，由于过度依赖父母，个人生活打理都成问题，在离开家庭进入高校后的独立生活能力、自理能力、与同学的交往能力等都需要经过一个相当长的过程才能达标。有的学生要父母定期来帮助打理和清洗衣物被褥；也有的因为在家是一帮大人看一个孩子，被宠惯了，养成了任性、娇纵、我行我素，甚至是恣意妄为的习惯，在进入集体宿舍后也需要一个相当长的过程适应集体生活和周边的生活环境。更有家庭条件好的学生，父母怕孩子只身在外受“委屈”就在学习经费方面敞开了支持，要多少给多少，学生由于不能合理地安排自己的业余生活，有了钱就染上了吸烟、喝酒、无节制上网等不良习惯。虽然爱是为人父母的自然属性，也是法律赋予的抚养子女的义务中不可或缺的成分，但爱必须是有限度的，超过了一定的限度，就是害。因为这种失去原则的爱使孩子可以在相当一段时间里不劳而获地获得生活必需品，认为是理所当然的，你必须给我的，一旦不能满足，就什么事都能干出来。因此，有的孩子上了大学，甚至研究生毕业参加了工作，有了自己的孩子，稍不如意，就对自己的父母非打即骂，甚至虐待父母，更有甚者杀害父母。不懂得感恩、报恩，甚至反目成仇的案例也很多，孩子是必须回顾反思的。但从“子不教，父之过”传统文化走来的国度，父母在儿童的早期教育以及德育方式和环境的失当，应当引起更深刻的反思，也是很多家庭应当引以为戒的。

三是留守儿童存在爱的盲区。未成年人，尤其是儿童阶段是人生中无论生理还是心理都最敏感、最脆弱、最需要父母关照与呵护的阶段。这一阶段在人的一生中转瞬即逝，在成人眼里或许没有引起重视，儿童如果在这个阶段失去父母的爱，会在其心理世界中，留下难以忘怀的、刻骨铭心的痛。然而，当今社会，在城市化过程中，无以数计的父母为了养家糊口和生活生计长期在异地打工，看似是为了孩子，实则孩子承受着成长过程中难以弥补的感情上的疏离和伤害。例如，有一个家庭生养了一对双胞胎男童，因为父母都是上班族，没有精力同时照看好两个男孩，就将其中的长子放到外祖母家供养，节假日也一起聚聚，在上初中后，由于外祖父母已经辅导不了外孙的学习，父母将长子接回自己家中一起培养。由于从小的教育和生长环境不同，长子已经不适应父母的教育方式，因此常闷闷不乐，郁郁寡欢。越是这样，父母越觉得这孩子和他弟弟不一样，不豁达，不乐观，不知道他整天在想什么？似乎有一道莫名的屏障，在心理上隔开了父母与孩子，这种感受与距离感在父母与孩子之间是相同的，久而久之，这个学习很不错的男孩，在他十四岁那年，终因上网的网速慢而一跃从 10 楼跳下，结束了其青少年时代，留给世人的是无尽的痛苦。这里存在着爱的盲区，即便是节假日能相聚的父母和子女且会有这样的结果，那么那些打工族们所撇下的留守儿童，他们因感情和爱的缺失造成的伤害岂不更深远？这样的学生在进入高校学习后，性情很多是敏感而脆弱的，由于缺乏爱使他们期待被爱，被老师关注，被同学认可。但问题是千年之交后的高校发展，办学规模急剧膨胀，导致管理人员紧缺，一个辅导员管理几个班的现象普遍存在，无法细致入微地呵护到每一个需要呵护和慰藉的心灵，也无法特别地关注那些留守儿童。因此，应尽早解决打工族子女随父母进城入托和入学的问题，让社会多给这些孩子一些温暖和爱。

四是父母双方或父母与祖父母两方的宠与狠并重的情况下，孩子会无所适从，不谙世事的孩子更多地倒向宠爱的一方，造成父母或父母一方的管理难以到位。

因此，在家庭教育中，好的影响和有成效的教育，成人的意见和教育价值观原则应当是一致的，否则，会给孩子留下可以犯错或出错无所谓的思维空间，并造成不良、不睦、不和谐的教育环境，对子女的成长是有百害而无一利的。目前三、四世同堂的家庭正在急剧减少，带来的问题是儿童从小缺失了敬老爱幼的情境和环境教育。过去一般的家庭都存在收入不高，时令果鲜稀缺的客观情况，但在那样的时代，几世同堂的老中青结构，形成了父母可以引导孩子将稀缺的时令果鲜先让老人品尝，然后再让孩子品会的情境教育时空。敬老爱幼的家庭美德教育在生活中自然而然地就形成了。而今天，房子大了家庭小了，工资高了物资丰富了，然而失去了难能可贵的家庭美德的教育意境、情境和环境。当一帮大人面对和照看一个孩子的时候，对于这个孩子而言，父母的爱，隔代亲的爱，成了“非常 6+1”的爱。问题在于付出爱的教育中没有引导子女如何爱别人，因此，沐浴在爱的氛围里长大的子女有不少只会接受爱，却不会爱别人。对这样的情境和意境，有不少需要在高校的思想道德修养课中，在家庭美德教育章节中创设情境和意境以重现家庭美德教育的场景，进行适当的补偿。

三、功利意识对家庭美德教育的影响

社会环境决定人的社会意识，无论是家庭教育、学校教育还是社会教育的大环境，儿童的成长都无一例外地受到社会发展环境的巨大影响。伴随着改革开放三十多年的发展，目前社会处于公认的转型期；同时，我国作为 WTO 成员国是个开放的国度，国家的产业结构随着世界经济结构的调整而调整，一技在身已经不能满足一生的生活需求。因为产业结构调整涉及技术结构的随时适应和适时转行或更新。总而言之，就是在劳动力过剩的情况下，岗位竞争力日益激烈。社会激烈的岗位竞争的结果对家庭教育的影响是：家长对孩子寄予了父辈的期待，父辈没有实现的理想转嫁到子女身上，变本加厉地催促子女成才成功。无论父辈的引导和教育方式如何，对子女来说都会造成很大的身心负担和压力。进而导致了学生从中考到高考，也同样地承受了比父辈的岗位竞争力更大更强的升学压力。事实上，近年来随着高等教育大众化趋势的发展，升学已经不是什么压力了，但是国人的攀比意识似乎是个积弊，你升本，我升一本，你一本，我全国著名大学，你山大，我北大……这样的竞争压力实在不是子女所能承受之重。导致子女的成长偏离了全面发展的方向，一味地进入了偏执的追求高分的思维方式而不能自拔，造成有的学生在初中一直是级部领先，到了实验高中后，成了级部的前十名，心理就无法承受了，真的是“高处不胜寒”啊。当脆弱、偏执的心完全被“分数”控制、锁定，精神就崩溃了。原本鲜活的生命从此黯然、萎缩，这也是父母、老师最不能承受之痛。

四、陈旧的教育模式误导了儿童和学生早期的世界观

从封建科举制延续下来的科考制度，使国人的基因中似乎渗透着科举制的DNA，重基础知识、技能知识而极大地忽略了道德伦理的孕育和引导，在德育的最佳年龄阶段几乎完全地丧失了德育教育，导致部分学生进入大学甚或硕士、博士阶段后，没有丝毫的四德（家庭美德、职业道德、社会公德、个人品德）观念，整个人生观、价值观和世界观都围绕自己的一己之见而天马行空独往独来，我行我素。有的则成为道德教育结果的“双面人”，在学校、在单位、在社会是一个人，表现的懂礼貌、讲文明、守纪律、有秩序，但回到家庭就完全成了另外一个人。其中北京大学硕士研究生毕业后就业于深圳某单位的公务员就是一例，直到媒体曝光，其单位的人还感到愕然：这个人在单位与同事们处得不错，知书达礼，怎么会对自己的亲生父母非打即骂呢？现实社会生活中这样的情况不属于个案。复旦大学的研究生虐猫事件、清华大学的学生用硫酸、烧碱伤熊事件等，当知识成为杀害同宿舍同学的行为结果时，又有谁还能说，书中自有“黄金屋”和“颜如玉”呢？此时的知识成为一个名校学子锒铛入狱的原因。从激烈的竞考氛围中脱颖而进入名校的莘莘学子们的压力必然比普通高校学生的压力和竞争力大得多，在知识得到丰盈的同时，他们的德育或许缺失得也多。以上各案例中的学生，不能说他们没有知识，也不能将全部的道德缺失归咎于这些学生所在的学校。如果一个人的善性、仁性和爱心在他成长的过程中，没有和其他的知识成正比地健康地培育起来，或许他们不做这些事，也会在即兴的场合做出别的伤害他人的事情。这些人从小不缺乏大人的爱和培养，但缺乏爱别人、爱大自然以及其他物种的意识和精神。

以上情况的发生，父母有着直接的责任，不能仅仅归咎于教育不到位。如果教育不到位，怎么能培养出全国最著名学府的大学生呢？但起码是教育不全面，在家庭教育和学校教育中没有建立德、智、体、美全面发展的人格教育意识；到社会上就难以形成德、能、勤、绩全面发展的性格及人生观、价值观和世界观。现实生活中，家长在社会上承受着巨大的竞争压力，厚望自己的儿女能摆脱这种不堪重负的社会生活压力，将全部的精力用在了儿女的知识开发方面，岂不知，当人格偏离了做人的方向，知识又何以能为人类造福做事？

因此，作为儿童第一任老师的父母，在孩子的成长阶段中，首先要将成型但不成熟的人引导到道德的道路上来，就是要“上道”。这是最为基础的德育阶段，这个阶段的德育缺失，将增加学校德育的压力。而目前家长们对学校的最大关注和问责就是升学，就是考分。因此德育，无论是家庭美德教育还是学校的德育都在社会生活的夹缝中，无处不在地发生着，举步维艰地存续着，无法回避地面对着，却没有像重视知识、学历或技能那样得到应有的重视，因此，对一些升入名校又出现道德失范的学生来说，这是德育的困惑之一。

第二节　来自社会的德育困境

家庭是社会的重要细胞组织，社会环境将对生活在这个社会中的人产生影响。“近朱者赤，近墨者黑”说明的就是这个道理。当下，许多家长为了子女的健康成长不遗余力地搬家，为的是给他们营造一个良好的人文环境。因此，“促进道德发展首先要优化社会环境……当务之急不是改变人，而是改变环境。”[7]

一、学校面临的最大德育困境：社会公德在 GDP 增长中滑坡

“我们在一个充满虚假的社会里向下一代灌输诚实。”[8]这句话不是危言耸听。多年来，社会过多地注重 GDP 的增长速度，人们在有限的岗位上挖空心思、全力以赴提升专业知识、业务和岗位技能的同时，严重忽略了德育认知和道德修养的提升。在社会经济领域唯利是图的氛围里，随处可见假药、假酒、假品牌，如染色小米、漂白面粉、三鹿奶粉等，这些假象在一天中进入学生头脑的时间远远超过了学校德育的时间，这些假象在学生出了校园、离开校门后也是随处可见，如在网络、在各类宣传媒体上无处不在。在这个充斥着假象的庞大社会环境中，鲜见的家庭德育和微弱的学校德育显得苍白无力和不堪一击。在经济社会中追求利益利润最大化的心理驱使下，有的人就抛弃了职业道德和职业操守，同时伴随着社会监管力度不到位等情况，社会公德的缺失也就成为必然结果。

当村民或经济人在生产地沟油、制造冒牌轮胎的时候，周围的人哪能不知晓？当这些地沟油、冒牌轮胎等被推销到社会，为生产或经营者赢得巨额利润而无人问津时，这些“能人”、制假者成为周围村民“崇拜”的对象，于是乎，造假成了“一条龙”的服务，有生产的、有运输的、有销售的，从点到面地形成气候，流向社会，直到进入人们的餐桌和胃里。在群体造假的社会氛围中，家长看见、听见了，学生也看见、听见甚至还吸收了，进入楼堂馆所的社会人也一样地受到伤害。然而一旦涉及社会公德与地方经济发展和 GDP 的增长问题，社会似乎更加注

重各地方的 GDP 增长情况，社会公德建设是软件建设的范畴，导致职业道德、职业素养、社会公德在 GDP 增长中滑坡。这是学校面临的最大德育困境。

二、重学历、轻能力的用人导向加剧了家庭和学校对德育的忽略

多年来，从公务员应试到干部晋级、职称晋升的重学历、轻能力的用人导向，极大地加剧了家庭和学校乃至社会对德育的忽略。唯学历论的用人导向有着越来越重的发展倾向。上有所好，下必效焉。在唯学历论的用人导向引导下，越来越多的家庭更加关注子女的学分和考分，因为唯有高分才能进入著名高校，而唯学历论的发展趋势又在向唯著名高校学生的用人方向倾斜，学生的人格发展、家庭美德和个人品德培养被一再地忽略。这样的学生在经过十年寒窗苦，进入名校后，由于人格教育失范，易形成天马行空、唯我独尊的做派。于是，就容不得比自己优秀、比自己强的人，就出现了复旦大学研究生林森浩投毒弑杀同学黄洋的新版的“同室操戈”。因为问题出现在学校，所以对高校德育的声讨和谴责纷至沓来。从马家爵的同室操戈到复旦大学研究生的同室操戈，这些学生是有知性，没德性；有知识，没文化的，而其表现出来的容不得别人好的心态，就是“只要你过得比我好，我就受不了”，而这种声音不是也在一段时间内曾经在社会流行，不绝于耳吗？社会公德的教育缺位，其责任应当由谁来承担呢？德育是上层建筑、是意识形态的范畴，但别忘了，是经济基础决定上层建筑，如果我们的经济社会、经济生活继续充斥着假象，其上层建筑能建立稳固的基础和稳定的“千秋功业”吗？所以，德育建设是个复杂的社会工程，一要有良好的社会环境；二要有科学的用人导向。

三、社会组织对职业道德和职业素质教育的忽略

在毕业生就业跟踪调查时，学校比较关注毕业生在职业素质和职业道德方面的问题，调研的目的是完善在校生的职业道德素质的培养，促使学生走向社会后尽快适应社会发展的需要。但是问题在于，学校的职业道德和职业素养培育是一时的，就高职教育而言，体现在一门课程中的一个章节，也就是几个课时的课程。或许有的是通过一门课的方式体现出来，那样内容还能多一些，但充其量也就是一个学期或一个学年而已。但人的职业道德体现在人的职业生涯中是一个相当长的过程，不是一个脱产的学习阶段或一个学期的事，如果社会组织将职业道德和职业素质培养完全归咎于或完全寄托在短暂的职业培训中完成，肯定是不科学、不合理的。

辩证唯物主义告诫我们，世界是物质的，物质是运动的，更何况在开放的时代，在多元化、多样化的社会经济生活中变动不居的、思想活跃的人呢？尤其是一些特殊岗位的职业道德和职业素质的培养是需要在职业岗位中不断得到教育、

引导、充实和完善的，比如航空航天事业、医学事业、教育事业、公务员队伍、制造业、服务业等，这些岗位的特殊性使其成为道德建设的重点教育对象。否则，德育引导和培养不到位，会导致不良的社会反应。近年来出现的医患纠纷，在医护人员被患者家属群殴后，网上出现的对伤害医护人员的患者家属的高支持率就是一种很不正常的现象，这不能仅仅归咎于网友的道德水平低下，有相当一部分原因是医护人员长期德育失范造成的。多少年来，患者作为弱者看病，医护人员在诊疗过程中所表现的麻木、冷漠、拖沓、懈怠等不作为、不负责任的行为令患者很沮丧、无奈，有时候问上几句医生就很不耐烦。试想，如果患者提问后，很容易就能听得懂医生很专业的答复，医护人员还有必要经过那么多年专业的学习吗？再如，多年来高校发展迅猛，办学规模的急剧膨胀，导致高校必须大量引进教师，对于这些引进的年轻教师，包括一些原来的老教师，师德建设跟上了吗？问题不仅如此，近年来曝料从小学到高校，领导自身发生德育失范等都说明一个问题：德育在学校说得很重，从上到下，层层抓落实，而落实到具体的事物上，就是领导强调，教师说教，加强的都是学生的德育。如果德育通过一味地说教，如果说教者却是冠冕堂皇的伪君子，学校的德育又能对学生产生怎样的教育效果呢？其结果是，当你所拥有的国产汽车在跑了不长的时间后，就今天更换这个部件、明天更换那个零件的时候，或者当你听到你的车跑起来噪音很大的时候，当你的家电在购买的不长时间里就多次维修的时候，当你在医院被医护人员冷落或受到奚落的时候，当开锁公司的职员只要给钱就不问青红皂白帮助盗窃犯打开你家门的时候，当你在上下级的工作协调中遭遇门难进、脸难看、事难办的时候……这一切事情的发生无论是“过去进行时”还是“现在进行时”，是否曾引起人们对社会道德建设的反思？

很多时候，人是现实的人，是历史的人，是经济的人，是社会的人，是有着鲜明特点、个性的人。这样丰富多彩的人，构成了包罗万象的人格和人性。但大千世界，再丰富的社会生活都有其运行的法则和规则，我们不可能让婴儿一出生就是一个道德高尚的人，但我们可以营造一个良好的社会道德环境，在这个环境中塑造儿童和青年，引导他们健康成长。因此，德育需要一个优质的社会大环境，否则，神也无法让学校的德育有机地与社会道德大环境经纬分明地区别开来。即便是一时区分，学好三年，学坏三天的事实告诉我们，到了社会上，可塑性很强的年轻人会更快地融入社会、适应社会、从属于社会。因此，社会组织的德育建设是社会进步中绝对不可或缺的一部分，在任何岗位上就职的成员，都需要开展经常性的德育和引导，所有的职业和岗位、所有的社会组织，不仅需要重视队伍的专业和技术技能培育，更需要科学地设计好德育培训和培养。

四、成人学历和非学历教育忽略德育

目前，即便是全日制高校，德育课程教学也被一再地压缩，更何况成人的学历和非学历教育。社会组织中，很多岗位注重职员的专业技术、专业技能等方面的培训和培养，在岗位培训中职业道德和职业素质的培训是鲜见的，这种将职业道德和职业素质培养从根本上依托、依赖于学校的社会组织是很常见的。即便是已经走上工作岗位多年的职员，在德育失范后依旧追究学校德育，实在是高校德育所不能承受的。

第三节　来自学校的德育困境

目前，高校的德育上级很重视，但监管不到位。想到监管，就想到评估，而很多评估确实起到一定的促进作用，但仅仅是某时某刻的一阵风，缺乏坚强的政策支持。学校管理层也重视，但只停留在阶段性及说教方面，有具体的措施，但管理缺乏持续性。专业设置与课程、教材建设都缺乏灵活性和实效性，从理论到理论，从课堂到讲堂的校园说教式德育，把本该极具现实性、灵活性、趣味性和社会性的德育课程建设，演绎成了纯粹的课堂理论教学，将丰富的德育内容压缩后，与政治、时事政治、新闻和哲学、法律混为一谈，形成了讲座不讲座、专题不专题、系统不系统的大杂烩式的教材及教育模式。

一、管理层面：急功近利意识存在

研究型大学追求影响大的科研项目——热衷于向国际一流大学迈进；应用型大学热衷于向 211、985 靠拢；职业院校热衷于取得国家或省级技能大赛奖项……太多的功利诱惑，使沉淀在人心灵深处的基本道德意识难以得到持续的加强，甚至原有的道德意识在逐渐地淡化、淡出人们的生活，而新的道德自觉又没建立起来，学校的师生像社会人一样在“跟着感觉走”。中国原有的“大学之道”在于“明明德”的育人思想没有得到延续，今天的“大学之道”在于专业理论、专业知识和专业技能建设，德育被严重地边缘化了。社会化大生产的发展轨迹则应验了马克思的理论，随着社会化大生产的发展，生产的社会化分工越来越细，技术工种也从 360 行发展到 3600 行，以后还会更多，专业也会更加细化，但人的道德准则是有共性的，如果在公共秩序中的人没有建立起基本的、公共认同的道德准则，个人作为社会人、经济人的各类社会或经济活动就有违背道德规则，甚至违反法律的可能。但学校管理层对此没有深度的思考，没有引起高度的重视。在教育和

教学管理中，大学本科是重理论、轻德育；高校是重技能、轻德育；各类中、小学则是重升学、轻德育。德育最终成为思想、制度、形式和口头都“高度重视”，实际得不到持续关注和建设发展的专业和课程。一个缺少道德思维的人，没有诱惑的时候不会觉察，一旦有了诱惑或机会，就要付诸缺德所带来的道德伦理的丧失和无良的不道德行为。急功近利的教学管理思想和管理模式带来的结果是知识上的高智，文化上的弱知，做人上的低知甚至是无知，是教书不育人的教育。

二、课程建设方面：重专业、轻德育；在德育方面则重理论、轻实践

和当今社会治理公款吃喝、公车私用一样的是：一件事物当社会都关注，上层极力强调的时候，不是发现问题的时候，而是“成问题”的时候。从近年来的德育评估和思想政治课督查督导情况看，客观地说高校不同程度地存在着尽量压缩德育课时间的问题，同时，高校大部分没有大学语文课程，如果是工科类高校，这些富有人文思想的课程的压缩，必然会导致学生人文思想的缺失。而大学应当既是培育学生基本专业理论知识和基本技能知识的地方，又是培育基本人文精神和文化修养的场所。二者的合一，才能成就大学生的“大”，培养出大视野、大专业、大文化和高技能、高素质、高水平的学生。目前，大学重专业、轻德育、轻人文思想和人文精神建设的教学设计导致了人文思想的缺失，缺失了人文思想也就没有人文精神；没有人文精神，也就没有人文素养，更没有人文关怀，所以，像马家爵一样弑杀同学的行为便屡次发生了。而高校突出专业技能的育人模式，表面看如果办学方向适合区域经济建设发展要求，在一段时间、空间能呈现好的就业形势，但是对学生个人长远的发展看，是需要探讨和研究的。因为我国作为WTO的成员国，是一个开放的国际经济大舞台，我国的经济生产是受国际经济一体化影响甚至左右的，故一技在手闯天下、立一生的时代早就一去不复返了。因此，全面地培养人、发展人是现代教育应关注的重要内容。如果只重技能而轻德育，一个专业技能优秀的钳工，如果没有建立起应有的道德规范，撬门破锁对他来说是易如反掌的事情。技能能成就事业，也能败坏家业，要看掌握在拥有什么样的道德意识和人文精神的人手中。随着高科技的发展，目前3D技术能造出很多很精致、很精密的东西，大到剧院高楼，小到精密精致的仪器设备，甚至枪支弹药，如果没有优秀的道德品质的人掌握了它，那将是多么的可怕。在社会经济和高科技如此迅猛发展的今天，不重视德育，人类将面临怎样的灾难啊！

就德育建设而言，也存在着两个方面的困境。一是教材问题。德育是一门内容很丰富的科目，没有作为一个专业独立地开设，却被同内容丰富、知识体系庞大的政治、时事政治、哲学、法律融合编辑成一本教材——《思想道德修养与法律基础》，在课时被压缩的情况下，使四个方面的内容都是蜻蜓点水，一带而过，

哪一个也讲不深、说不透，导致教学效果甚微。二是教师教学方法单一。经过多年的德育课程建设和评估的推进，应当说有所改善，如引入多媒体的教学设施，教师可以采用一些案例或灵活的多媒体教学模式，这仅仅是改善了教学设施，发展了教学手法，而非德育思想、德育认识与德育实践和德育行为的有机结合。德育教学的主渠道是思想政治理论教学，教学方法和手段主要是从课堂教学到讲堂专题讲座。而德育是人在社会生活、生产和社会活动中无处不在且没有时空限制的，让德育限制在课堂、讲堂、校园，是教师在德育教学方法和手段的探索和研究方面永远也无法突破的桎梏。

三、德育教学设施陈旧，资金投入不足

与专业课建设相比，高校的德育教学设施投入相去甚远，有的几年、十几年甚或几十年没投入，单一的说教式教学方法、固化的教材，导致教学模式始终没有新的突破。资金投入不足则德育教学设施无法得到满足，导致这种不足的原因很多，一是对德育教学的重视程度问题。在师资队伍培养方面，在辅助读物、视频等材料的购入方面，在德育研究以及研究成果的激励奖励机制方面等都没有引起重视。“问渠哪得清如许，为有源头活水来”，没有相应的、及时的培训和知识的补充和更新，教师的视野就是不开阔的，在大学所学的东西很快就在教师岗位上掏空了，况且，德育教学中德育理论也是在不断健全和完善的，许多新事物、新概念和新思想不能得到及时地更新，课堂说教也说不到点子上。二是德育教学理念更新问题。目前的家庭美德、职业道德和社会公德包括法律基础部分的一些知识，一概地在教室或讲堂上完成，而德育思想和德育行为是不受时空限制的。尤其是高校的德育教学，职业道德教育理论部分可以在教室或讲堂里展开教学、研究或探讨，但更多的部分完全可以结合具体的专业课程，结合专业的岗位需求，通过专业实践教学的形式融合到专业实践教学中，甚至融合到顶岗实习的过程中完成，达到德育理论教学与德育实践教学的高度统一和有机融合，而不是现在的职业道德课与专业课的两张皮现状。三是高校的德育科研没有得到足够的重视。这导致教师的德育研究积极性由于匮乏的、甚至根本没有激励机制而逐渐削减。早期的时候或许还因为需要职称晋级而搞点研究，当职称解决后，正是教学经验和教学能力的顶峰期时，却不再搞研究了。德育研究水平在一定程度上决定德育教学效果，因为德育研究成果的完成需要教师参阅大量的书籍，积累大量的教学经验，参阅大量的材料才能完成，长期在一线岗位的教师进行德育研究，师生零距离接触，所开展的研究成果更加具有可操作性和可行性。因此，目前德育资金投入不足，成为影响德育建设发展的瓶颈之一。

四、教学模式呆板，开放时代没有形成开放的德育建设环境

客观地说，人类所到之处无不留下道德思想和道德行为的足迹，但是，多年来的德育理论教学，鲜有走出课堂和校门的时候。而德育实践教学的范围实在太大了，点到家庭、家长，面到企业、社会生活，把德育课程搬到校门外，无处不德育。但是，多年来，德育同其他理论课一样地被封锁在教室、校园里。过去，清明节或许老师还能带着学生到烈士陵园扫墓，接受先烈思想或英雄壮举的教育，但时下，由于安全问题、资金问题，应该说主要还是思维模式问题，德育走不出校门了。就安全问题而言，不应因噎废食，只要在车辆安排和带队等方面加强安全教育和管理，应该是不成问题的。至于德育实践教学的资金问题，也是德育理念问题。高校管理层或许没有将德育实践教学放到议事日程上，有的意识到、也有的进行过在专业课实践教学中加入职业素质培养的内容，或许在具体的学生深入企业顶岗实习中也有过探索，但仅限于此，没有进行科学的安排，更没有进行有计划的德育教学实践研究，使之流于不成熟的思想和初期的摸索。

从横向的德育实践教学来说，在思想政治理论课督查中，发现了不少高校有一些献身德育的优秀教师，他们或在某一章节或在某一方面对德育教学有着深入的研究、思考，具体体现在精湛、富于思想、风趣幽默的教学技能和教学艺术风格上，这些优质的德育教学手段、方法、经验，如果能通过一个调度的渠道，在高校之间或通过学术交流或经验交流的方式得到推广，既是学生的精神饕餮大餐，更为德育教师的教学提供了可借鉴或可启迪的东西。但是这些优秀的、精湛的、富于艺术气息的德育教学方法没有被开发和弘扬起来。

五、校园基本建设忽略了德育文化环境的设计

社会环境决定人的社会意识，孟母三迁迁的是一个育人环境，学校有“三育人”制度，但始终没有将环境育人的思想纳入育人氛围，导致多年来，很多高校的基本建设无论是在教学设施还是学生的生活设施建设，无论是校园的景观带建设还是绿化美化，始终没有将德育文化环境的设计纳入校园基本建设之中。德育文化是一种怎样的文化呢？德育文化离我们的生活有多远呢？用以下事例来说明。在一所高校，新生报道后不久，在一次与德育教师的课间交流时说，到一个新地方，看到那里的环境卫生很好，墙面、地面洁净得一尘不染，就自然而然地不好意思随地吐痰或乱扔纸屑。但是，如果那里的卫生情况不好，就不管了，怎么方便怎么来。这就是卫生文明与文化，这就是环境文化对人的教育、熏陶和影响。高校基础设施建设不考虑校园文化元素是个缺憾。很多高校，搞校园文化建设又不涉足校园基本建设，当学校的基础设施建设和校园文化建设成为两张皮的

时候，校园文化建设资金必然就会加大投入。

马克思认为：“人创造环境，同样环境也创造人。”[9] 战国初期思想家墨子认为：“染于苍则苍，染于黄则黄。所入者变，其色亦变；五入必而已则为五色矣。故染不可不慎也。”[10] 因此，在顶层设计中，原有的“三育人”制度，应该加入环境育人的理念，将环境育人提到议事日程上来。高校是人类先进文化的积聚、积累和传播的高地和基地，其根本任务就是用先进的思想和优秀的文化教育青年，引导社会进步。开放的思想，探求真理的精神，都是高校的天职和灵魂。因此，高校的景观设计和建设都应有别于社会生活中的亭台楼阁。在高校校园里，或许是一块石头，上面因为有名言警句的提示，则赋予了它的教育和警示意义；或许是一片小树林里的一条曲径通幽的小路，因为有充满书卷气的师生在行走中的谈经论道，也赋予它以文化的气息；或许是一棵大树下的一块巨石，几个天然的石凳，就会成为学子们的沙龙场地。其他的各类社团，更是学生丰富的业余德育文化活动场所。所以，高校不能没有环境育人的要素，离开了高校特有的人文精神和育人环境，高校就没有了灵魂。之于社会，则当建立大德育观、营造良好的德育大环境。

第四节　来自师生的德育困境

由于德育教师相对于专业课教师被边缘化，德育经费投入不足，德育教师的培训以及横向的与其他高校的学术交流和学术研讨参加得少，影响的不仅是德育研究，同时也影响教学效果。高校学生的务实性很强，到高校就是学技术、学技能，有着“一技在手，世界游走”的明确的学习目标和定位，导致学生重视专业理论课和专业课实践教学，不重视德育课程的教学，加上目前的社会环境，在大德育环境没有建立起来的时候，网络和社会媒体频频曝料的负面信息，使高校的、教材的德育与社会现状形成巨大的反差，使目前的高校德育陷入被动的困境。

一、德育被忽略的结果

德育被忽略的结果是德育教师不被重视，这导致德育教学研究上不去，德育教学效果也不尽如人意。由于高校的德育课程被压缩、被边缘化，因此德育教师也没有得到重视，德育教师被忽略直接影响了德育教学效果。对德育的忽略表现在以下两个方面。

一是高校重技能、轻科研。参与国家或省级的一项技能大赛，获得一等奖的，各高校把握着从数千到万元不等的奖金额度。参与这些大赛，前期投入大，重视程度高，激励机制比较完善和及时；但对省级以上科研项目从立项到获得成果，既没有奖励机制，更没有激励机制，而科研项目的争取从立项到结题，直到能获得科研部门的奖励（大部分是获奖证书），教师要参阅大量的书籍，进行大量的调研，调取大量的相关资料，其过程一般在1～3年的时间，按照马克思的价值观，劳动价值是由人的劳动时间所决定的，那么，一项能获奖的课题，教师的脑力劳动和体力劳动，远远超过一项技能大赛的劳动付出。但是，一个获奖后精神的、物质的奖励纷至沓来，另一个却是无人问津、默默无闻，教师的科研热情在这样反复的冷落后，渐渐地被冷却下来。除非是为了晋升职称，已经晋级的老师就没有了科研兴趣和探索精神。

二是德育经费投入不足制约了德育教师的教学研究积极性。专业教学从理论到实践，高校都有着积极的、完善的、逐年递增的教学设施和教学装备的投入，包括设备更新和维护，从几万乃至上千万是很正常的，但是德育教学设施的投入从争取到建设都是十分困难的，仅有的一些视频材料，经费在百元或千元的都需要费一番心思才能争取下来，导致目前的德育教学一是说教，包括案例教学也是通过说教的方式进行；教室有多媒体的学校，或许还能播放一些德育视频材料，或制作PPT教学课件，别无它法。有被边缘化的德育，就有被边缘化的教师，而被边缘化的课程教学也就在边缘的边缘发展中逐渐地弱化了。

二、学生不同程度地存在重专业、轻德育的思想

德育经费不足是导致教师自身走不出校门，教学方法也走不出校门的重要因素之一。教师的教只能、也必须在教室里或课堂、讲堂上完成，学生自然也就被困在了课堂上或教室里。更为重要的是：高校重技能、轻理论、轻基础课的现象，必然导致学生重专业、轻德育，而在专业中又重技能、轻理论的结果。学生认为，所学的专业知识与技能才是未来生存之本，专业不好，技能不行，到社会上也无法生存，专业及与之相应的技能是未来的饭碗，要学好。而德育课，学生中有说是换换思维方式的，有说是辅助科目的，也有说没什么意思的。

而完整的人的成长是一个德、智、体、美、劳相辅相成、同步成长和提升的过程，缺了其中的任何一部分，都无法塑造成完美、完整的人生。任何专业课的学习都是以职业操守的教导引入的，师范学生如果没有良好的职业操守，就不能培育出师德高尚的教师进入教育岗位；医学专业的学生如果没有良好的专业操守，就无法完成人道主义的救死扶伤义务；制造行业的学生没有精细准确的职业操守就无法研制出精密的设施和设备部件；军人没有职业操守他们的枪口就不知道该对准什么人；服务业没有职业操守就无法为人们提供热情细致的服务；航天事业的学生没有职业操守，就会迷失研究方向和飞行航向……而任何职业操守、岗位

责任、职业道德和职业素质的培育又与专业学习、职业培养融为一体。同理，高校学生只有具备了良好的体能，才能在社会生产一线摸爬滚打，百炼成钢。因此，重视体育和学生的体能训练又与德能、智能紧密地结合在一起。

众所周知，劳动创造了人，劳动者是最美的。劳动过程中，劳动者通过精湛的技艺、精益求精的态度创造出的任何精美工艺品和工件都是人类智慧的结晶。数百万年来，是劳动推动了人的进化，劳动创造了人，也提升了人的品质和品位。时下这种将德、智、体、美、劳严格的区分开来、剥离出来的相互孤立的、单纯的知识说教型的教育方法，不是在培育完整的人，也不是在培育完整的知识体系和完整的人格的教育。高校重专业知识、重视技能学习的结果是使学生丧失了德、智、体、美、劳系统提升、整体完善、全面发展的机会，而这一切，完全可以通过深入的教学改革，系统的教学设计来完成，人的行为包括劳动的、创造的行为是通过人的大脑、思想支配的，没有道德的种子和道德的力量，何以产生道德的思维和道德的行为？因此，任何将德与智、道德学习与专业学习相剥离的育人思想和行为，都不会收到良好的教育效果。

三、德育教学和考核模式不适应大学期间的德育建设

单一的德育教学和德育考核模式无法满足大学期间的德育建设需求，主观上德育考核过后，德育就与自己无关了。德育理论性的、书面的、单调的、阶段性的考核模式无法、也根本不可能从客观上对学生在整个大学期间的德育认知和道德表现做出科学地鉴定和评价。

关于德育考核问题。德育考核试卷化的形式，不利于建立学生在校期间全时空的、科学的、合理的考核结果和效果。今天德育考核才合格，明天就出现违反校规法纪的情况；也有在校德育考核合格，回家则打骂甚至虐待父母的现象。北京大学曾提出对父母不孝顺的学生不能上北大，但是，这不孝顺又如何能考证得清，天底下哪个父母不想将子女送到北大？又有什么样的父母会因为自己的儿女不孝而阻止子女上北大？因此，这样的规定又有多大的意义？高校学生没有北大的生源好，这里仅仅讲的是知识、学识，在孝道问题上却不尽然。目前高校的德育考核难有新的探索和突破，问题在于在开门办德育方面没有突破。

关于德育评价问题。德育评价和德育考核是一对“孪生姐妹”。没有科学、合理、真实的德育考核就不能有客观真实的德育评价。即便通过课堂教学，德育教师对一个生活多元、活动多渠道、又有着多面人格的鲜活的人做出的评价，也必然带有个人主见和浓厚的主观色彩。因此，就像德育考核不应该通过一个渠道完成一样，德育评价也不该局限于一位德育教师。严格地说，就目前的德育教学模式而言，德育教师的作用仅仅是将德育理论教学通过设计书面的考核方式，测试

学生对所学的德育理论知识的把握程度，而非对学生在日程生活中所展示的德育思想和道德品质和道德行为的鉴定。同时，学生的广泛的社会生活和社会活动性，也不是德育理论教师一个人能考核得清，评价得明的。综上所述，多少年来机械、呆板的德育教学、德育考核和德育评价模式，是德育陷入困境的重要原因之一。

四、师生同感：期待建立整个社会关注的大德育观和大德育环境

道德就像空气一样存在于我们生活的每一个角落，人们每天的生活中蕴涵着道德的内容：生活用水是否洁净、粮食是否无害、蔬菜瓜果是否存在过度的农药污染，在深度睡眠中，我们呼吸的空气中 PM2.5 是否达标，人们睡在自己的房间里，房屋装修是否存在污染……现实生活中无处没有道德的影子，无处不弥撒着道德的精神。当下这种将德育几乎完全通过“知识化”的教育方式在课堂中呈现，哪怕就是德育案例情景再现，在教室里也是不可能出现同样的情境和意境的。即便有些可以呈现的情境，如同考生作弊，过了 1～2 个月再出处理决定一样，不光当事的考生不拿着当回事，更起不到警示和教育其他学生的目的。从法律上说是时效性的问题，其实，教育也是存在时效性的，所谓“得时如水，因势利导”，就是这个道理。

道德渗透在人们生活的每个角落，而如今，当道德成为一种知识体系，被呈现到教室里、课堂、讲堂上的时候，德育的方式将以生活为基础建立起来的道德程式化了，这样的教育结果，学生可能“明德”，但难以“明明德”，学生也能解释“厚德”的意义，但德育的结果成了“空中楼阁”，美轮美奂，但道德的种子却难以落地，开花结果。尤其是在当下假冒伪劣层出不穷，企业为追求利润而不惜以环境污染为代价，商人为追求利益最大化而过度营销产品，“少放点食品添加剂就能叫‘特制’，挨着臭水沟就敢叫‘景观’，‘一晚一度电’的品牌空调，能美容抗癌的净水器……变了味的概念营销似乎在人们的生活中无处不在”[11] 的社会氛围中，当积极的救助反被诬告成伤害者的时候，学校的德育没有职业道德和社会公德大环境的支撑，再完整、再体系化的道德知识也显得那么不堪一击。每当出现这些负面宣传的时候，德育教师即便是在讲课，都有如鲠在喉、难以启齿的负疚感。生活是道德的基础，师生无法回避社会生活中的诸如此类的不道德行径。所以，德育最大的困惑之一是：道德渗透在人们生活的方方面面，但当道德被构架成一种知识体系后，由于种种客观原因的限制，德育却没有能力再回到现实生活；当道德修养成为一种知识体系后，仅剩下教室或课堂、讲堂里的“修”，而再也没有“养成”的过程了。而德育和道德修养的落脚点在“养”上，在于养成良好的道德习惯，将良好的道德习惯养成人们约定俗成的公序良俗，这样的德育成果将惠及社会和人类的发展。

Chapter 2

第二章 高校德育实践教学的探索

道德起源于人类的社会生活和社会生产实践，德育实践教学是德育教学不可或缺的部分，德育理论教学没有德育实践教学的支撑，就像一个大写的人字只有撇，没有捺，形成的就不是一个完整的人，这是德育教学效果始终在遭到质疑的重要原因之一。因此，完善德育教学过程刻不容缓。

鉴于高校德育为先，技能领先的办学传统，大量的实习实训课为师生的德育实践教学研究开辟了广阔的时空。尤其是学生到社会经济组织顶岗实习，直接参与企业一线的生产，与企业和企业管理、企业员工、企业作息时间的零距离接触，就专业而言，可促使学生眼界大开，领略到现代企业先进的生产线和现代化的严谨、精细化的管理模式，为学生的毕业、就业和择业打开了视野。更为重要的是，学生在企业实习的过程中，亲眼目睹企业技能大师精湛的技术，亲身感受和体悟企业优秀的技术工作者精湛的技术和他们脚踏实地、爱岗敬业、精益求精和勤于思考、善于学习和创新的精神品质和意志品质。高校的校内实习实训场所也为学生的德育实践教学提供了现实的、持之以恒的研究支持。高校的党团组织、社团组织形式多样，活动丰富多彩，也为德育实践教学研究提供了技术支持。

第一节　调研：从问卷设计到问卷调研

在研究目前德育困境的同时，也发现了学校德育自身存在的问题，将德育知识化，“教师从备课、上课到布置作业，都以采集、组织、加工、传递知识为重点，他们努力汲取知识，使自己成为知识的拥有者、权威者，知识成为教师追求的唯一目标。”[12] 不仅教师“被知识化”，教师的教学模式也纯“知识化”了，再以书面的试卷考核作为德育学习的终点，道德成为一种纯“知识”和其他专业理论知识一起作为阶段性的学习成绩或“成果”存入学生档案。高校在其他的方面再没有德育修养的规定和要求，有的话也是来自学生的自制与自律。在意识到这个问题的情况下，为了更全面、更深入地了解目前学生学习心理和生活状态，围绕德育但没有将视野局限在德育课程方面，对学生及其家长乃至学生家庭的邻居等设计了 5 套调研问卷，收到了意想不到的效果，也见证了高校学生的诚实品质。在问卷设计方面，关注到每套问卷之间的相互验证和佐证的问题设计，也收到良好的效果，能够比较客观地反映和了解一些问题。从问卷到家访的目的就是全面了解和掌握学生客观、真实的生活、学习以及心理等方面的情况，便于有针对性地、知己知彼地进行德育实践教学研究。

一、问卷设计的思路

人的发展同社会发展一样，是一个继往开来的过程。每个学生因为成长的环境不同、所受的教育影响不同、所在的地域和气候等方面的不同，即便是同一年以一个相对稳定的分数段走到一个班，他们的思想方法、处事方式等都有着很大的差别，人的个性差异是客观存在、不容忽视的一个现实问题。德育不同于其他专业课的教学，专业课毕竟还是极度分化、精化和细化的科学技术，带有浓厚的专业知识和专业理论性。而德育则是伴随学生一生，弥散在学生生活、学习、工作全过程的思想和表现。在学习规律方面，学生对知识的把握是一个从小学、中学到大学的逐渐递进、循序渐进的过程，说明了人的认知过程是一个从低级到高级的过程，德育思维也是一个由初级到高级的认知过程，任何一个断带的德育都难以实现预期的效果。为了解学生的过去和家庭教育背景，适时开展一些调研是有必要的。

问卷设计的科学性将对德育实践教学产生影响。本课题的问卷调研从家庭、邻居开始，调研学生目前在家庭和社会上活动的一些表现作为第一套和第二套问卷。其中第一套调研问卷涉及 25 个问题、95 个选项。该套调研问卷拟对学生的家庭美德观念和现状进行调研，该问卷由学生回答。第二套调研问卷涉及 20 个问题，其中前 15 个问题、56 个选项由学生家长配合答复；为了采集到比较客观的信息，另有 5 个问题、22 个选项由学生的邻居提供。网发调研问卷，通过网络和收到纸制调研问卷第一套 2164 份，第二套 1469 份，第二套因为学生家长疏忽等原因，有些问卷没有及时寄到或收回。第三套调研问卷主要涉及职业道德方面的

15 个问题、74 个选项；第四套调研问卷主要涉及社会公德方面的 28 个问题、105 个选项；第五套调研问卷主要涉及高校思想政治教育教学情况的 25 个问题、98 个选项。第 3～5 套调研问卷通过网络和收到纸制调研问卷各 2164 份（附件一："高校德育实践教学研究"调研问卷）。

二、调研问卷设计及调查情况分析

问卷设计立足将思想政治教育课作为德育的主渠道，从家庭美德、职业道德和职业素质、社会公德三个主要方面；参考了 8 份面向社会公众的、3 所高校面向学生的调研问卷，根据高校德育面临的困惑展开问卷设计和调研，应当说是一项突破了校园行政区域限制，进入了学生家庭和学生社会活动的开放的问卷设计和调研。从收到的调研统计数据分析，学生及家长、邻居都给予课题组很大的关注和支持。尤其是第二套调研问卷——家庭美德现状家访调研问卷，前 15 个问题、56 个选项由学生家长回答，而后 5 个问题、22 个选项由学生家庭邻居回答。一是为了更加客观地了解学生的家庭美德、家庭责任和家庭担当现状；二是为了印证家长的选项对学生的判断是否客观、真实。其中对孝文化的传递调研，对学生的问卷 54%认为是家庭教育、32%认为是社会影响的结果；而对家长的问卷则 56%的家长曾经给子女讲过"二十四孝"或其中一部分内容的故事，二者之间得到相互印证。

在对学生在家庭美德方面表现的是否孝顺问题的调研中，家长认为子女孝顺的占 48.6%，比较孝顺的占 42%，不孝顺的占 9%，目前尚看不清楚的占 0.4%；邻居认为被调研学生孝顺的占 60%，比较孝顺的占 26%，一般的占 11%，不孝顺的占 1%，不了解的占 2%，从家长和邻居对被调研学生的孝顺与比较孝顺的分别是 90.6%、86%，客观上家长在公共场所、在主观上存在的对学生的判断，多多少少的带有偏好似乎也是合乎常理，而邻居较之家长相对的了解得少但客观因素应当是多一些的。事实也证实了这一点，是在预料之中的判断，但问卷由学生带回家由家长和邻居分别填写，再由学生带回学校，学生能够如实提供邻居的判断，让课题组成员在无意之中发现了高校学生的思想纯洁和诚实守信的优秀品质。

在与学生和家长对于是否有必要对学生进行孝文化教育问卷的回答，学生认为有必要的占 89%，家长认为有必要的占 88%，可见无论是来自学生还是家长，对于孝文化的传递和孝行思想的教育引导，都能取得很接近的测试值。90%的学生认为社会应当提倡孝文化，同一个问题，对家长的测试是多选题，家长的测试结果为：64%的希望学校积极倡导，65%希望整个社会积极倡导，49%的家长认为应当自己做给孩子看。我们将孝文化作为家庭美德教育的突破口，了解学生在家庭美德方面的教育环境和基本情况，又经过邻居对学生是否孝顺、是否懂礼貌、是否善于为邻居做好事、是否有不良生活习惯、是否关心集体等方面进行调研，从而全面、客观地了解到学生在家庭美德建设方面的实际情况，取得了比较客观、令人满意的调研结果。也让我们认识到在家庭美德教育方面，家长、学生、学校能形成共同的期待，达到一致的效果追求。对于孝文化的调研可以做出一个基本的判断：学生、家长乃至整个社会主流文化，普遍认可孝文化是中华民族重要的优秀传统文化，也是我国的主流文化之一，应当薪火相传，予以发扬光大。

关于职业道德建设的问卷调研，主要是对学生的问卷。认为职业道德建设重要的占 50%，应当被重视的为 51%，29%选择了一般或随便，21%选择了不重要，20%选择没必要。这个结果对下一步的德育工作是个警示，应当引起重视，尤其应当在专业课理论或实践教学中积极关注职业道德和职业素养的教育、引导和培育，专业发展不能与职业道德同步增长，对未来的职业发展将是不利的，因为任何专业职业的成就都是在人的有意识的思想指导下完成的，如果缺失了道德修养的支撑，都是不完整的教育。在问及哪些职业最容易失去职业道德的调研显示，75%认为财务人员，如果真的是这样，国家、企业、社会的财产将造成多大的流失？所以，专业建设如果脱离了职业道德培养，对人的培养是不完整的。在问及哪些职业失去职业道德最可怕时，78%的学生选择了医生。医者仁心，当医生失去职业道德，将是患者的不幸和悲哀。对于职业道德培养的途径问题，63%认为应当从教育抓起，从小培养孩子的道德修养，11%认为工作单位加强培训，10%选择对于没有职业道德的人严厉打击，17%选择了通过其他方式培养。74%的学生认可职业生涯需要职业道德约束。这些选择给了我们一个良好的提示：大部分学生对促进职业道德建设是关注和认可的，这为下一步完善职业道德和职业素质教育奠定了良好的基础。

关于公民道德建设的问卷调研，主要是对学生的问卷。53%的学生选择从不在公共场所随地吐痰、55%的学生能将果皮纸屑拣起来扔进垃圾箱，60%的学生选择能遵守交通规则，59%的学生选择能在公交车上为老人让座，对公共设施选择很爱护的占 43%、选择比较爱护的占 54%，57%的学生参加过社会志愿者服务活动，72%的学生在外地游客需要帮助时选择了热情帮助，76%的学生认为身边品德高尚、令人尊敬的好人是自己的学习榜样，50%的学生关心国计民生的大事，29%的学生曾经参与无偿献血，70%的学生有积极参加环保活动的意向，50%的学生环保意识强，经常进行一些环保实践活动。以上调研数据虽然没有意想中的好，所谓好就是学生能认可或选择正面的选项，由于是无记名问卷调研，学生的选择是相对真实和客观的。但问题是学生对于公共道德培养，较之家庭美德和职业道德的关注度，无论是调研数据显示，还是学生的心理重视程度都相对要低一些，而恰恰是公共道德最能从深层展示人的道德修养。因为家庭美德还有亲情维系，职业道德有组织和同事的制约，而公共道德则更多的需要人的更高的自律精神和德育境界来实现。另外，公共道德的活动范围往往是在人们相互不认识、不熟悉的公共场所，还存在一个人们的心理意向——从众心理，所以28%的学生认为大学生缺乏社会公德的原因是从众心理造成的，21%的学生认为是社会陋习依然存在，27%的学生认为社会公德所规范的行为包括社会公共生活中最微小的行为细节，而大学生往往会忽略这些细节。如果说前两个选择是主观意向的话，那么后者也有“忽略”这一客观的原因。总之，社会道德环境对大学生的影响是很大的。问题是对于在乘坐公交车遇到老人等需要帮助的人时，有31%的学生选择了“视而不见”，这个比率对于社会人来说或许说得过去，但对于大学生来说，显然是不尽如人意的。社会公共道德意识的培养和建立，需要家长、学生、学校和社会共同关注，很显然的一个例子，今天学校在大力倡导建设节约型校园，倡导节约每一粒粮食，明天家长带着学生到餐馆定了一大桌菜，剩下的不打包扬长而去，学校的教育瞬间就失去意义。社会公德的培育主要在社会，包括社会管理，如公益性公告、各类公益活动、公共社会文化建设的引导等；包括家庭教育，因为家庭是社会的细胞，无数个家庭构成一个大社会，家庭教育跟上了，社会风气必然向好的方面转换，但社会管理应当将和谐家庭、五好家庭引入正常的管理机制，引导、培育、塑造良好的社会公共、公众形象，对社会健康发展必然是有利的。

关于思想政治理论课教学情况问卷调研，主要是对学生的问卷。设计该套问卷的意义在于“思想道德修养与法律基础”课程中涵盖了家庭美德、职业道德和社会公德的德育内容。对于高校开设思想政治理论课学生还是给予高度认可的，有 90%的学生认为有必要开设该门课程，87%的学生对思想政治理论课感兴趣，94%的学生认为思想政治理论课对今后的发展有帮助，认为没有帮助的选项为零；72%的学生对思想政治理论课教学效果总体印象是满意的，较满意的占 20%，不满意的为零，64%的学生在思想政治理论课上能认真听讲做笔记，24%的学生是只听不做笔记；学生认为思想政治理论教学存在的问题主要是教学手段问题占41%，教学方法问题占 17%，有 20%认为是教学内容问题，社会环境问题占 15%；老师讲课缺乏吸引力的原因，51%的学生认为是理论功底欠缺，掌握的本学科知识缺乏必要的广度和深度造成的，23%的学生认为是教学方法陈旧、单一，难以激发学生的学习兴趣造成的，17%的学生认为是教师语言表达缺乏感染力，导致课堂气氛沉闷造成的。因此，72%的学生认为教师不定期使用讨论、辩论等教学方法对增强思想政治理论课的教学效果会有帮助。在思想政治理论课教师需要具备什么素质的调研中，67%的学生认为要有学术造诣，21%的学生认为要有人格魅力，18%的学生认为要有责任感，13%的学生认为要有较强的教学能力。在“您认为除教师素质外，提高思想政治理论课教学实效亟待解决的是什么”的多项选择调研中，69%的学生给出了理论联系实际，解答当前热点难点的选择，59%的学生认为需加强社会实践环节，这两项正是本课题要研究的问题，说明了学生对思想政治理论教学理论联系实际的积极呼应和期待；45%的学生认为应采用先进的教学手段，20%的学生认为应改革考试、评定成绩的方式。对于“思想政治理论课教学你最喜欢的社会实践方式”的调研中，40%的学生选择了社会调查，27%的学生选择了志愿者服务，21%的学生选择了参观考察，12%的学生选择校外走访。德育是思想政治理论课的重要内容，德育实践教学研究问题的确定，符合了师与生、教与学的双重期待，德育实践教学研究需要通过师生的共同努力才能实现。

三、从社会角度看：要传递正能量，加强高校德育建设

社会媒体在舆论宣传和引导方面起着一定的作用，尤其对涉世不深的学生来说，正面报道多些、再多些；负面报道少些、少渲染些，对人们的德育引导效果或许会好得多。我国是社会主义国家，是中国特色社会主义国家，从建国到今天，社会发展的事实证明了，只有社会主义能够救中国，只有中国特色社会主义能够发展中国，我们不是西方的个人办报，追求利润和利益最大化，我们更多的是要通过社会正能量的传播，引导社会向正能量移动，引导人们树立崇高的道德理想，进而提高、放大社会正能量。目前一些报纸、视频或网络，为了片面地追求高受众和高收视率，对负面报道、小道消息情有独钟，但负面报道的内容绝非我国目前道德建设的主流方向，却能引起青年学生价值观、世界观和人生观的摇摆不定，原本很多学生对复杂的社会就心有余悸，当救助反被诬陷、救助人身陷事物纠纷甚至引起财务纠纷时，如果没有后续的报道结果，或救助人没有得到合理、公理、道义和社会帮助、声援的时候，这种负面的宣传对整个社会良好公共道德的形成会产生意想不到的负面影响，它让青年人迷茫和迷惑，用现实重新思考德育的实际性和意义。

近年来，从北京大学的硕士毕业生虐待父母、清华大学的学生用硫酸烧伤动物园的熊、云南大学的马加爵弑杀同学、黄洋被N-二甲基亚硝酸胺毒杀身亡、朱令被重金属铊毒害致残……每一起发生在高校的恶性案件都让教育工作者痛彻心扉。理性地分析，尽管在任何教育环境中都无法消除极端的个案，但有一条：极端的功利化趋势如果不能遏制的话，对师生的健康发展都是不利的。这些案件也对人们敲响了警钟：本科院校、硕（博）士智力高、知识水平高，所处的压力和竞争力都更大、更强。当前发生的一些同室操戈、谋杀谋害案件，应当引起重视，读到硕（博）士时，高处不胜寒，尤其是在硕、博士论文期间，更需要人文关怀，

包括生命教育、心理引导、人格教育等，更需要有完整而系统的德育实践教学作为德育修养的支撑。否则，有才无德，恃才傲物，造孽更深，国家、社会和人类的损失会更大。

四、从高校实际操作角度看：高校相对而言更重视德育建设

鉴于学生的就业趋向主要是面向社会生产第一线，因此，高校始终更加重视德育建设，始终坚持德能双修、知行合一的办学思想。德育为先，技能领先是大部分高校多年来的办学传统和办学理念。思想政治理论教学是学生德育的主渠道，教师在深刻理解教材的基础上，通过相互间的交流，切磋教学技巧，提高教学质量；通过多看书完善知识结构，丰富知识内涵，辅之以对教材补充读物的深刻理解，辅之以“案例”教学的实践，讲述“老百姓身边的故事”，很受学生欢迎。同时，通过动静相宜的一系列社团活动、志愿者服务等，丰富学生业余文化生活，促进学生知行合一，全面发展。高校学生生源结构复杂，通过技工教育、职业高中、普通高考等多种渠道升学，学生的知识结构参差不齐，大部分学生好动，动手能力强。针对以上特征，高校更应注重对学生的管理，尽量多地设计、组织各类动静相宜的活动，关注不同性格学生群的心理和生理需求，动中有静、静中有动、动静相宜、相得益彰，利于调动全体学生的积极性，实现最大的活动参与面。

通过加强校企合作，利用企业文化，加强学生职业道德素质的培养。高校毕业生面临社会生产一线岗位就业，为了让学生在最短的时间内实现个人理想到客观社会现实的转变，为了使学生尽快适应企业管理模式，学生在校内实训时采用与企业管理模式对接的“两班倒”作息时间，按照企业运作规律，轮岗实习。由于在校期间就适应了轮岗制，学生不论是到企业顶岗实习还是日后就业，都能自然融入企业的作息周期。学生在社会生产实践过程中，认识生产过程、了解企业管理、体会企业文化，从企业学习培训回来之后，普遍感到通过企业职业道德熏陶和职业素质培养，开阔了视野，认识到了企业管理理念和学校管理理念的巨大差异，增强了吃苦耐劳的能力，心理素质得到历练，丰富了社会经验，重新明确了就业概念，为日后的学习和就业打下了良好的思想认识基础。

加强校外实训基地建设，逐步实现校企之间的深度融合，为提高学生综合素质奠定基础。学生在毕业前的最后一学期全部到社会各类经济组织顶岗实习，是高校的特色。学生到这些基地基本上是“就业式”顶岗实习，80%以上的学生毕业后留在了企业，很快成为企业骨干。总之，高校厂校合一、校企合作等多元化的办学模式，促进了毕业生与社会生产实践的“零”距离对接，促进了企业文化与校园文化的融合，师生在德能双修、知行合一的广阔道路上，紧紧追随社会前进的步伐，形成了高校的育人特色。

第二节　从座（访）谈到深入调研

为了加大课题调研力度，课题组成员针对党（团）组织、后勤管理、学生管理和教学管理等职能部门，专业教师、辅导员、学生会、学生社团、学生干部、卓越技师班和普通班等不同的对象，设计了65项访谈提纲，利用近半年时间，对490余人分别进行了50余次的、深入的座（访）谈调研和实地调研。本课题的主旨是立足校本德育实践的研究，主要形式：一是座谈；二是访谈；三是根据座（访）谈所了解的情况，进行分析研究、甄别，对下一步德育实践教学研究有建树和有意义的信息和建议进行系统思考并积极整合。通过深入调研，建立了对高校德育实践教学建设的基本认识，同时德育实践教学研究的方针、原则、价值、途径等也在调研中渐渐成型，为下一步的德育实践教学研究提供了方向。

一、来自党、团组织的座（访）谈

根据专业性质的不同，对机制工艺系、电气及自动化系、思想政治教学部等5个教学系部的党团组织进行了调研。调研内容紧密围绕德育建设设计了7项调研提纲，从座（访）谈的情况分析，目前高校党团组织在学生德育建设方面开展了一些活动，这些活动的开展也对学生德育以及丰富师生文化生活有着积极的意义。这些活动的开展一是得益于省委高校工委、省教育厅等上级组织的活动安排；二是得益于院党委和团组织的有计划的年度德育建设及相关活动的安排；三是得益于各系党团组织紧密围绕院党委部署的年度工作计划扎实推进各项工作，同时根据各系的专业特色开展的技能竞技和文化生活；四是得益于学生管理工作部门有计划地开展的各类活动，并积极发挥学生会、学生社团的作用，始终在探索新时期的学生工作规律。认真落实中央省委关于大学生思想政治教育的一系列部署要求，重视对学生的核心价值观教育、思想道德和职业素养教育。把社会主义核心价值体系融入到人才培养的全过程。注重融合吸收中华传统文化和现代企业文化精华，提倡孝敬父母、报效祖国和家庭。通过新生军训、安全教育、法制教育、心理健康教育、知行讲坛等多种形式，着力培养学生的诚信品质、敬业精神、责任意识和遵纪守法意识。

高校的毕业生就业的主要方向是社会经济生产一线，因此学生需要具备严明的组织纪律观念和集体主义意识，也需要有良好的体能和精神状态，高校开始探索半军事化管理模式，学生每周一、周三、周五跑早操，周二、周四早自习时间组织经典诵读，每天上午课间做广播体操，每天宿舍内务军事化达标，促使学生养成艰苦奋斗、团结协作、严谨精细、雷厉风行、扎扎实实的学习和生活习惯，不断增强自身修养，全面提高综合素质。高校的党员指标相对于本科院校较少，利于在学生中优中选优，每一名学生党员都是一面旗帜，是全体学生中最具影响力和感染力的优秀群体，在专业学习、道德引领、社会服务、管理服务和公益活动方面发挥着积极的作用，能身先士卒地带动和影响周围的学生。这种示范性作用的发挥是一种无形的力量，渗透在校园的各个角落，使学生在不知不觉中接受着这种潜移默化的影响，并随之调整着自己的言行，改变着自己的思想意识和价值观念。

在对目前德育现状调研的基础上，设计了征询德育建设的意见和建议项目，受访的党团组织和人员积极荐言献策，主要有以下几个方面的内容：首先要将德育的思想认识建立起来，任何行动都是由思想决定的，落实在具体的工作中就是发挥德育主渠道的作用，为学生奠定良好的思想认识基础；其次要充分挖掘各门专业课程蕴涵的德育资源，强调把学知识技能与学做人做事紧密结合起来；第三是必须开辟德育实践教学的路径，将德育理论知识与实践紧密结合，将理想信念教育、道德教育、优秀的传统文化教育、感恩教育等与学生的家庭美德、职业素养、社会公德及现实生活有机结合，使德育回归道德的本真，使德育更加贴近生活、贴近学习、贴近社会；第四是结合党、团课和主题班会，首先培育学生正确的人生观和价值观，其次加强大学生的职业道德和职业素质培养，开展一些引导学生相互尊重、相互协作的活动，让学生体会到团结的力量和众人拾柴火焰高的气氛，培育学生的团队精神和协同协调的能力，团组织的活动则更加活跃，结合活动的受众率，开展团员青年喜闻乐见的各类活动，凝聚团组织人气，凝聚正能量，通过各类昂扬向上的活动释放和传递正能量；第五是将德育融入校园文化，开展各类校园文化生活，在快乐轻松的活动中观察和引导学生建立健康的人生观和世界观。

二、来自管理层面的座（访）谈

针对学生的学习、生活和日常管理，选择了学生工作部、教务处及后勤部门的教职工，设计了 12 项调研提纲进行了座（访）谈。从学生管理角度，高校学生有“3+2”的五年一贯制学生，但大部分是 3 年在校时间，各自形成了不同的学习生活周期，因此涉及学生管理内容和方式也同样带有明显的周期性。德育工作针对每个年级、每个专业甚至研究到生源地，都需要深入地调研，了解各地、各类学生群体的特点和共性，以时间为轴线，充分认识和总结德育在不同阶段、不同专业、不同场合的主要任务和工作要点和特点，有的放矢地开展工作，就能取得事半功倍的效果。

从多年来摸索出的学生管理规律看，新生入学后的第一学年的管理很重要，而第一学年的第一学期最为重要。来自各地的、各个层次的、各分数段的，生活习惯、作息规律多元化的，背景各异的，学习能力参差不齐的学生们在同一个时间集中到同一个班级或组织中，学生之间的差异必然给管理带来很多难以预料的、不确定的因素，这个阶段的德育工作者需要有很好的耐心和修养，以细心了解、随时解答和解决新生提出的一系列问题，这里还包括随行的家长的一系列问题。众所周知，在大部分学生是独生子女的情况下，学生刚到学校面临着的是陌生的环境、陌生的群体和未知的问题，因而随行的家长则有无数个不放心，迎接新生入学的师生的良好的精神风貌和修养，并给予新生或家长的问题的“令人满意”的答复，将是对新生和家长心理的最好的安慰。

接踵而至的问题就是在尽量短的时间里、以最快的速度完成专业系的分类管理，完成班组织的建立，促使新生的管理尽快地进入一个相对平衡、稳定的状态。入学期间，军训的作用一是对新生进行军事理论和国防教育，二是促使新生尽快地熟悉学校环境，并能迅速规范新生的行为，同时培养和形成严明纪律的观念。军训期间，穿插各类法规校纪教育、安全意识教育、党团知识教育、心理健康教育与引导等方面的教育，这一系列教育活动，是帮助学生从中学向大学平稳过渡的途径，为学生日后的学习及人格成长提供支持，使他们迅速地融入新的教学和学习生活环境。

高校不同于其他本科院校的是：学生管理更加严格。从早操到课间操，从早读到晚自习，半军事化管理模式强化的是能适应未来职业要求的严格管理、准确的时间观念和严明的组织纪律，促使学生成功地获取必要的学习方法和学习能力，以及社会交往、团队协调合作的综合能力。调研的问题是：目前的学生管理还存在以下几个方面的难点：

一是学生自觉学习的习惯培养，学习能力问题。

二是确立正确的人生观、价值观和世界观问题。因为学校即社会，学校无法避开喧嚣的社会。

三是团队合作意识和团队工作中的奉献精神培养问题。独生子女的独立性差、个性强，从小在一个家庭一代人只有一个人的生长环境中养成的很多习惯，使一个学生就是一个中心，人人都想以自我为中心，因而他们的团队意识、协同作战的能力弱。

四是吃苦耐劳精神的培养和养成问题，也是目前高校育人的难点之一。因为高校培养的学生面向社会生产一线的人数是个绝对值，高职的“高”字体现的是有思想高度和技能高度的人；“职”字则体现了社会化大生产带来的分工精细，职业意识、岗位意识和责任意识都要加倍的强化。

从教学管理角度看，总体来说目前高校学生的学习氛围不够浓厚，具体表现为：一是部分学生对所学专业不了解；二是没有学习目标和学习兴趣，有的不知道学什么、怎么学、为什么学；三是学生没有养成良好的学习习惯，因此，学生在校园里看书在高校里是鲜见的。对于德育课程来说，依旧存在着“说起来重要、干起来次要，忙起来顾不上”的现实，加上教学资源不足，教学方式方法、课程建设也需要改善，教学评价师生都呼吁应改善现状。教学管理者认为，德育要关注全球发展形势，要立足现实，也要重视传统，回眸寻根，吸收中华民族文明发展的优秀成果，增强学生的民族自豪感和民族凝聚力。

对于德育课程的评价，评价方式要重过程、重实践、重行为；立足以道德认知、道德情感、道德行为等方面为评价和考核内容的基点，通过书面考核、教师评价（含专业课教师）、学生评价、实习教师（或实习岗位的师傅）评价、社会公德评价（志愿者活动、社会活动等）、家长参与、德育课教师汇总的多元化的考核，形成学生在校期间全过程、全方位的德育评价“立交桥”，在毕业生离校时，做出德育综合评价。这一切都离不开德育实践教学的探索和研究，教学管理者、德育教师，乃至学生都给出了一些好的建议：开展内容鲜活、形式新颖的各类活动，在法定节日、传统节日、重大历史纪念日以及 18 岁成人、入党（团）誓词等有特殊意义的时刻，举行回顾、纪念或庆祝活动，增进爱国情感，提升道德情操。开展各种形式的工学结合、勤工俭学和志愿者等社会服务活动，培养学生热爱劳动、劳动光荣的品质。不断加强校园文化建设，不断提升校园文化品位，邀请著名社会专家、优秀企业人士、优秀学生家长等到学校开展专题讲座，拓展学生知识领域；开展适合高校的各类技术比武、大学生文化科技艺术节等各类体育比赛和文艺演出，丰富学生技能和精神生活；开展“文明班级”、“文明宿舍”、“文明之星”、“校园道德模范”等创建活动，扶持校园正能量。多管齐下，构建家庭、学校、社会结构严谨、密切配合的德育“立交桥”或网络，创建新型的德育协作机制。

从后勤服务角度看，高校的后勤管理人员，由于他们的工作内容（从食堂到澡堂，从水电暖到桌椅板凳、门窗玻璃、扫帚拖把）都与学生在校期间的生活息息相关。在学生眼里，进了学校的门，每位教职工都是老师，因此，对后勤管理人员的基本要求，首先是立德树人，服务育人。大部分后勤人员时刻牢记以优质的服务和文明的言行举止对学生产生正面影响，向学生传递正能量。在食堂、开水间、澡堂等地，始终通过张贴画、宣传标语等倡导学生节约粮食、节约用水。定期召开服务质量等方面的座谈会，为后勤管理及服务人员和学生提供沟通交流的机会，吸收学生骨干参与后勤监督管理，检查和监督食堂卫生、维持秩序、劝阻不文明行为。有效地规范了就餐秩序，节约粮食和节约用水的意识和行为都得到了加强。德育渗透在师生学习和生活的每一个方面，德行如影随形伴随着人的时时刻刻，因此，后勤管理及服务人员认为：加强对新生的入学教育，对规范日后行为、礼仪、道德行为等方面都将产生积极的意义。

三、来自教师的座（访）谈

（一）专业课教师座（访）谈

之所以将专业课教师的座（访）谈放在德育课教师前面进行调研分析，因为大多数高校的“思想道德修养和法律基础”课程在新生入学的第一学期完成，“四德”——家庭美德、职业道德、社会公德和个人品德从理论到实践的塑造在这一学期完成，而围绕专业开展的理论与实践教学将伴随学生三年，因此，若专业课教师关注德育育人，对学生的健康成长是至关重要的。在专业课中融入德育内容的访问中，教师给予了充分的肯定，在专业课中融合德育内容可以端正学生对专业课的学习态度，加深对本专业课学习的理解，良好的道德意识是学好专业课的思想基础。在这些方面高校的很多专业课教师进行了积极的探索，如教授“应用文写作”课程的教师，引导学生多读书，设置了“美文欣赏”环节，每堂课都引导学生赏析一篇小短文，激发学生的学习兴趣，同时引导学生建立正确的审美观；在文种学习中，利用“计划”的写作，引导学生对自己的大学生活进行规划。有的教师在“消费心理学”课程中，引导学生认识生活中的消费误区，克服攀比、虚荣、奢靡之风，建立节制的、正确的消费观，并在消费过程中要遵守社会公德，承担一定的社会责任等。有的教师在讲到金属材料发展历史时，通过大量实例讲述我国在该行业取得的辉煌成果，激发学生的民族自豪感。有的教师在专业教学过程中，引进相关专业企业管理措施，以加强学生的职业道德教育。有的教师在专业课教学过程中结合企业实际，把企业的安全生产规范、劳动生产纪律等规章制度引入课堂专业教学，注重培养学生珍爱生命、遵守安全章程和爱岗敬业的意识。有的教师在专业课的实践教学和第二课堂中进行潜移默化的德育渗透，从而提高了学生的专业实践能力和道德判断能力，促进了学生的知情意行的协调发展，在教给学生专业理论和专业实践知识的同时，教学生要学会做事也学会做人，充分发挥了专业实践教学的育人功能。或许，这正是高校的毕业生到了企（事）业后能虚心求教、尊重师长、善于合作、吃苦耐劳的原因所在。

（二）德育课教师座（访）谈

受访的思想政治教学部的教师普遍认为学生德育很有必要。尤其是工科类高校，通过德育可以增加学生的人文素养，建立良好的道德情操，在思想认识和思想建设方面也有一定的提升，通过该门课程的学习，还可以引导学生关心国家大事，了解一些时事政治。就目前的情况看，大多数教师通过授课观察学生对德育是感兴趣的，以“思想道德修养和法律基础”课程为例，课堂出勤率达到95%以上，学生听讲都比较认真。在作业部署方面，教师也进行了积极的探索，通常将课本上的思考题留给学生思考，结合一些实际情况，例如了解新生刚入学一个班的学生的相处情况等，教师会给出一些时事或主题性、调研性作文，借此了解学生的适应能力、新生融合和班级团结状况，从而有针对性地对学生德育和心理加以科学的引导。从学生的访卷可以看出学生的满意度与教师的教学方式和教学质量有直接的关系，有相当一部分学生对这门课程很满意、很感兴趣，教师与学生的访卷得到了相互印证。但也存在以下问题：如大学语文、马克思主义哲学、历史等被砍掉对于高校的学生来说，是个非常遗憾的事情。众所周知，今天由于国家的日渐富强和民族的觉醒和崛起，出现了世界范围内的汉语热，而大学语文应当是高等教育的核心。大学语文的学习，一来可以提升大学生的文字水平和文字处理能力，更为重要的是它是一门修养性情的科目。客观地说，今天的不少大学生字都写不周正，文字处理能力更是不敢恭维。而马克思主义哲学是教给学生正确思维、正确认识世界、辩证地认识和处理事物的一门学问，学习这门课程教会学生会思想，会思考，会辨析，能研究。至于历史，是我国最引以为豪的，祖国的历史无论是强盛时期还是屈辱年代，都是我们祖先留下的瑰宝，有的国家可以不学习历史，因为他们的历史很短暂，而我们不学历史，丢了“家谱”，爱国主义到哪里寻觅？到哪里感受？再就是德育应当引起管理者的真正重视，包括教师的培训学习与教学能力提升，教学过程中的德育实践教学研究和具体实践，都需要人、财、物力和教师的精力来支持，在这些方面尚是一个空白，应当为德育教学提供足够的条件，考虑到德育课教学的特殊性，应给教师留出足够的精力，满足学生沟通和交流的心理需求等。对于现有的思想道德修养的教材，有的教师是系统研究，读懂吃透；有的教师则在此基础上为了便于学生理解对教材进行了再加工；有的教师在课堂上仔细观察学生对每一部分内容的兴趣和理解程度，引用大量的案例进行阐释，极大地吸引了学生的学习兴趣，调动了学生的积极性。思想道德修养是一门课程，但它又不仅仅是一门课程，它的教学效果就呈现在师生的精神面貌和言谈举止中。

（三）辅导员座（访）谈

因为辅导员是学生第二课堂德育的主力军，辅导员的德育作用，不是用课时来衡量的，一个班的学生从入学到毕业离校的全过程，都浸透着辅导员的管理思想、意志情感和心血汗水。尤其是高校的辅导员，从早操到晚自习，作息时间从6:30到22:30，“两眼一睁，忙到黑灯”着实不夸张。高等职业院校学生的管理相对于本科院校难度要大得多，最大的特点是动手能力强，学习能力弱；头脑简单，四肢灵活，一“点”就着，自我约束能力欠缺。有的同学在理论知识的学习方面很被动，但在专业实践方面比较灵透；更有的同学把专业实践学习的一点“功夫”不经意间用在了毁坏诸如电灯开关等公物方面了。总之，由于职业院校学生的理论知识相对于本科院校学生要薄弱得多，如何引导学生的学习，增强学生的自我约束能力，引导他们把精力集中到学习方面来是辅导员要做的重要工作之一。但更为重要的是，要凝聚新生的合力。目前不少高校是对全国招生的，原本就自我约束能力相对弱的学生，从不同的区域、带着不同的生活认知和家庭教育背景聚集在一个宿舍、一个班，辅导员要做的第一项工作就是根据新生入学过程中的表现暂时定出班干部，以协助辅导员完成新生入学后的许多事务性工作。为什么是“暂定”？因为一个组织“无官则乱，官满为患”，在学生和家长蜂拥而至的时期，需要几位热心为学校和同学服务的学生，暂时以“代班长”的身份协助辅导员理顺班级工作。大部分辅导员管理的是几个班，暂定的这些准班干部在新生入学时发挥了积极的作用。

其次，就是在军训中与部队教官一起观察学生的言行，以便在军训后，诞生班级和团的管理集体，在这个过程中，很多优秀的学生干部能脱颖而出。优秀的学生在入学和军训等各个阶段都能表现出较好的纪律意识、积极的参与意识、稳定的自我约束能力等潜质。在为期10天左右的军训阶段，这些优秀的学生是学生自我管理的优质资源，在协助辅导员分发书籍、分班、分组以及宿舍管理等方面发挥了积极的作用。这里要对宿舍管理进行一些阐述，因为复旦大学的研究生同室操戈毒死同学的案例，促使社会和学校十分重视宿舍管理，而高校的宿舍管理应当说是走在前面的。具体表现在以下几个方面：一是半军事化管理，用严明的制度和纪律来约束自我约束能力相对较弱的高校学生，收到了一定的效果；二是除课堂教学以外的时间大部分在宿舍，除宿舍管理委员会外，每天的领导干部值班也直接介入宿舍管理；三是克服重重困难，包含师生的“不理解”，坚持早操、课间操、晨读、晚自习，始终坚持凝聚师生的力量，规范师生的“教”与“学”的行为；四是加强第二课堂教育，加强学生心理健康教育引导；五是丰富校园文化生活，侧重丰富动静相宜的学生社团活动，努力让“好动”的学生学会入静，让难以入静的学生在丰富的业余生活中强身健体，释放青春的活力和能量。这一系列活动的思想是：健康、快乐、学习，逐渐地引导学生进入学习佳境。采用这些有针对性的管理，收到了良好的效果。

案例：某学院的一个男生宿舍，8个人中有6个吸烟。其中还有个“老烟民”，他每天在宿舍吸烟上网，由于烟味太呛人，其他两位不会吸烟的学生都不想回宿舍，也因此而患上了失眠症，导致白天学习能力低下。这两位学生因此无法忍受，不断地与其他6位同学发生矛盾，并有激化的现象，随即提出调换宿舍。于是辅导员深入该宿舍了解情况，找出症结所在，对 6 位吸烟的学生进行了反复的谈话，苦口婆心讲明吸烟的危害，引导他们尝试戒烟。同时与 6 位学生的家长进行积极地沟通，让他们一起参与矛盾的调解与处理，家长成为与辅导员一起解决问题、参与学校管理的局内人，与学校一起承担起教育和引导学生的责任，最终使问题得到解决。

因此，很多院系的辅导员教师在一些学生矛盾的处理上开辟了“家校直通车”，让更多的家长和社会人士参与学校管理，一旦出现什么棘手的问题，很多家长也能给予配合、理解和支持。宿舍管理不是小事，而且宿舍管理是 24 小时制的，目前几乎每所大学都过万人，宿舍管理成为极大的问题，当宿舍人际关系紧张时，每个人心理上都感觉到压抑和郁闷，下课后宁愿躲到图书馆或自修室也不愿回到宿舍里。尤其目前很多学生在家几乎都是“单人标间”的生活模式，长时间的我行我素，突然之间几个人拥挤到了一起，女生宿舍的不和睦、小摩擦、小矛盾更多。男生由于自控能力和自我约束能力欠缺，稍有口角便拳脚相加的也不乏其例，由于高校在这些方面加强了管理，促使很多问题发现得及时，化解得早，常常是化干戈为玉帛，握手言和。例如评比“星级宿舍”、“文明宿舍”等，院系的辅导员以及安全保卫部门更是 24 小时坚守岗位，是他们用心血和汗水维护了高校的安宁。

第三就是辅导员在管理过程中要善于总结和提升管理能力和水平。很多辅导员善于寻求和把握学生管理的规律，例如把握“先入为主”的规律，在新生的第一学期，强化纪律管理，强化学习训练，投入相当的精力引导学生做人、做事、学会学习和认知；也有的辅导员认为第二学年是一个学生在校期间承上启下的时间，对学生的健康发展更为重要，所谓“承上”就是在大一时，学生因为刚进入到一个新的学习生活环境，各方面还不熟悉，第一年的理论学习压力相对又大，一直处在一个紧张的适应、观察和学习阶段，因此这个阶段相对好管理，也相对稳定些；到了第二学年就进入了“启下”阶段，大二上学期是学生形成个人价值观和人生观的重要阶段，因为大一以前学生一直在中学教师和父母的严格呵护下，难以形成和坚持自己的价值观和人生观，在大一又是适应和观察的一年，到了大二，经过大学一年的锻炼，学生已经适应了个人独立思考、独立生活、独立处理一般性事务的能力，独立的人格特征也在逐渐地形成，这时候，若加以积极地引导，会对大二以后的学习乃至未来的生活产生积极的影响。

最后，也是高校辅导员以终为始，始终坚持的就是忠于党的教育事业，让大爱支撑起辅导员的脊梁。在座（访）谈中，很多辅导员表示不论出现什么问题，学生在我心中永远是第一位的。爱，是辅导员事业的“活水”，但爱是建立在对学生严格管理基础上的。试想：一个辅导员从早上 6:30 组织学生跑早操到查完晚自习后的学生入寝熄灯，几乎每天工作16小时以上的时间，如果有什么突发事件，辅导员还得去查处，有的辅导员坚持陪同学生上晚自习，几个班3～5年带下来，他们的精力从何而来。“问渠哪得清如许，为有源头活水来。”正是因为对教育事业的忠诚和对学生的大爱，在琐碎而纷繁的学生管理事务中，这潭“活水”才能迸发出无尽的源泉。爱，极大地拉近了辅导员与学生的距离，搭建起两个主体沟通的桥梁，尤其是那些需要心灵“救助”的学生，辅导员既需要父母般的细心和爱心，还需要循循善诱，帮助学生化解心灵的迷障。因此，爱岗爱生，是辅导员工作的落脚点。至于学生管理，辅导员作为学校方面的直接学生管理者，其管理的职责，一是为学生服务；二是管理，在“管”与“理”中，重要的不是“管”，而是“理”，如果说管的话，也是在理顺关系后的行为，只有理顺了学生在校期间的各种关系，才能给学生创造一个温馨和谐的学习和生活氛围。而辅导员自身是在立德的前提下立身，同时实现育人的目的。

四、来自学生的座（访）谈

（一）学生干部座（访）谈

每个班级的学生干部是学生会干部的源泉，只有每个班的学生干部优秀和足够强大，才能推选出我们的党的先锋队成员，才能孕育出优秀的学生会干部，才能带领班级完成学习任务，才能胜任班级管理工作。学生干部是连接学校与学生、老师与学生、同学与同学的纽带和桥梁，在参与学校管理中担任着双重的身份，一是参与班级或学校的管理；二是自身也是被管理的对象。作为学生干部要尽心尽力地为同学服务。打铁还需自身硬，学生干部最终是学生选出来的，只有在学习、生活和日常管理和协调工作方面都优秀，才能得到同学的认可，才能成为一个典型或标杆树在那里成为学生追随的对象。否则是得不到学生认可的，即便是当了班干部，自己也会左右为难，工作难以推进。

高校的班干部首先要立德，德不立则难服众，众不服则无人从，没有人服从，工作就无法开展。在针对4个系的200余位学生干部的座（访）谈中，也证实了这一点。高校学生干部的另一个特点就是吃苦耐劳，务实肯干，脚踏实地表现出良好的道德品质和素质。由于高校的学生专业课实践教学多，从实习实训到毕业前夕再到社会生产一线顶岗实习，学生干部从实习场地环境卫生、设备维护擦拭、调试等都是走在前面的；学校的运动会、文化科技艺术节、各类专题讲座、报告会、晚会、朗诵会，各类专业技术比武和技能竞赛，班干部都要付出很多劳动和心血。尤其是班长，兵头将尾，由于扩招造成的目前人数在60～70人的班级也不少，大班管理协调难度则更大。但学生干部都能克服重重困难，做好工作。在调研中，有的同学说：在为学校和同学服务的过程中，让我懂得了，应与同学多沟通和交流，才能避免不必要的矛盾，把工作做好；作为学生干部除自己积极参加学校组织的活动外，自己又是活动的组织者和参与者，这个双重的身份，使自己在各类活动中得到锻炼，这是大学学习的意外收获，惠及一生；作为学生干部，在服务同学的过程中，思想方向在教师的引导下更加明确，确立了正确的价值观和人生观，提高了为人处事、语言表达和组织协调等方面的能力，在与同学意见不一致的时候，如发生口角或摩擦，学会了忍耐和大度；在为同学服务的同时，收获了友谊，锻炼了能力。由于置身于学生中间，使自己更加清楚地意识到学生喜闻乐见的活动是什么，然后向学校建议，或成立各类社团，或作为活动内容被列入学期计划，就能有趣地开展起来。对于各类第二课堂教育，各类重大活动或者班级活动，班干部都能身先士卒，积极地组织和协调班、团支部，协调同学中的能工巧匠一起营造一个适合该项活动的氛围，那种坐享其成的活动似乎很难引起学生兴趣，反倒是众多学生参与的活动开展起来才更加顺风顺水，得心应手。班干部说，在一些特殊的节日里，比如班里的元旦、元宵节、中秋节、国庆节等节日，学生干部和班级同学一起装饰自己的教室或寝室，让远离家乡的同学体会到快乐，有种回家的感觉，感到温馨，使班级和宿舍产生了凝聚力和感染力，很惬意。

有的学生干部在接到任务后，在为班级同学分配各项任务时，善于和同学沟通交流，上善若水，水到渠成，避免了很多不必要的麻烦和矛盾。同时，在具体工作的落实中，班干部不是万事通，往往是根据学生的特长，做到人尽其才，将这些同学的潜能发挥出来，并在这些工作中完善和提升了自我，懂得了宽容、理解和信任的意义，懂得了尊重别人和照顾别人，同时自己也赢得了尊重和爱护。在各项工作、学习任务的落实中，学生干部是只有付出，没有丝毫利益的，因此，责任的担当，责任的落实往往成就了他们的卓越和优秀，没有立德，难以担当。在与学生干部的访谈中，发现学生干部更加关注国家大事和时事政治，如对祖国的航天事业、3D 打印机等高科技的关注，使他们明白了少年强则国强的道理，激发他们带动同学一起努力读书，把技能掌握得更加扎实，争取为国家做些力所能及的事的愿望，这种想法很踏实也很务实。谈到高校发展，有些硬件设施滞后，学生有什么期待时，学生认为一所学校不能光看硬件设施的配制程度，更多的要看培养学生的能力和学生的文化素养。复旦大学的研究生用有毒化学试剂杀害同学、北京大学才女朱玲两次被重金属铊致残，应该说这些国内著名大学既有硬件也有优秀的教师和优质的生源，但还是发生了这些离奇的“高智商”校园暴力，源自他们的知行不一，道德水平低下。所以，立德才能树人，厚德方能载物。

（二）卓越班学生座（访）谈

这是高校正在探索的一种办学模式，是对我国高等职业教育办学模式的一种完善。就是在当年的高职学生中通过自愿申请、笔试、面试的渠道，选取优秀的学生组成卓越技师班级，其“卓越”之处在于这些学生是在获得大专学历资格的在校生中优先选拔出来的，他们在通过学习和技能测评后，毕业获得大专学历的同时获得技师资格证书。在专业课和思想政治课的教师调研中，普遍认同卓越技师班的学生道德素质好、课堂纪律好、自主学习能力强，自制力强，因此，课也好上，教师的教学激情能得到学生的认可，能在课堂上与学生产生共鸣。由于卓越技师班是一个正在探索的教育模式，因此，在优质教师资源配置、教学设施配制等方面都有所倾斜和支持，其他班的优秀学生也有在开学后陆续补充进来的，他们的感受是：在卓越技师班，由于班风好，同学之间乐于相助，学习气氛浓厚，看到周围的同学都在学，自己不学就很孤立，与其他同学交流也没有共同语言，牵引着自己也必须学。除此之外，卓越技师班的学生自身认为，作为高端育人阶段的卓越技师教育，还应具备富于创新的宽广思维和思路，提升技能创新能力，这种创新能力是伴随着科技进步的提升而提升的。近朱者赤，近墨者黑，或许就是这个道理。在思想政治课教学问卷调研中，卓越技师班的学生普遍反映喜欢上“思想道德修养和法律基础”这门课，一是学习工科的学生，在思想道德修养课上，可以换一种思维方式进行思考，教师风趣、诙谐的语言和引经据典的大量的实例拓展了学生的视野，提升了道德认知，改善了道德判断能力，提升了道德水平，卓越技师班的学生如是说：如果说，专业课知识是教我们做事的话，思想道德修养课就是教我们做人。未来就业是个未知的事情，因为人们可以做这件事也可以做那件事，但做人是必须的，人的道德修养应从娃娃开始培养，然后是学校学习，进而到工作岗位的职业道德建设与到社会后的公共道德保持。在访问卓越技师班的同学“你快乐吗？你周围的同学快乐吗？”的问题时，他们的回答都是快乐，并能将自己的快乐传递给周围的人，包括教师、同学、朋友、家人等。在“你热爱生活、热爱大自然吗？”的访问中，学生普遍反映非常热爱。

（三）普通班学生的座（访）谈

普通班是相对于卓越技师班而言的。就学生是否对德育课感兴趣进行了访谈调研，80%的学生认为感兴趣，因为工科院校专业课学习比较枯燥，少有的几门德育课程完善了同学们的人文知识，丰富了学生的中国文化史和道德法律等方面的知识。尤其是“思想道德修养和法律基础”课程，第一部分正是对大学新生释疑解惑的部分，使很多第一次离开家庭呵护的学生知道大学生活将如何度过。在时间和空间相对充足，家长和教师不再像中学那样紧盯的情况下，如何安排好学习和娱乐、如何安排好充足的业余时间等很多方面，为学生指明了方向，让学生少走了很多弯路。在访问到为什么感兴趣时，学生认为：一是通过德育课程学习，能了解很多国家大事和时政要闻，扩大视野，开阔知识面；二是能在老师的引导下提升自身的道德修养水平，构建完美的人格品质；三是道德能规范人的思想和行为，没有规矩不成方圆，一个国家、一个民族只有道德的水平提升到一定的高度，才不至于涣散，国家才有力量，民族才有希望；四是可以学到一些基本的法律常识，建立法律意识，培育依法办事的自觉性和自律意识。

在对普通班的学生进行是否喜欢自己所学专业的座（访）谈中，88%的同学表示喜欢。针对另外12%的学生，学院接下来要进行贯穿在校生全过程的人文素质教育，将开设专业发展史教育课程，以提高学生对所学专业的了解，激发他们的学习热情。高职院校的生源客观上不及本、专科学校，因为近些年来的本科扩招，导致高职院校的生源录取分数段大部分降到了录取底线。为了让这些学习能力相对弱的学生不厌学，高校从提升教学质量到通过快乐学习、健康成长主题活动，激发学生的学习兴趣和学习积极性，都进行了积极的探索。在“您学习、生活得快乐吗？您周围的同学快乐吗？您快乐的原因是什么？”问题的调研中，83%的同学表示很快乐，而该部分学生在其他问题的座（访）谈也是正面的、积极的，显示了一个人身心的健康与和谐。往往学生自身感到很快乐，也会感到周围的人也很快乐。对于快乐原因的表述：一是来自对专业的爱好，有学习兴趣；二是来自对知识的追求，“知之者不如好之者，好之者不如乐之之者”；三是因为学习目标明确，目的性强；四是由于学校的社团多，能根据各自的爱好选择参加一些社团活动，极大地丰富了业余生活；五是在参加一些社团活动中结交其他专业的朋友，开拓了视野，增加了人与人之间的交往；六是在社团活动中身心愉悦，还可以强身健体。

对于“在您不快乐、郁闷的时候，您将采用什么途径来消解和遣散？”的访问，同学们有的采用对自己信任的老师倾诉，得到老师的教导豁然开朗；有的对自己最信任的同学或朋友叙说，得到宽慰；也有的采用运动、旅游、上网、大哭、睡大觉、校园漫步、看电影等娱乐方式排解，总的来说没有不得体的或偏激的思想或行为。在了解“能否常与同学切磋学习方法，提高学习能力，完善知识结构？”问题时，85%的同学给出了肯定的答复，例如，同学之间经常就学习进步进行比较，这种比较不同于竞争，竞争有压力，将对方当作了对手，而比较则是一种比较温和的自我督促，有利于相互督促，共同进步。此外在学习交流与沟通中可以感受和吸收对方的学习方法，完善自己的学习方法，提升学习能力。

在调研中，87%的同学能感受到来自老师和同学的关怀与呵护，辅导员一次“苦口婆心”的班会能引起学生心灵深处的触动；逢年过节学生放假时，离校前辅导员会就安全问题反复强调，让学生感受到来自母校和老师的爱；母校的老师总是在同学家庭困难的时候伸出援助之手，让同学感到很温馨；遇到困难或身体不好时，周围的同学能无条件地帮助自己；个别同学回家“过秋”，精疲力尽地返回学校，同学能聆听他的艰辛，并帮助他补上落下的课程；当心情不好时，同在屋檐下的同学能互相照顾。所有的事情都让学生感到很温馨。

在调研中，94%的同学表示了对大自然、对生活的热爱，因为大自然是我们人类共同的家园；有的选择不热爱，但明确地表示是因为目前环境污染的原因。调研显示大部分同学表达了对班级集体活动的关注和肯定，如团课、主题班会、联欢会、辩论赛、K 歌、班级文体活动、法治教育、志愿者活动或社团活动、德育及校园文化专题、班级之间的体育赛事和联谊会等都能引起学生的兴趣，并积极参与。大部分学生希望参加学生会或各类社团活动。

（四）学生会和学生社团学生的座（访）谈

一是学生会；二是学生社团。对于高校下一步拟开发的学生人文素质教育课程，从院系学生会角度进行了访谈，所有的学生都认为有必要开展该项教育活动，学生认为开展人文素质教育课程能够丰富学生的精神世界，可以拓展学生的人文情怀，培育人文精神。通过对学生的人文素质教育，可以不断将人类优秀的道德和文化成果内化为学生相对稳定的内在品质，外化为学生的文明行为；可以提升学生的内在情感，优秀的文学艺术作品本身就是“情感的符号形式”，艺术家掌握了创造艺术符号形式的本领，把无形的内在情感，变成了可供人感知和观赏的东西。学生掌握了它，对于提升他们的情感智慧——情商意义重大，可以涤荡尘埃，净化心灵。更重要的是，针对当今世界的重科技、轻人文和高职教育的功利主义倾向，有利于塑造健全的人生和人格。

由于学生会的访谈主要面向院系学生会的干部，因此，这个层面的学生素质相对高，因此对已开展多年的“知行”讲坛及各类德育和人文素质教育都很感兴趣，特别是每个班级开展的心理委员培训，“珍爱生命与孝行”专题，“儒家风范与孔圣文化”专题，关于道德建设、关于文化建设、关于文明、生态和厉行节约意识培养等专题，关于专升本知识讲座，“我的大学我做主”“中国梦”专题，关于学会感恩、大学生创业专题，大学生就业指导等。有些专业讲座也深受学生欢迎，例如《房产逻辑》“数学建模”专题讲座等，让学生了解了数学建模就是运用数学知识解决生活中的日常问题，比较全面地了解了数学建模在人们生活中的重要性，从而激发了学生的学习兴趣。院学生会在学生工作部的领导下每年都有计划、有步骤、有组织的围绕“立德树人”等开展学生喜闻乐见的活动，各系也根据各自的专业特点开展了一些高校所独有的各类技术技能比武、竞赛等活动。“驿站传书”使学生明白了团队协作的重要性；“交通堵塞”让学生干部在面对突发问题时能冷静分析，理智地寻找问题解决的最好方法；“文明你我他”有效地规范了学生在公共场合的行为；在父、母亲节的时候，引导学生为父母送上节日祝福、问候等，引导学生与父母进行交流沟通，促使一些学生改善了与父母的关系；在

“厉行节约”活动中，引导学生开展“光盘”行动，倡导低碳生活，食堂餐厅浪费现象和一次性用品大幅减少。在“您认为学生会活动内容还应增加哪些内容”问题的访谈中，学生对和谐校园、文明校园建设，对尊老爱幼、孝敬父母，对爱国主义和学生人格品质教育、到青少年教育基地接受现实的德育教育、在知行合一上下工夫等都有建议和期待。学生能清晰地意识到，对于人才而言，教育首先是育人，而后是育才，只有德行上去了，人才方能为社会传递正能量，因此任何人文素质的培育，学生的道德品质建设永远是第一位的。

较之学生会，学生社团在高等教育中基本是学生自治组织，在组织的建设和管理方面，具有相对独立的属性。组织的形成完全依赖于学生的兴趣爱好，由具备组织能力的学生自发形成和自我管理，但必须接受学校院系的指导和引导。指导教师在社团形成与发展中更多的是充当资源协调的角色，组织的成立、管理，活动的策划和执行均来自学生群体。高校将之列为第二课堂教育的范畴，促使这些学生组织的社团既具有高校学生社团的一般属性，也具有第二课堂丰富学生业余文化生活的教育属性，从而实现了对学生社团的规范管理。而社团的学生则在创立社团中学会有创意地开展工作，在社团的管理中学习管理，也懂得了尊重他人的管理，在社团活动中学会组织，锻炼协调、感召等方面的能力；在规范社会活动中，提升组织纪律观念、形成团队合作理念，增强集体荣誉感，建立集体主义观念。一个好的学生社团，本身就具备了德育实践教学所预想和期待的德育效果，在社团中，人的道德认知的提升是由人自发形成的，而非他律，从他律走向自律这应当是德育的最高成效、最大成果。

例如“武韵社团”，太极拳也好，梅花桩、跆拳道也罢，武德是第一位的，没有武德也修不出正果。高校学生的共性是好动，用刚柔并济的各类武术科目的一招一式来规范那些好动的、耐不住性子的学生，刚也好、柔也罢都要中规中矩而不能随心所欲，那些在省、国家甚至国际大赛上获得大奖的学生，最后都是品学兼优的、就业后受社会欢迎的好学生。因此，学生社团对于德育的贡献是在潜移默化中形成的，武（舞）练成了，德随武（舞）成。高校有很多与专业技术有关的社团，在专业实践教学中，在提升同学们学习兴趣、激发学习热情方面都发挥着积极的作用。德育工作是一项系统工程，人文素质的培养是一个潜移默化的漫长过程，二者最后是殊途同归，立德树人是共同的“目的地”。只有发挥各个领域、各个组织的积极作用，深入研究和探索，多管齐下，才能百花齐放。

五、调研要有深度和可持续性

在调研中发现问题，在研究中解决问题。不可满足于问卷和座（访）谈，要坚持在日常管理和日常教学中的深度调研。

一是发现苗头。如有的学生在调研中对于思想政治课的建议意见栏中写道："有的人死了他还活着；有的人死了，他就死了！拉登万岁！"有这样极端偏见的、以不同方式表达的有几位同学，思想政治课教师在教学过程中就引用了"有的人死了他还活着；有的人死了，他就死了！"并接着说"也有的人活着，就像死了；还有的人活着，不如死了！"接下来，教师解释说：作为一个人，生活在社会中，不能容入社会，如同行尸走肉，就像死了；但像拉登或人肉炸弹等恐怖分子，作为人类的一员，非但不能造福人类或为人类社会做出应有的贡献，反而为人类社会带来灭顶之灾的，因为仇视社会而伤及无辜人类的，不如死了！以上观点最终得到广大同学认可。对人类社会的任何偏激情绪和偏激思想的苗头都不利于学生的健康发展，因此，应给予清醒而坚决的抵制和修正。

二是发现问题。如对于"思想道德修养与法律基础"部分的问卷调研，绝大部分学生对法律部分感兴趣，但也有极少部分学生不感兴趣，通过进一步的座（访）谈了解到，该部分学生认为只要自己规范好自己的行为，不触犯法律底线，法律是与己无关的。课题组成员中的思想政治课教师就能在课堂上对这一想法进行解释，很有说服力地解决了这一问题，因为作为公民你有权放弃你的权利，但对法律所规定的义务你必须了解，必须履行，不能放弃。如果不学习法律，如何能知道在某一部分的法律中你享有哪些权利和义务呢？在法治社会没有任何人可以超越法律，自由的限度应在法律允许的范围之内，否则，若自由到像马加爵、像复旦大学的研究生一样的同室操戈，任意地残杀同学，就必然不自由了，最终使学生心服口服。

三是解决所遇到的问题。由于学生都处在青春期，目前独生子女又多，发生口角乃至殴斗等是常有的，尤其是高校的学生自制力相对较弱，这些情况更是常有发生。针对所遇到的争论，管理者应深入调查，解决问题的过程就是德育过程。如甲班的学生同乙班的学生打架，辅导员各自站在自己管理的班级的角度，都认为自己的学生是被动挨打的一方，因为有教工的管理参与，且意见相左，这时矛盾就复杂化了。职能部门在管理过程中，将两个班的辅导员和两个班的学生叫到一起，让两个班的学生分别陈述矛盾发生的过程和升级的过程。经过分别的陈述，有一方的学生因为撒谎而不能自圆其说就露出了马脚，滋事打架原本就是违反了学校纪律，事件发生后撒谎捏造事实更是不诚实不道德的。滋事方辅导员在弄明白事情的原委后，配合职能部门一起批评并处理了寻衅滋事的学生。问题虽得到解决，但解决的仅仅是就事论事，而非思想问题。

四是问题处理后的思想政治教育要跟上，这是解决问题的根。由于甲班的学生来自异省，而滋事方则是本省学生，在处理完事件本身后，职能部门将两个班的同学留下来，让本省的学生在地图上找出异地同学的家乡所在的地理位置，找了很长时间，才从我国的东北角找到。并叹息说：“那么远啊？”借着同学的情绪，教师引导说：“作为孔孟之省的学生，我们都知道‘有朋自远方来，不亦乐乎？’的道理，山东是以豪放、真诚、热情在全国著称的，我们竟然对远道而来的同学拳脚相加，成何体统？不要说是几年朝夕相处的同学，就算是远方的朋友，也不应该这样待人的，你们想想，自己的所作所为对吗？”老师推心置腹，娓娓道来，被处理的学生无言以对，最终心悦诚服地与异地同学握手言和。至此，问题才得到真正的解决，不会留下任何思想疙瘩。

五是要善于总结，提升管理和育人能力。对于管理中的案例应该善于总结和提炼，以便在日后的工作中把工作做到前面，防止问题的发生。

六是要善于研究，提炼教育管理理论。以往的调研侧重于调研问卷，而问卷或许能发现问题，但不知道发生问题的原因，致使问题的原因是由研究者根据某些因素分析得出的主观判断，对于研究结果而言或许不排除主观臆断的因素。本课题建立在问卷调研的基础上，深入进行了座（访）谈；同时，课题组成员来自党政两个渠道，从管理到教学，从党务到行政，丰富的课题成员渠道，为课题调研奠定了完善的组织基础和思想认识基础，使问题调研在“知其然”的基础上“知其所以然”，为问题的解决铺设了有效的途径。

再如，在调研中了解到极少数学生选择了不热爱生活、不热爱大自然，究其原因是：社会生活中制假造假、目前的生态环境污染等问题，通过访谈的方式，既可以了解“不热爱”的原因，也能当即与学生分析和解决这些思想认识上的问题。对上述问题是存在的，首先肯定学生能发现问题，同时引导学生如何立足当下，正确地看待这些问题，如何从自身做起，逐渐地改变这些问题。正因为这些问题的存在，我党十八大才提出加强生态文明建设，那么大学生能做的是建立生态和环境保护意识，建立厉行节约和低碳生活的意识，只有人人诚实经营，规范生产；人人在低碳生活方面从自己做起，这些问题就能逐步改善或解决，任何消极的生活方式或怨天尤人的态度都不起任何作用。总之，实践证明：调研必须有深度，保持可持续性的不断研究，才能发现深层次的问题；发现问题，才能在研究中解决问题。课题调研是围绕课题有阶段性进行的，但管理和教学过程中的日常调研是可持续性的、不间断的，才能为课题的深入研究提供取之不尽、用之不竭的、真实可靠的信息源泉。

第三节　德育：从课堂到课外

“大道至简在于行”，这是在涉及对思想政治课意见建议的调研中，收到学生比较集中的建议之一。收到的623份回访问卷，有24.4%的学生提出加强德育实践教学或德育社会实践的建议。18.9%的学生呼吁多开设思想政治课，学生认为：思想对人很重要，拥有良好的思想能力比拥有知识更为关键，思想境界决定人生的价值高度，这门课教会了我们要树立正确的人生价值观，做事要脚踏实地，不懈努力；做人要诚实守信，善解人意；看待事物要用辩证的唯物主义世界观或方法论，全面而客观地思考和分析；遇事要冷静、理性，冲动是魔鬼，总之让我们能换位思考，提升素质，提高境界。36.6%的学生对改进教学方法、改善教学手段、采用现代化的教学设施等提出意见和建议。也有的学生表示这样的调研问卷经常进行，可以增进师生之间的交流，也可以让学生以积极的心态参与教学管理。

一、课堂教学：内化教材、外化教学

“汝果欲学诗，工夫在诗外。”[13] 德育通过教材的方式具体呈现在教师的课堂教学上，这是理论教学部分；教材的理论教学部分仅仅是德育的最基本和常识的理论，这些理论需要教师在实现具体的教学任务之前，参阅大量的材料，包括将社会学、法学、伦理学、心理学、哲学等多方面人文社科类的具体知识和与德育知识相关的以及学生能从网络和各类媒体关注到的典型案例，进行有机结合，这一过程是教师内化教材的过程。教师将教材内化成自己的思想，通过教学的形式外化成有创新效果的内容传递给学生，然后和学生一起探讨和学习。在高科技的多媒体和自媒体时代，学生通过网络掌握的德育案例、德育事件不见得比教师少，因此，德育教学是教师和学生互为人师的过程，在讨论式学习中，教师起着主导的作用，学生是教学的主体，二者是教学相长、相辅相成、共同提高的关系。

二、课堂氛围：教学互动，积极探讨

课堂氛围十分重要，如果教师将教学理解成我教你学的关系，就很难与学生就同一部分教学内容形成互动、产生共鸣。如果在每次下课之前明确给学生自习任务，并就自习部分让学生从网络、报刊等媒体提供的相关案例进行分析，然后带到下一次课的课堂上，围绕讲课主题，进行案例分析，也就是说引导学生有选择地在各类媒体中搜集案例，可以让学生结合教材教学进度的内容，在课余时间从网络等媒体引证一些具有现代性或时代意义的典型案例，引导学生参与教学过程，也就必须关注教学进度，学生就能够切合教学内容实际地去寻找相关的案例，事先在同学之间进行分析、研究和交流，然后在课堂上根据教学进度的需要，提出该案例和全班同学一起分析，分享个人研究所得，澄清研究过程中的一些不切实际的观念。教学互动的结果是使课堂不再是一个人的讲堂，而是数十人参与的、积极探讨的教师和学生共享知识资源、共同探讨学习内容的教与学的和谐场所。

总之，在课堂上要给学生说话的机会。对于模糊的、尚在热议中的、不确定的、有争议的问题，可以暂时搁置，作为思考题，教师和学生在本次课后作为任务继续研究。

三、把课堂教学内容放宽到校园活动

德育中的家庭美德、职业道德、社会公德以及个人品德，不是在课堂上你问我答建立起来的，而是在人的一生中在学习、生活、工作等社会活动中通过一言一行、一举一动客观地展示出来的，是意识形态的范畴，但更多的是反映人的德行的，是可圈可点的。所以，个人品德如何，是否诚实守信、关心他人、热爱集体、纪律严明等，不是一门课程的时间内可以得出结论的，而是需要观察学生每节课的课堂纪律、观察学生在院系的重大活动中是否积极参与，是否关心班或系的集体荣誉等行为表现出来的，如在运动会上是否守纪律，是否能力所能及地参加相关项目，是否能关心和爱护参加项目的同学等行为，而非目前的笔试形式下的设问—回答那么枯燥和机械。如讲到热爱集体和集体主义观念部分，将其实践教学放到学生运动会上，观察每个学生在整个运动会上的纪律状况、参与意识、关心他人的行为、积极撰稿加强体育宣传等，然后让辅导员、班委参与对每位同学的考核和评价，德育考核结果，不是非要在课程结束时得出，可以在学生离开学校前评定并记入成绩，这些都是可以探索和实施的。德行在我们生活、工作、学习的方方面面都可以悄然而至，因此，德育教学不仅仅限于课堂上，我们可以设计模拟某种教育教学情景，通过任何方式展示教学内容。总之，教学内容是死的，人是活的，教学方式方法是活的。

四、用师生日常活动所展示的行为鉴定德育效果

素质教育、德育教学的考核和评价体系的改革似乎是很难的事情，但正如学生所认为的：大道之简在于行。除了德育理论课教师外，放手让辅导员参与德育考核评价，就可以将辅导员在日常管理学生中的一些学生活动行为列入德育实践考核的范畴之内，而不是老师设问，学生照本宣科地答对了德育就合格了。让专业教师参与课堂纪律和学生日常行为表现的考核，让后勤总务等参与学生管理和服务的教职工参与考核，可以从客观上形成一个多管齐下的德育大环境。例如，后勤服务人员前脚将电灯开关修好了，一转身，学生就砸坏了，后勤服务人员就可在该学生道德评价方面记入负分；有的教师眼见学生在刚粉刷的洁白的墙面上踏上一个清晰的脚印，亦可给出负分记载；有的学生在食堂就餐浪费粮食，食堂工作人员或者两人以上的学生干部、学生督察队等亦可给出负分记载；学生夜晚不能按时入寝，大声吵闹，宿舍管理人员可以给出负分记载……从课堂上仅仅是

接受了德育基本理论知识的思想认识基础，德育是否合格，不能仅看卷面分数，而要更多地丰富德育实践教学内容，通过德育实践教学的拓展和研究，提升师生素质。为什么上级对思想政治部教师在政治上有一定的要求？共产党员需要占有一定的比例？就是为了保证思想政治教学队伍的政治觉悟和在教学工作中的政治责任感，为中国特色社会主义培养接班人的政治使命感。

第四节　从理论到实践

“汝果欲学诗”，“功夫”为什么“在诗外”？因为，不是你将诗歌的平仄韵律背得滚瓜烂熟就可以做诗了，而更多的功夫是用在海量词汇的日积月累，更多的来自诗人对事物细腻的观察，更多的来自诗人的灵感和对生活的满腔热情和所激发出的澎湃激情。德育亦然，从理论到实践是德育不可或缺的一个必须的过程，缺失了德育实践教学的环节，与驾驶员考核时仅考理论，没有实践环节上不了路是一样的。

一、德育理论：不可忽略的人类社会成果

我们反复地强调德育实践教学的意义和重要性，并不是对德育理论教学的否定，德育理论是国内外人类社会几千年的理论成果之一，它经过国内外无数代思想家、哲学家、社会学家等人文科学家的努力和提炼，已然成为人类社会人文学科的瑰宝，正如萨顿所言“每一个科学的结果都是人性的果实，都是对它的价值的一次证实。科学家的努力所揭示出来的宇宙的那种难以想象的无限性，不仅在纯物质方面没有使人变得渺小些，反而给人的生命和思想以一种更深邃的意义。”[14]因此，德育理论是不可忽略的教学内容，没有道德的种子，就不会有道德的实践。如果说，德育实践教学考核的是学生的德行和德性的话，那么，德育理论教学的意义就是要培育学生的道德意识和道德精神。德行不是凭空而来的，是建立在德育意识的基础之上的。但有了道德的意识，未必产生道德的行为，比如一位社会公德考核合格的学生不能说他没有建立社会公德意识，但是在公交车上能否为孕妇或老人让座，要看他是否具备了道德意志，有了道德意志并且在道德意志战胜惰性的基础上，才会有让座的具体德行表现。一次让座、两次让座，三次让座……一生二，二生三，三生万物，道德的意志上升为一种公序良俗，融化在一个人的血液里，具备了一定的稳定性，久而久之，就上升为一种道德精神，这是德育理论教学的最高境界和最大成果。因为道德精神一旦确立，人就从道德的他律上升到一种道德自律的精神境界，就像司机，没有警察也能严格规范自己的行为。这

是需要一个相当长的过程的，青年司机如此，老年司机也如此。因此，道德修养贯穿人的一生，但德育理论学习是阶段性的，把握好德育理论的学习，正如很多学生表述的：就是把握了一种正确的思维方式，就是把握了人生的正确方向。

二、德育理论教学：把理说透

德育从小学到大学，教师要由易到难，深入浅出，把道理讲明说透。首先，作为德育教师，自己要率先垂范，把一身的正气、良好的形象和精神面貌展示给学生，利用好三尺讲坛为学生传递精神上的正能量。不能认为道德教育在大学阶段就晚了，这是很没有道理的推断。那些受党教育和培育多年的高级干部纷纷落马，大多数都说自己没有严格规范和要求自己，放松了对自己的管理，说明人的道德修养是需要孜孜以求，无从间断的。特别是当今时代，高科技的发展速度催生了一个“快”字，你发展得快，如果思想这道防线没有筑牢，在高速运行的人生轨迹上落马得也快。因此，道德的思想需要一生的追求和修养，没有人可以例外。从调研的情况看，确实有10%左右的学生对道德课程不感兴趣，而有的要求增加德育课程，这些都与上课的教师的教学能力、教学责任心和教学水平有关。所以，教师必须先规范好自己的行为和思想，这是上好这门课的前提；然后，要围绕教材，博学多看，能触类旁通、举一反三地将教材的道理说清讲透，引导学生从大学入学教育到理想信念、爱国主义、家庭美德、职业道德、社会公德，甚至到法律，从自律到他律再到法律，再在复习过程中，将教材从后向前推，达到人生道德的最高境界，从法律上的遵纪守法到道德的社会舆论等方面的监督，最终提升到人的最高境界自律，完成一个大学生应该完成的道德课程。

三、德育实践：必须探索的教学模式

知行合一是高职教育的最高境界。知是学生对德育理论的认知；行是德育理论的具体实践。二者合二为一，才是完整的德育教学过程。就像工科的老师在讲一个螺丝和螺帽，二者拧在一起，才能起到固定的作用，二者的分离，没有任何意义一样，德育实践教学是德育教学不能缺失的，以往的德育教学效果不尽人意，究其原因就是理论与实践的脱离。不能说残杀复旦大学研究生黄洋的林某在大学的德育考核不合格，但即便是合格了，在功利主义驱使下的人的灵魂的扭曲，也是道德实践与理论脱离的结果。就如同一个人考驾照，理论背得滚瓜烂熟，但只要不实践，依然不能上路一样，德育实践教学亦是如此。因此，才有了本章第三节所调研的 24.4%的学生建议增设德育实践教学课程，但毕竟德育实践教学是一门新的课题，需要在具体的教学实践中探索完善。因此，德育实践教学是迫在眉睫之举，需要有教学实践的探索，而且要根据高校专业课实践教学多的特征，进行有机整合，让职业道德实践教学在专业课实践教学中完成；让社会公德或个人品德的实践教学在学生日常管理行为和社会志愿者服务活动等社会活动中完成；让家庭美德教育在家庭与邻居或社区等学生社会生活活动中完成；让爱国主义、理想信念等方面的教育成果在国家的重大节日、纪念日和重大国事活动中得到检验和考核。总之，德育实践教学是下一步必须进行的德育教学改革模式。

四、德育考核：必须进行的教学改革

本次调研中，不少师生提出改革德育考核评价模式，不以分数定道德。目前的德育考核评价是传统的、单向度的，学习期满时通过卷面考试的方式由任课教师给予“一锤定音”的评价。对于学生的纪律意识、日常行为是否符合公民道德规范，是否遵守学校的各项规章制度，是否尊敬师长、团结同学，是否孝敬父母，是否积极参与学校组织的各项活动，是否热心公益、积极参加社会活动等一概不予关注，好像学生的这些行为与思想和德育成绩无关。这显然是德育考核评价的失败之处，但从德育理论教学方面来说，教师的教学环节没有一点瑕疵，圆满完成了德育理论教学任务。长此以往，德育课程教学将会受到更大的冲击，因为它的考核方式完全背离了德育的内涵和意义。德育理论教学的目的就是：千教万教，教人求真；千学万学，学做真人。既是教人求真，那么就要考核教师是否有将德育理论转化成德育精神的能力，并可通过德育理论教学的方式传递给学生。评价一名德育教师的教学效果的方式有两点：一看学生是否对德育课程感兴趣；二看德育理论教学后，学生在道德思想和道德行为方面的转化，这个转化就是教师将道德精神潜移默化地传递和感染着学生，学生通过他们的思想认知程度和行为表现来展示教师的德育教学成果。更为关键的是，学生通过德育实践可以提升对德育理论的认识和理解，提升道德境界，在学习、生活和社会生产实践中求真务实，践行德育精神，做一个追求真理的、脱离了低级趣味的、有益于人民的真正的人。

因此，卷面分数仅仅是对学生德育理论成绩的单项评价，也是教师德育理论教学成果的检验，而不能作为学生在大学期间的道德评价。为了改善目前的德育考核模式，教师在日常教学中关注了学生的纪律、学习态度、作业认真程度等方面的表现，但这仅仅是德育理论这一门课的表现，对于其他课程学生是否也能达到这个道德标准是未知的。在加强对学生日常德育学习考核的同时，德育教师应通过引导学生关注社会热点、焦点等案例，尽量地使德育理论课程向社会延伸，这些从网络或其他社会媒体关注的事件的分析，可极大地激发学生关注社会发展和对德育课的学习兴趣。教师还可以通过布置作业的方式，深入了解学生入学后每个阶段的思想状况，如对新入学的学生，首次德育课程的作业可以是“大学印象”，学生通过完成作业能将入学以来对学校的、对专业的、对同学等各方面的认识表达出来，针对有些学生的迷茫、困惑等，教师一是通过作业批注与学生展开真诚地交流；二是对于共性的问题可在下次课堂上进行积极引导。入学一段时间后，班组都分好了，需要了解一个班的学生融合程度和团结友爱情况，布置的作业可以是“我的同学我的班”，有的学生能很快地融入到新的班集体中，有的同学则表述一个宿舍同学的友爱互助情况，也有的学生表示不知道如何尽快地与新同学交往和融合。教师在班级授课中应做到以下两点：一是肯定学生的积极融合，友爱互助；二是引导同学设置交往情境和意境，尽快地融合到新的班集体。在学习家庭美德部分时，教师可给出“我的家乡我的父母”的作业，引导学生热爱祖国和正确认识父母之爱，并传递一种孝文化。

以上教学方式使学生在以教材为蓝本的基础上，使德育教学向社会延伸，因此，在考核评价时也适当地有所突破，但德育教师单向度的考核评价，依然不能对学生在大学期间的整个德育表现做出完整的、客观的考核评价。因此，德育考核评价，是必须进行的教学改革。

第五节　从学校到社会

学校培养的人才来自社会各地、各个层面的家庭，然后通过数年不等的人才培养过程再输送到社会，是一个必然的过程，如果学生经过大学的学习反而对社会不了解，对社会交往一无所知或面对社会生产、社会生活忐忑不安，那将是不合格的教育。德育伴随学生进入高校的第一学期（年）就开始了，经过高校的专业知识学习在德育理论方面也应得到提升和完善，但任何知识都需要经过实践的检验，检验学得是否扎实。德育实践教学则是对学生所学的德育理论教学的补充和完善，因为德育是学校的必修课，但德性所展示出来的人性的方方面面却伴随着学生的一生，需要在社会生活和社会实践中始终如一地坚持修养和实践，并且在实践中以每位学生所展示的高素质的表现行为作为学习成果的检验。校园文化与社会文化、企业文化是有一定差别的，因此，学校有必要深入社会生产实践和社会生活第一线，借助企业文化或社会文化对学生德育教学进行完善和补充。例如我国著名教育家陶行知指出的：“不能应用社会的力量便是无能的教育，不了解社会的需要便是盲目的教育。倘使我们认定社会就是一个伟大无比的学校，就会自然而然地去运用社会的力量，以应济社会的需求。”[15]

一、开放的时代、开放的国度，需建立开放的德育环境

身处开放的时代、开放的国度和高科技带来的开放的、海量的网络和媒体信

息，无法建立封闭的德育环境。否则，学生身在课堂，眼盯着教师或黑板，耳朵插着耳塞，心随 MP3、MP4 已经飞向世界。因为，在开放的时代，外面的世界很精彩，有太多挡不住的诱惑，如何能让学生把心收回来，就要看德育教师在课堂上的能力了。德育从远古走来，从实践完成了理论的提升，实在不是区区几十万字的教材能说得清的。德育是意识形态，是上层建筑，但德育行为是德育思想的外在表现形式，因此人们常说“什么德性”，没有说“什么德育”的。所以说，德育教学在开放的时代和开放的国度，必须开设开放的德育教学环境。让内化在师生头脑中的德育思想外化为崇高的道德行为，真正落实在具体的德行和德性上，实践是检验真理的唯一标准，让德育成果得到社会的检验。

正如美国教育家杜威所说的“我认为一切教育都是通过个人参与人类的社会意识而进行的。这个过程几乎是在出生时就在无意中开始了。它不断地发展个人的能力，熏染他的意识，形成他的习惯，锻炼他的思想，并激发他的感情和情绪。由于这种不知不觉的教育，个人便渐渐分享人类曾经积累下来的智慧和道德的财富。他就成为固有文化资本的继承者。世界上最形式的、最专门的教育确实不能离开这个普遍的过程。”[16] 例如中国的孝文化，无论在哪个地区、哪个阶层、哪个民族都能得到普遍的推崇，即使改革开放三十多年，今天倡导起来，依然是一呼百应，因为我们每个人从呱呱坠地来到人世的第一天起，就开始融合在敬老爱幼的氛围中，它以上行下效的方式，日积月累、潜移默化地融入了我们的血脉和心思，让我们成为中华民族固有文化的继承者、传播者，使孝文化成为我们民族的智慧和优秀道德传统。

除此之外，我国社会有很多类似孝文化这样的传统美德，比如夫妻之间的举案齐眉、相敬如宾；兄弟姐妹之间的礼让、谦让；邻里之间的友爱互助等。我国社会在很多方面展示给我们的是一个职业道德、社会公德教育的大学校，为高校的德育实践教学和研究提供了广阔的平台。以往，在德育实践教学方面，以专业课实践教学为依托，我们走出校门，走向社会，在完成专业课实践教学的基础上，同步进行职业道德以及职业素养的学习与实践，通过实习结束后的学生座谈反应，确实获得了很好的德育实践教学效果。

二、德育“走不出校门”

德育，困在学校举步维艰；德育，走出校门海阔天空。虽然高校就如何让德育走出课堂，走进社会生产第一线，进行了一些有意义的探索，也收到了一些好的效果。但那只是冰山一角，初露端倪。更为重要的是没有对类似的实践进行研究、总结和提升，没有将职业道德和职业素养教育引入德育成绩的考核和评价，仅仅是一些初步的探索。目前的问题依然是德育“走不出校门”。

德育“走出校门”这一步真的很沉重、很艰难。德育“走不出校门”的原因很多，但最主要的有以下三点。一是安全问题。目前，安全作为高校领导一票否决的考核指标，着实起到一定的安全管理作用。一个班的学生少则40多人，多则70～80人，无论是用车还是徒步都存在着很大的安全隐患，“圈养”德育比开放德育教学环境要稳当、安全得多。二是经费问题。没有政策要求必须开放德育环境，进行德育实践教学。同是德育，在教室里“圈养”德育模式，即从书本到黑板或视频，从理论到理论，从书本到作业本，经费投入要比开放德育实践教学少得多。三是除经费问题外，联系车辆，建设德育实践教学基地，安排参观德育实践教学基地或开展职业道德专题讲座等一系列问题都牵涉太多的人、财、物。因此，在没有政策要求和必要经费支持的情况下，德育实践教学有探索，有受益，就是没办法往“深水区”探索和进取。

三、德育应走向社会生产一线

近年来，根据就业单位用人调研的需要，涉及学生的职业素质培养问题，因此，在某一专业学生进入企业实习过程中，一般派出一位或两位专业课教师，一名辅导员陪同学生在实习企业实习，主要是完成专业课实践教学任务，同时，企业方面提供企业文化和关于提升职业道德、职业素质的专题教育。学校与企业合作办学，建立实践教学基地，学生在教师或辅导员的带领下到企业实习，从专业教学方面来讲，可利用企业现代化的设施、设备完成专业课实践教学任务；从德育方面来讲，企业的优秀员工和技师可为学生进行技能传授和职业道德、职业素质的教育；从学生方面来讲，学校和企业为学生提供了毕业前夕与社会生产和企业“零”距离接触的机会，尤其是所学专业与企业生产经营吻合的情况下，更是获益匪浅。学生进入企业实习的益处有以下几点：一是可以完善和提升专业技能；二是可以了解当下所学专业的发展方向和前景；三是可感受现代企业的管理模式和工作生活节奏；四是大部分同学能在实习过程中顶岗实习，获得劳动报酬，有的还可确定就业岗位；五是可以体验到工作的艰辛、父母的不易、母校的爱护，懂得了感恩父母、感恩母校，懂得了节俭。因此，德育应走向社会。

四、德育应走向社会生活

“马克思主义拒绝教育万能论。脱离历史、脱离现实的道德教化注定是没有意义的。道德建设和学校道德教育必须立足于社会现实，从社会现实出发。提升社会道德、改进学校德育必须以整体社会改革为前提。”[17] 德育，围绕教材，又需跳出教材。2012年以来，网络和各类媒体接连曝出“最美教师”、“最美司机”、“最美武警”、“最美乡村医生”、“最美学生”……媒体的“走转改”，改得好。将我国现代社会丰富的道德楷模一一向人们展示出来，让青年学生耳闻目睹的不再是充斥社会的假药、假证和假钱，不再是三聚氢胺奶粉、地沟油和苏丹红的鸭蛋，不再是老人倒了扶不扶的问题，不再是教师对幼小生命的虐待，不再是高校同学之间的相互残害，不再是拥有权力又拥有情人、二奶、第三者的、纷纷落马的贪官……而是一个明快、开朗、豁达的善人善举，尽管在营救他人的时候，有的伤残，但他（她）们依然一脸的阳光，满心的欢喜，一身的正气，充斥着昂扬向上的气场，展示着优秀而高贵的精神品质。他（她）们才是我国当今社会的主流，代表着现代中国社会的主流文化。一幕幕救人的壮举，一个个鲜活的形象，让师生为之动容，感动之余我们要说：复旦大学残害研究生黄洋的林某，不代表当今社会的主流，害人的林某不过是功利主义的牺牲品。如果林某从小就在家庭教育中埋下善良和道德的种子，如果高校将大学生德育作为全程关注和考核的对象，如果与人为善、团结友爱的种子始终在学生时代播洒，如果家长、学生和社会的功利主义思想不那么浓重，如果……如果只是一个假设，被害的是黄洋，对于独生子女的家庭来说是100%的灾难，但又有多少教育工作者为之心痛。

综观我国社会发展，应当说社会环境是积极向上、奋发有为的。“中国经济的高度发展、生产力的巨大解放正在带动整个社会物质条件的改善和社会关系的向前发展，作为社会意识的道德必然随之进步。这种进步是不以人的主观意志为转移的。”[18] 因此，应该让师生走出校门，走向社会，伴随着社会经济的发展和文明的进步一起进步和发展，这是德育的大道。大道至简在于行，在于从鲜活的社会生活和校园生活出发，让德育回归生活。“回归生活世界，应该是回归一个全面、生动、真实、具体的生活世界，回到学生生活现实的原本状态。唯有如此，我们的德育内容才不会因为失去其深厚的现实根基而停留在想当然的、抽象的、乌托邦式的空想，才能根据时代和社会的发展，根据学生的实际情况，有效地提高学生的道德认知、道德判断与道德选择的能力。”[19]

Chapter 3

第三章 高校德育实践教学的政策研究

目前在高校设置德育课程，是我国教育重视德育的结果，也是政策支持的结果，即便是这样，在课时方面也是一再压缩，德育教学的实际效果不尽如人意，问题在于脱离社会生活和生产实践的德育不符合德育的教学规律，因此完善德育实践教学是迫在眉睫之举，但德育实践教学是需要人、财、物力支持的，没有政策支撑是不可能办到的。

十八大报告指出："全面贯彻党的教育方针，坚持教育为社会主义现代化建设服务、为人民服务，把立德树人作为教育的根本任务，培养德智体美全面发展的社会主义建设者和接班人。"

第一节　从政府角度加强对德育实践教学的政策支持

从古到今，可以自信地说："我们从来就是德育大国，在世界上找不到第二个比中国更重视道德教育的国家。"[20] 从中央、国务院到地方，似乎全党、全国各级政府都在抓德育，似乎社会上出了什么道德问题都归咎于学校的德育疏漏之过。孰不知，学校德育在任何时候都是有其局限性的，教育从来都不是万能的，德育更不是万能的。尤其是在当今多元化的社会生活中，在当今的高科技时代，学生从网络等开放的各类媒体获得的信息不一定比教师少，一个班学生获得的信息无论是正面的还是负面的都要比教师多得多，当师生一不小心购买了有毒害的假食品或假品牌的日用品时，让教师在一个充斥着虚假的社会氛围里一股脑地向学生灌输诚实，是学校德育面临的最大困境。

一、社会问题非学校德育所能承受之重

教育的功利化、家长片面追求分数、以考定论的现实和科举的延伸等社会问题的出现，不能一味地责问教育缺失，如果说德育的缺失，可追寻到胎教，目前胎教重视什么？音乐、幽雅的环境等，从幼儿开始，谁重视了德育？社会问题需要从社会学、伦理学、心理学等多方面进行调研分析，一味地归咎于德育，尤其是归咎于学校德育，是不科学的。

1964 年 3 月 13 日深夜在美国发生了一起凶杀案。年轻女子朱诺比白在回家的路上遇刺。在这个过程中，尽管她大声呼救，因为已经快到家了，她的邻居中至少有 38 位到窗前观看，竟然没有一个人来救她，甚至无一个打电话报警。像中国的“小悦悦事件”一样，这件事在美国引起很大的社会轰动，对于目击者的冷漠和对生命的漠视不同的是，我国媒体和社会更多地在讨论道德滑坡和道德堕落等问题；而美国社会及心理学家，在进行深入调研的基础上，把这种众多旁观者见死不救的现象称为责任分散效应。即有许多人在场的话，面临突如其来的事件，旁观者可能产生“我不去救，别人也会去救”的心理，帮助求助者的责任就由大家来分担了，造成责任分散效应和集体冷漠的局面。在我国，确实发生过类似的事件，一个小男孩掉到河里，周围围观的人很多，恰巧落水儿童的父亲路过事发地，落水儿童的小玩伴旋即上前求助，由于没有说清是他儿子落水了，落水儿童的父亲无语地离开了，回家过了一段时间发现儿子没回家，再飞身跑向事发地，为时已晚。为此，不仅他自己追悔莫及，也受到很多知情人的谴责。后来，记者问他为什么不救，他说当时自己去医院给病人送饭，看到有很多人围在那里，想到会有人救，就走了。美国心理学家的分析不无道理。

近年来，由于媒体表达管理日益宽松，对社会负面的报道也接踵而至，以至于我们在对学生的问卷调研中，不少学生提出媒体应加强正面宣传和引导。即便是出现了一些社会问题，也应该从事件的真实性和客观性出发进行全面地、科学地分析和研究，一味地归咎于道德堕落和道德滑坡是不科学、不客观的。何况教育不是万能的，德育也不是万能的。从道德生成的角度看，人的道德发展是一个成长过程，也是一个社会过程，人的道德生成受大量社会环境因素的影响和制约，因此，才有了“孟母三迁”的典故，才有了目前家长不吝惜支付高额费用为子女选址择校的现象。因此，面对社会层出不穷的与道德相关的问题，应采取以下措施。

一是需要健全法制，让优质的德育资源——社会救助者流血不流泪，让因为救助别人而自己受伤和残疾的人得到政府和社会的终身性救助，除非个人放弃。

如今科学家重奖、体育明星重奖、高技能人才重奖重聘……而优秀的救助者却在“流血”，让被冤屈的救助者，留下终身的遗憾，更为严重的是成为社会上公民自觉或主动救助救援的负面案例。健全法制的意义在于加强对被救助反去冤枉和诬陷救助者的人的打击和惩罚，为社会、为天下的见义勇为者撑起一片公正、公道的“天”。

二是社会应加强正面宣传。一个社会弘扬什么？媒体关注、渲染什么？都会对涉世未深、不谙世故的青少年产生影响，对正面的渲染多了，就能弘扬正能量；对负面渲染多了，无形之中就传播了负面影响，但目前有些媒体为了提高受众率，像西方的一些小报一样，热衷于小道消息，甚至是负面报道，这样的宣传背离了中国特色社会主义的宣传方向和办报宗旨，对社会的宣传、引导是极为不利的。因此，在调研过程中，师生都有对加强正面宣传和正面教育的呼吁。

三是需要社会的整体改革加以配套。因为道德的生成是一个人的社会认识和成长过程，道德的形成更多的是潜移默化养成的，社会环境影响和决定人的社会意识，包括道德意识，说明道德的社会结构需要道德教育生活化，使职业道德教育、社会公德教育社会化。多少年来，高校习惯于教书育人、管理育人、服务育人，或许是上行下效的八股文风所致，为什么就不能承认环境育人，既然不承认环境育人，又为什么有那么多的家长为子女挖空心思地去花费高额的费用择校。因此，社会问题实在不是学校德育所能承受之重。

四是将德育实践教学的大门敞开，围绕办学特色和专业建设特色走出去，将优质的社会德育资源引进学校，包括一些优秀的学生家长、社会上的先进模范人物、优质企业的优秀管理人才和高端技能人才等，经过无数次的教学或专题演讲，建立社会德育教学资源库。还可以直接将学生带入社会或优质企业，进行职业道德的学习或调研。总之向社会敞开德育大门，是德育实践教学的必由之路，也是德育创新之路。然而，由于几十年来形成的学校德育封闭模式已成诟病，要进行改革必然面临很大的阻力。而且，不论是走出去，还是引进来，都涉及人、财、物的问题。因此，德育实践教学亟待政策支持和整个社会环境的改善，只有这样才能解决德育问题。

二、把职业道德教育作为切入点的公民德育政策研究

为什么要将职业道德教育作为切入点？主要是因为高校有社会经济组织的资源，这些社会经济组织，以学校专业实践教学基地、学校就业基地和学校德育教育基地等名义，长期以来与学校建立了比较稳定的校企合作关系。学生的顶岗实习有一个季度到一个学期的时间是在这些社会经济组织的生产一线完成的。以往，有的高校已经意识到开发和利用学生顶岗实习的机会，与企业联手

开发职业道德和职业素养培育，但问题是这些职业道德和职业素养培养的做法都是间接性的和不连贯的，成为独立于德育教学之外的单纯的教育，没有形成制度，没有纳入到德育考核评价的范畴，对已有的职业道德和职业素养实践，没有进行总结，没有留下记录，没有进行深度的挖掘，事过境迁，不了了之。但是毕竟有过这方面的探索，更为重要的是，高校丰富的社会生产单位的实习见习资源，为职业道德和职业素质教育提供了广阔的平台。作为企业，也欢迎高校的学生去实习，因为这些学生经过在校期间的学习（高校有自己的实习工厂），已经掌握了必要的专业技能，到企业后稍经师傅调教，大部分可以顶岗实习，和企业的工人一样直接参与企业生产，因此，企业对高校的实习学生还是很欢迎的。同时，学生在实习过程中，通过工人师傅或技术员也了解了企业的发展和专业发展情况，有的学生通过顶岗实习，便与心仪的企业达成了就业意向，有的甚至签定了就业合同。在顶岗实习过程中，企业文化和企业的一些管理制度以及职业道德和职业素质，就潜移默化地通过师傅传递给学生。因此，从职业道德作为切入点，高校进行德育实践教学的政策研究具有得天独厚的自然和社会条件。问题是需要政府的政策支持。目前，存在着企业发展需要科技开发，而高等院校的开发技术无法与企业接轨；高校有技术和技能开发的能力，但由于体制等种种原因，又无法适用到企业中；高校有职业道德建设的课程，但各专业、行业职业道德的差异还是存在的，各专业、行业也有学校德育所需要的教育资源，但学校无法与企业、行业衔接，制定出配套的职业道德和职业素质实践教学考核评价体系等问题。可见，不是没有职业道德和职业素质培养的教育资源，而是无论是学校还是社会，都是将职业道德和职业能力剥离开来进行教学。例如医德的教学没有在医学院学生的临床实习中同医术同步考核，导致医德与医术的剥离；同样，工科学生的职业能力没有同职业道德和职业素质一起纳入实践教学的管理、考核和评价体系，导致职业能力与职业道德的分离。这些问题的解决，需要政府加强教育资源的宏观调控，也需要高校放下架子，与企业、行业积极衔接，为师生的实践教学开发空间。

三、从封闭走向开放的德育实践教学的政策研究

将职业道德、职业素质考核作为学生进入企业的准入制度内容之一，促使职业道德和职业素质教育在各专业、行业实践教学中形成课时化、常态化、规范化、制度化，促使封闭的德育走向开放的德育实践教学，不能仅限于政策研究，应加强政策制定和政策的落实。否则，德育将在日常管理中处于一个“说起来重要，干起来次要，忙起来不要”的尴尬境地。为了提升德育质量，也开展了一些类似德育评估等形式的活动，在某种程度上对高校的德育有所促进，例如硬件设施建

设，课程必须满足一定的课时等，然而，因为这些评估都是纸上谈兵，一带而过，又没有形成日常的考核评价机制，都是不了了之，课程该压缩的依旧在压缩，学生的德育理论考核仍没有与学生的行为能力考核接轨，一边是德育考核合格，一边在受着学校处分乃至触犯法律锒铛入狱的也有，这是高校德育的尴尬和悲哀。

鉴于德育从远古走来就带着丰富的社会生活内涵，道德的社会构建需要道德教育社会化和生活化。因此，构建开放的高校德育环境，如在职业道德的现实情境中完成职业道德和职业素质教育，要比在课堂上空谈职业道德有价值、有意义得多。更何况，任何时代的德育实际上都自然而然地承载着一些政治责任和使命，即便这使命不是德育的全部，但目前依旧是我国德育的重要内容之一。我国法律规定：教育必须为社会主义现代化建设服务，必须与生产劳动相结合，培养德、智、体、美全面发展的社会主义事业的建设者和接班人。因此，德育冲破封闭的教育模式，走向开放的德育实践教学是时代的召唤，也是道德教育和养成的客观使然和必然结果。问题是要将德育实践教学列入教学计划，要将学生的行为考核与高校德育挂钩，对大学生在校期间的全过程进行考核评价等，都需要德育政策的支持才能实现。

四、由职业道德向社会公德延伸的全民德育政策研究

让学校德育向社会延伸。就像宇宙万物有着各自的存在和运行规则一样，德育也是一个系统工程，学校的德育应当立足本职，做好德育教学和管理，但就像一个人出现了头痛的症状，不是大夫给片止痛药就可以的，还需要从神经系统、心脑血管系统、颈椎等多个方面进行检查和诊断。德育亦如此，传统美德“孝”若出了问题，学校因其教育的职能承担着不可推卸的责任和义务，但是不孝的根源应当从学生的幼年追溯到大学。因此，高校德育需要有德育的社会大环境予以支持。从以上的分析可以得出：高校有着得天独厚的进行校企合作专业实践教学的条件，以往在专业课实践教学中也进行过融合职业道德和职业素质教育的探索，以此作为学校德育向社会延伸的切入点是切实可行的。另一个切入点就是加强学生家长与学校方面的积极沟通与合作，在德育实践教学方面完善考核评价体系。第三就是加强与学校服务单位的沟通与协作，如加强与大学生就业基地、德育实践教学基地、专业课实践教学基地、学生会、学生社团和志愿者服务单位的沟通，将学生在大学期间参与的各类社会生产实践和社会活动纳入德育实践教学内容进行考核，就自然而然地将学校德育延伸到社会了。

万万不可忽略社会生活这个德育大舞台，依旧就孝道而言，从古到今，这是中国最大、最丰富、最生动的教育资源。众所周知，古代有24孝，今天在推出的全国各个行业、各个层面的道德模范事迹也是层出不穷、感人至深。这或许是一

个德育的悖论：即便是大不孝，都能成为孝的典故，这就是中华民族丰富的、优秀的德育资源所在。孝孙原毂就是一个典范，当原毂亲眼目睹了父母将祖父抛弃荒郊野外后，尾随其后的他试图将父母抛弃祖父的担架背回家，被父母发现后，问他要这个担架何用，他说："等你们老了我也好用它啊。"原毂父母幡然醒悟，羞愧不已，又将父亲抬回家。原毂父母的大不孝，成了教育下一代行孝的典故。我们说德育蕴涵在丰富的社会生活中，我国的另一个家喻户晓的典故是孔融让梨，影视演员李湘被誉为"现代"孔融；在中央电视台"孝行中国"栏目中，也报道了许多感人至深的事件。如不顾自身安危，在关键时刻挺身而出勇救学生的最美教师张丽莉；广州勇救 3 岁女童的"托举哥"（如图 3-1 所示）、"黄衣男"，他们没有什么豪言壮语，在救人后都选择了悄然离去。"善欲人晓不为大善"这些都是我国现代社会的主流。因此，高校德育不仅要修完应有的德育课时，还要走出校门，让师生在社会这个大舞台中学会去其糟粕、取其精华。正如在访谈时学生所说的："我们修的不是课时，而是修心。"这既是学生的自我鞭策，也让教师醒悟：人的心有多大，舞台就有多大，德育需要给我们的学生提供社会生活这个大舞台，在这个舞台上或许有反面角色、或许有丑角，但在高科技时代，并不因为校园的封闭，社会的负面信息就能被屏蔽，在开放的时代，需要高校教育有开放的胸怀、开放的视野和开放的意识，让师生学会在社会这个大舞台中甄别真伪，健康成长。这样，教师给学生的不再是一只兔子或一杆猎枪，而是引导他们要获得生存的意识和途径，至于学生以后对兔子还是山羊感兴趣，用什么武器去狩猎，便是学生的事情了。否则，如果你教会他们打兔子，没了兔子他们就没了生活来源了；如果你给他们一杆枪，枪用坏了他们又没辙了。面对这一切，好的教师应该是个引路人，无论用什么方法，始终引导他们走正路，走大道。这样的学生即便是步入社会，也是一个好公民。用"年年岁岁花相似，岁岁年年人不同"来比喻学校的轮回是最贴切不过的，好教师、好学校就是为社会源源不断输送合格公民的地方。同时用良好的校风和学风感染和带动着一个区域良好的社会风气，"教"而化之。

至于如何从政策角度去催化高校对社会正能量的传递和输送，一来需要政府的宏观把握，如积极推进高校同社区的德育或文化互动，推进高校同合作企业的文化交流和德育成果转化；二是高校管理者自身应当有担当社会责任的眼光和意识，积极主动地与所在社区开展志愿者活动、文化交流、社区服务等活动，不仅在所在社区树立了良好的高校形象，也提升了学校师生热心公益、服务社会、担当社会责任的意识。总之，"现代经济与社会背景越来越多元化，导致教育问题的解决是立体化的，是任何单一的政策和措施都不能奏效的，必须要多种措施、多方面支持并重。"[21] 当然，学校在这方面应该更加积极主动。

图 3-1　广州“托举哥”

五、建设德育政策落实的评价评估机制，完善德育考核体系

强调德育政策的落实情况检查，直面“一把手”的德育政策落实，督查评估要体现现实性、科学性、稳定性。“一阵风”的督查和评估不但不能带来好的效果，所而使负面影响更大。

所谓现实性，即人在生活中学习道德，道德同样又将回到生活。因此，道德的构建从来都与人们所处的现实情境紧密相关。“经济基础决定上层建筑。道德是上层建筑，教育是上层建筑，道德教育是上层建筑的上层建筑。最上层的建筑必须有最牢固的基础在下面支持。”[22] 现实社会中，德育受到来自社会方面诸多因素的制约和影响，市场经济发展导致多种价值观，开放的国度导致多元化的生活和文化思想并存，传统的人生观和世界观与现代的人生观和世界观碰撞，就像是青春期遇到更年期，时常有摩擦，造成德育环境极为复杂。教师在德育过程中，“不仅要考虑学生的认知水平、个性心理，还要考虑学校环境、家庭环境和社会环境的影响”，[23] 而政策方面倡导和考察的是教书育人、管理育人、服务育人的“三育人”，从古到今，人们都知道环境育人的重要意义，为什么在政策中就不能引导学校和教师考虑环境对人的影响？将环境育人列入，形成“四育人”的德育氛围，才符合马克思主义社会环境决定人的社会意识的观点。“学校德育的影响长期以来被看成是影响学生品德形成的唯一变量”，[24] 这是不现实的。“近朱者赤，近墨者黑”的道理就说明了这一点。教育政策的制定，必须考量一个地区、一个国家、甚至是一个时代的大环境，否则，德育也会成为无源之水、无本之木。

所谓科学性，就是考核与评价的体系要科学。以往的评价考核体系重理论而轻实践，考核只侧重德育理论教学，要求达到一定的课时数，当被访学生说出：“我们修的不是课时，而是心”的时候，既让访者惊醒，也让德育教师心痛，产生了一种错综复杂、一言难尽的感情纠结。同时也在反复地思考目前的德育情境、意境和效果。目前的德育，客观地说，从德育教学到考核，基本上都是理论，没有德育实践教学的要求。而德育是上层建筑的范畴，但却以十分具体的行为特征展示出来，德育的这一特征预示着，德育必须有实践教学的要求，用以检验德育理论教学和在校期间学生的德育效果，而这一点在德育评估评价体系中几乎没有要求，硬性的要求就只有德育理论课时。目前高校在德育实践教学中的探索主要是加强德育实践教学研究并积极实践，以加强学生人文素质教育为“龙头”，加强专题教育和德育实践教学，逐步建立起校内和校外两个德育实践教学的考核评价机制。校内有德育课教师的理论考核，形成德育理论考核结果“1”。其他有专业课教师（含专业实践教学教师）、辅导员（根据学生日常行为）、班委和班团总支（根据班级的活动表现）、学生工作部（根据学生参与全校性活动表现）、系管理人员（根据学生参与系各类活动表现）、后勤部门（根据学生在食堂、澡堂、开水间等方面的节能低碳表现）、宿舍管理委员会（根学生的就寝纪律和是否有良好的生活习惯等方面的表现）等的行为考核，理论考核在修完应有的课程后作为一个阶段结束，行为考核要在学生毕业离校前一个学期由辅导员负责汇总有关行为考核部门、单位的考核结果，给出学生在大学期间的校内德育实践教学考核结果“2”。校外则通过书面反馈的方式完成对学生的社会生产和生活实践的考核评价。一是来自学生家庭或邻居等的家庭美德问卷考核；二是来自专业课实践教学实习企业关于职业道德和职业素质情况的书面反馈；三是来自从事志愿者活动或服务社会单位关于社会公德情况的书面反馈；四是来自社会的好人好事表彰奖励等，形成校外德育实践教学考核结果“3”。最后由德育教师将 1、2、3 项各占一定的比例数进行综合考核，在学生毕业离校前的最后一学期给出最终的考核评价。这样，学生在校期间始终要严守道德规范。

所谓稳定性。由于人的成长受到现实社会大环境的干预和影响多，德性的培养和修养是一个极具不确定、不稳定因素的过程，因此，德育，即便在娃娃时就有意识地引导并形成家庭美德，在学校期间的培养也需要一个相当长的过程，问题是，目前思想道德修养课一般只安排一个学期就结束了，刚刚培育起来的德育种子犹如昙花一现，很快就枯萎了。如果采取以上考核评价体系，通过 3～5 年的考核，就像风筝，始终在教师的牵引下迎风飞扬，通过相对长时间的巩固学习和修养，渐渐地养成了习惯，大学毕业，既成人，也成才。

接下来是到了社会，需要有良好的社会大环境对公民的家庭美德、职业道德和社会公德进行培养。可以通过激励机制的政策，也可以通过义务与责任的机制来规范。如可以进行年度的或是两年一度的和谐家庭评比，对好的给予积极渲染，大力倡导，使这样的活动常态化，培育并体现一个民族的持续的、稳定的敬老爱幼的文化，必然会对引导社会进步和社会稳定产生积极意义。因为家庭是社会的细胞，社会由无数个家庭组成，每个家庭和谐了社会就相对稳定了。再如建立精细的职业道德和职业素质考核评价体系，由于每个行业都有其明显的、特色鲜明的职业特征，科学地、规范地细化、量化职业道德和职业素质的考核内容，进行常规化地考核，进行科学的评价和表彰，积极地引导和形成社会正能量。如此循环往复，从家庭到学校再到社会的相对完整的德育大环境就建立起来了。因此，完善的德育考核评价体系的建立至关重要。

第二节　各类社会组织对德育实践教学的关注度和支持度

作为一个具有优良道德传统的国家，应该从中央到政府，从地方到学校，从政策到具体进行德育评估，但是当近年来每当社会出现类似马家爵、药家鑫、“小悦悦事件”、复旦的林某同室操戈、弑杀同学等德性问题时，首当其冲被问责的就是学校的德育，社会似乎在拷问学校的德育出了什么问题？全然不去顾及社会问题、法律问题、心理问题等，因为人的德性发展是在社会环境下，受多种因素影响和共同作用的，学校德育仅仅是整个社会的一个子系统，对学生来说，只在一个阶段时间内发挥效应。若要一个人的德性得到不断地修养，需要整个社会的积极作用，而非一时一地，而是一生一世。

一、行政管理组织：有关注度，但监管乏力

对于高校的德育说没有政策，是不妥的，但政策在学校的执行力如何，是需要认真考量的。客观地说，德育政策自身的力量对改善社会道德现状是有限的，因为教育行政部门对任何一级学校的德育政策都仅限于学校，而对社会上的制假造假无能为力，面对假药、假包、假食品泛滥的社会现象和频频再现的媒体报道，任何一级学校对学生的诚实教育都显得那么苍白无力和不堪一击。德育政策真的难以超越社会现实条件而担当起使社会健康发展的重任。但社会对学校德育寄于希望，学校毕竟承担着德育的重要功能和职能，反思我们的德育，从监管到落实，就像近二、三十年的素质教育一样，就像给中、小学生减负一样，没有令人满意

的改观。究其原因，有社会问题，也有教育方法的问题。整个社会从小学到工作、从职称晋级到职务晋级都在考。导致德育落实到监管上，也成了从教材、教案、教学计划、教学大纲到学生作业和试卷，鲜活的道德领域也成了死的、沉寂的卷面考试和分数认定。因此，德育政策很多，但是否得法是个问题。

好的德行和德性是一个逐渐认识，并在社会生活实践中日积月累、循序渐进，最后成为人们共同认同的公序良俗。而多年来的德育监管，好像一阵风，想起来就列些名目，一刀切地评估考核一次，过去了，就丢在一边没动静了。其实前几年山东省的高校德育评估对德育教学无论是硬件建设还是软件推进都是有一定进步的，但存在着普通本、专科院校与高职院校一刀切的问题。在评估中，一些院校提出了这方面的问题，应当回去进行认真地总结，为下一步的工作奠定认识基础，并对存在的问题进行调研，在下一次考核评估予以克服。这样才可以有阶段性地、稳定地推进高校的德育建设，高校在上一轮评估中存在的问题，也能在下一次评估之间克服，促使德育工作效能不断提升。因此，虎头蛇尾或有头没尾的考核对促进高校德育建设没有意义，而一刀切的考核也会抹杀一些优质的德育成果。因此，行政管理组织，对于德育监管和考核要坚持常年调研，加强日常管理，并在管理中调研；要对不同层次、不同性质的学校进行分类管理；监管要符合德育的规律，坚持稳步推进，而不要好大喜功，急于求成。无论社会怎么喧嚣，教育尤其是高等教育必须有宁静致远的思想，必须有十年磨一剑的定力，因为道德养成是一个缓慢的过程，急于求成不符合道德教育和道德修养的规律。

二、社会经济组织：有关注度，但支持度不足

由于高校每年为社会生产一线输送人才，尤其是高校的毕业生绝大多数都是面向社会生产一线就业；更为主要的是高校因专业实践教学需要而与企业建立的长期的、稳定的校企合作关系，使之对社会生产和经济组织有所了解。自 2008 年金融危机至今，尽管我国的经济发展始终呈现稳步发展的势头，但客观地说，高校毕业生就业在很多普通本科院校是成问题的。2013 年夏，媒体称之为“最难就业季”，但对高职院校来说，受到的冲击相对小得多。因为高职院校培养的学生没有像普通本、专科院校毕业生那么不客观的、不切实际的、高期望值的就业幻想。高等职业院校学生的最优秀的品质就是热爱劳动。劳动光荣的思想从入学到毕业，从专业课到德育课通过 3～5 年的职业素养教育，从理论到实践，从知识到技能都根深蒂固地栽植在学生的脑海里了。由于高等职业院校的学生在学校就有很多的专业实习机会，在基本技能方面，在毕业前的一个学期到企业顶岗实习时，已经能较熟练地参与生产了，因此受到社会生产组织的青睐。勿说是毕业生，就是顶岗实习的学生企业也极感兴趣。因此，社会经济组织对高校，尤其是与企业

生产性质一致的专业的学生，很是欢迎。客观地说，企业对高校的毕业生（包括专业建设）是给予高度关注的，但对学校的支持度不够。表现在高等职业院校学生由于有一定课时的专业实践教学任务，在这些教学任务完成的过程中，要消耗一定量的原材料，加重了高等职业院校的办学成本和负担，但政府给高校的财政拨款是根据普通本科、普通专科和高等职业院校的办学层次来的，而不是在精细地计算高校办学过程中的材料消耗来的，导致高校的办学经费紧张。由于社会经济组织是以经济利益最大化为经营目标的，所以，虽然对高校的毕业生有需求，却很少能在物力和财力方面给予学校支持。相对企业而言，高校为了生存和发展，更加积极地与这些企业沟通，包括建立专业课实践教学基地、德育和就业基地等，除利用企业的设备完成学生专业课实践教学任务外，还与企业探索提升学生职业素质的培养方面的内容。目前，还在寻求将企业设备引入高校，建立模拟企业生产和管理的流水线，让学生不出校门就能体验企业的生产与管理。

三、学生家长：更关注就业与升学

形成学生家长关注就业与升学这种现状的原因是多方面的。首先，进入高等职业院校的学生，他们在中学时不是因为学习障碍，成绩不好，就是因为贪玩而耽误了学习。在这种情况下，学生家长的心态是到高校学一门技术，将来好就业，能自食其力就满足了。在这种状态下，家长不会对学校德育有什么要求，但有的学生会有自己的想法，每年从思想政治课教学过程摸底可以看出，有的学生因为高中阶段贪玩而误了高考，很长时间懊悔不已；从作业可以看出他们的沮丧和懊恼，遇到这种情况，教师会通过批注作业给予这些学生以勉励，为他们指出继续学习的路径，激励他们重振旗鼓，加强基础学科的学习，争取专升本的考试机会，因此，也有10%～15%的学生考取了本科，走上继续学习的路径。

对于本课题的家访问卷，令人振奋的是学生和家长都给予了很大的关注和支持，在问卷设计时，就在家长问卷和学生问卷的客观性有相互求证的意愿，对返回的学生问卷和家长问卷统计分析后，得到肯定，而且有的学生在返回的访卷中建议这样的问卷以后可以多进行一些。更为可贵的是，无论家长给其子女或邻居给学生的选择评定是负面的还是正面的，学生都如实地带回学校交给了老师，尽管是无记名访卷，但学生的诚实让课题组成员感动，这应该是高校的德育成果，或许它没有那么圆满美好，没有那么惊天动地，但客观真实不就是大学要探求的东西吗？

既然家长对学校的家庭美德访卷给予支持和关注，无形之中又为高校的德育打开了一扇窗，德育家访将成为家庭美德培育的一个渠道，让家长参与对学生的家庭美德培育，直接受益的是家长，间接受益的是学校和社会。因此，高校德育要不断寻求新的德育渠道，丰富德育教学方式和内容，吸收更多的社会力量参与德育，德育在向社会延伸的同时也受益于社会德育资源。

四、学校德育：存在“四重三轻”和资金投入不足的问题

某些高校有着明显的在专业课建设重硬件、轻软件；重智育、重技能、轻德育的现象。在德育建设方面，存在着重软件、轻硬件，德育资金投入不足的问题。“四重三轻”将导致以下的结果：一是专业课建设重硬件、轻软件的结果是有了设备，因疏于管理，而使实习实训环境脏、乱、差，学生良好的职业操守、职业道德和职业素质得不到滋养；二是重智育、重技能、轻德育的结果是学生的学习目的和目标不明确，认为德育课程可有可无，精神风貌不佳，对学院活动、第二课堂教育和学生社团等公益性活动表现冷漠；三是在德育建设方面重软件、轻硬件，资金投入不足则造成了“德育建设说起来重要，干起来次要，忙起来不要”的局面，至于德育考核和评估则成了“一阵风”。由于资金投入不足，小教室没有多媒体的教学设施，满足不了学生的教学需求，也在一定程度上影响了教师外出学习交流和培训，无法有效打开教师的视野。由于轻德育，德育教师的教学积极性受到影响，阻碍了教师自我加压以及学识修养的提升。

第三节　高校对德育实践教学的态度

鉴于毕业生主要就业方向是社会生产一线，高校在学生的一贯教育中都培养学生树立劳动光荣、德育为先、技能领先的人生观和价值观，技能领先的办学传统契合了高校学生好动，动手能力强的特点。同时，高校相对丰富的校企合作办学模式，极大地丰富了学生的社会生产实践内容，学生在社会生产实践中，既完成了专业课实践教学计划，同时也加强了职业道德和职业素质培养。问题是由于缺乏政策引导，德育实践教学有过想法、也有些许的摸索，但没有列入思想道德修养的实践教学课程，没有形成制度化、规范化和常态化的德育实践教学模式。

一、德育：是一门课，又不仅仅是一门课

如果说德育是一门课，任何课程都有一个教学过程，但德育却贯穿人的一生，因此它又不仅仅是一门课。有一位教师将德育比作一部“无字书”，这真的非常贴切。世界上任何书籍、任何教材、任何著作就算篇幅再长，也在一定的页数或限度之内，包括思想道德修养这门课的教材，区区 25 万余字，从如何适应大学生活到理想信念、爱国主义、家庭美德、职业道德、社会公德、法律基础知识、宪法

以及各门类的基本法律规范的介绍，若围绕知识讲知识，是有限的，但其中的任何一部分内容拿出来，又都可以释放出无限的思想以及由这些思想引导的行为和作为。从这个角度上说，德育无论是理论教学还是实践教学内容都可以古往今来、古今中外、洋洋洒洒、旁征博引，引导学生在道与德之间，在人文社会科学的浩瀚海洋里徜徉，这门课程上好了，几乎每一章节的内容都可以成为很有吸引力的专题讲座。尽管道德属于上层建筑的范畴，但在上层建筑范畴的所有内容中，道德似水，水无形，“天下之至柔，驰骋天下之至坚；出于无有，入于无间。”[25] 道德与人们的生活息息相关，德育存在于在我们生活、学习、工作、社会活动的方方面面。晨起用餐，家有老人，让孩子双手把饭碗恭恭敬敬、小心翼翼地捧给祖父母，是孝德；嘱咐孩子在参加学校的活动时，不要大声喧哗、乱扔果皮纸屑，是公德；家长在职业生涯中恪守职业规范，严守职业纪律，是职业道德；人人都能遵纪守法，诚实守信，团结友爱，遵守公序良俗，是个人品德。道德是一本“无字书”，在学习、工作以及社会生产和生活的任何一个方面，都时时刻刻地通过行为展示着每个人的德行，这是一部每个人都要研修的“无字书”。

二、德育：非理论教学所能完成

由于德育教学的特殊性，德育不能脱离社会生产和生活实践。德育的过程是一个人道德认知、道德实践和道德精神提升的过程，而且这是一个很不稳定的过程。其中道德认知可以在课堂上通过课程的方式来完成，相对于漫长的人生过程来说，这个认知过程是十分短暂的，丰富的道德知识仅仅用几十个学时囫囵吞枣地咽了。如果我们将所学的每一个阶段的知识进行德育实践的研究，教师和学生一起将所学的德育理论与现实生活中的一些涉及你、我、他的事例结合起来，无形之中就加深了学生对道德知识的认识程度；如果再走出课堂，走进社会生产或社会生活，将德育实践教学蕴涵其中，德育知识必然得到实践的验证，可得到进一步的提升和巩固。围绕一个德育问题，学是前提，习是反复地巩固，人的良好德行就渐渐地有了雏形，而要形成相对稳定的德行，需要在反复的道德实践中巩固，直到习惯成自然，直到上升为一种道德精神，将德育种子根深蒂固地种植在心底。然而，这个过程又有多少是在课堂上完成的呢？

因此，德育非理论教学所能完成。多少年来，从中央到地方、从各级政府到高校都设置了专门的课程，全国最优秀的专家编写了“思想道德修养及法律基础”教材，教材的章节排序也可谓科学，教师对教材还有异议，教师真正地研究和分析教材了吗？为什么在学校德育中，教师苦口婆心，学生却难以入脑入心？为什么德育改革轰轰烈烈，无数个“进一步增强实效性”步步紧逼，但德育质量仍然“涛声依旧”？为什么那么多人在研究德育，德育的论著也真的不少，那些从理论研究到理论分析的德育能给现实的教学哪些指导呢？因为，人源于生活，“人不是一个世界中自成一体的一个世界，不是和世界的其他部分隔着一块真空。”[26]尤其是目前的社会经济生活状态，一是每一学生都能从网络等各类媒体上获得大量的信息，这些信息有正面的也有负面的，形形色色的信息很快将刚刚储存进入的德育认知“顶”出去，正面的信息、与德育认知一致的信息，对学生的影响和引导是正值；反之，就是负值。二是社会化大生产的分工越细，人与人之间的合作就越密切。人类社会的人从来不可能离开社会而孤立存在，“宅”是相对的，人与人之间的交往、沟通和交流是绝对的，在人类社会中，即便是在被人们誉为人类知识殿堂的高校的来自天南地北的学生，因为生长和教育环境等各类因素的不同，其生活方式、看问题的角度也是有一定差异的。当小学校长对不谙世事的少女性侵、当名校高材生同室操戈、当高智商犯罪的信息被屡屡曝光、当制假造假成风、当几个部门管不住一个地沟油……这些社会问题的结果使学生调侃同宿舍的同学“感谢不杀之恩”。人是社会人，学校即社会，耳濡目染，学校不是生活在真空里，学生亦然。因此，德育即人育，人人都是德育的对象，人人也是育人的对象，在德育范畴，教师与学生是互为人师，共同提升的。认识不到这一点的教师，不是一个合格的德育教师。

三、管理层对德育实践教学的态度

值得庆幸的是：高校的管理层对德育的重视程度很高，无论是对学生还是对教师的师德建设都是无可非议的，思想上高度重视、管理上反复强调、行动上现身说法。这是推动高校德育实践教学课题能顺利启动的根本原因。本课题主要是立足校本的德育实践教学研究。高校管理层重视德育是有原因、有传统、有必要的。原因在于高校毕业生的就业绝大多数是面向社会经济生产一线，而目前社会经济的高速发展，社会生产力迅速提高，分工越来越细，需要各工种和岗位人的密切配合，形成一个管理有序的经济组织，因为任何一个环节的疏漏，都会给后续的工程进展带来巨大影响。因此，意识到这一点，高校的学生在3～5年的学校生活，几乎有一半的时间处在实习实训中，目的是培养学生热爱劳动、遵纪守法、善于协作、团结友爱、积极合作的意识和能力。这种意识被高校的教育工作者代代相传，成为他们的优良传统。但在当今社会，在高校有必要加强学生德育，由于社会经济的高速发展和社会生产力的快速提升，被解放出的剩余劳动力就面临着失业；我国社会经济高速发展，也给高等教育带来快速发展的春天，高等教育不到10年的工夫就完成了由精英教育向大众教育迈进的任务，但接踵而来的又是大学生“最难就业季”的问题。生产力的发展解放一部分劳动力，加上大学生“最难就业季”，更是增大了高校毕业生就业的压力。好在高校作为后起之秀，他们的专业建设更多的是紧密围绕市场需求进行调节，在一定程度上解决了毕业生就业难的问题。毕竟高校学生的大学专科的层次相对于普通本科生处于劣势，但普通本科生也有其短板，就是高不成、低不就，动手能力又不行，因此失业率反而高于高等职业院校的毕业生。在 2012 年，麦可思公司的跟踪调查显示：“2009 届高职毕业生，月收入为4160元，比毕业半年时的月收入增加了2270元，涨幅为120%，整体上在毕业三年后实现了收入倍增。有 56%的毕业生三年内发生过职位晋升，略高于本科毕业生职位晋升的比例（52%），有 28%的高职毕业生三年内晋升 1 次，有 28%的晋升 2 次及以上。毕业三年后自主创业的比例为 5.3%，比毕业半年后自主创业的比例增加了 2.3 倍，本科毕业生该比例增长倍数为 2.0 倍。”[27] 即便是这样，高校的管理层一边在加强内涵建设，提高教学质量；一边对学生加强热爱生活、珍爱生命以及孝文化的教育，同时加强对学生人文素质的提升，但由于近年来开发新校区而负债，导致办学经费紧张，德育经费相对于其他专业课教学的投入要少得多。大学在省去“国粹”——语文课后，表面上对德育很重视，而实际上却渐渐地被边缘化了。“很长时间以来，我们对学校教育的这种独特功能认识不足，尤其在今天这个日趋教育化的社会中，学校固然不应当与社会相脱离成为‘文化孤岛’，但也必须清醒地认识到学校与其他具有教育潜能的社会机构的区别，从而坚守学校培养完整人的独特使命。”[28] 鉴于学校教育“培养完整人”的这一独特使命，高校的管理层近年来也在逐渐地意识到加强学生的人文素质教育、培育完美人格的重要性，从而在这方面进行着一些探索。这些人文素质的教育计划，使学校建立了一个大的德育人、文育人环境，在一定程度上是对学校德育的完善，就学校德育而言，德育不再是德育工作者的德育。

四、德育：必须走进社会生产和生活

实践证明：德育如果脱离了社会生产和生活，就失去了它的鲜活的灵动性。“高空”作业让教师尴尬，也让学生无聊，因此学生才会说出：“我们修的不是课时，而是心”。说德育具有鲜活的灵动性，是因为德育从远古走来，伴随着人类社会的完善，一直在提升着它的社会价值。作为上层建筑的范畴，却又充满灵性地潜藏在人们丰富的社会生产和生活中，通过举手投足、甚至一颦一笑的形式不断地丰富和滋养着人类的生活，不断丰富着德育的内涵。孩子见到长辈时要规矩而谦恭地打招呼，叫礼节；大些的孩子要谦让小孩子，叫礼让；媳妇勤俭持家、孝敬公婆，能使家庭和谐美满，营造的是家庭美德；在单位脚踏实地、勤奋工作，恪守的是职业道德；在公共场合行为文明、举止得体，遵守的是社会公德。德育如果不与社会生产和丰富的社会生活相结合，虽说高山仰止，却又可望不可即，就失去它的“高”的意义了。所谓高是相对于低而言的，高尚的道德情操都是在

最基层的平凡的人从点点滴滴的从小事做起的，所以著名企业家张瑞敏说："平凡的事情做好了就不平凡，简单的事做好了就不简单。"如果我们的德育一味地脱离最基本的道德意义，从理论到理论地"说课"，久而久之，就该"下课"了。教育是上层建筑的范畴，而德育是上层建筑的上层建筑，仅就教育的内涵就是十分博大的，德育的内涵则更加博大精深。很多专业课是在近、现代才形成的学科，而德育是古今中外从不成型到成为独立的学科体系，已经十分成熟了。因此，它的内涵"高"而不"空"，如果教师不能将社会生产和生活的一些鲜活案例和事物引入课程，就无法将德育讲活、讲深、讲透。没有生活的德育不亚于战士在战场上失去了枪，是没有生命力的德育。因此，德育必须走进社会生活，当然，社会生活也可以走进德育课堂，这一点，很多德育教师都在以不同的方式进行着积极地实践，并且收到了良好的效果。

第四节　师生对德育实践教学的关注度

本次问卷调研和访谈，24.4%的学生选择了加强德育的社会实践教学力度；在社会实践教学方式中，40%的学生选择社会调查，27%的学生选择志愿者服务，21%的学生选择参观考查，12%的学生选择校外走访。教师对德育实践教学的关注和期待已久，并且尽其所能地在走不出去的情况下，将鲜活的社会生活引入课堂，和同学们一起讨论。

一、教师对德育实践教学的积极探索

有探索，有实践，有研究，有意义。高校教师的特征就是"双师型"，即拿起教材能上讲堂，穿上工装能开机床，知行合一是高校教师的要求。高校的教师在德育实践教学方面结合他们的专业课实践教学，进行了积极的探索和实践。

（一）德育教师的德育实践教学研究

首先通过课堂教学进行调研，边调研，边调整教学方法；边调研，边提升授课能力和德育水平；边调研，边积累研究素材。其次是根据学生的接受程度适当地对教材进行调整或再加工，深入浅出地将理说明白，说透彻。例如《毛泽东思想和中国特色社会主义理论体系概论》的第十三章，教师的授课结构进行了如下的调整：

1、新中国外交

（1）1949—1959　"一边倒"——联苏抗美

"另起炉灶""打扫干净屋子再请客"

（2）1960—1970　“两个拳头打人”——反苏反美

“一大片战略”、真正独立自主

（3）1971—1981　“一条线”的现实主义外交

2、新时期外交政策的全面调整——现实主义外交

（1）1989—2002 年　“韬光养晦”战略时期

（2）2002—至今　“负责任大国”战略时期

3、国际形势

（1）美国。

70 年代　“尼克松主义”

1980 年 1 月　“卡特主义”

1986 年 3 月 14 日　“里根主义”

1989 年 5 月 12 日　老布什“超越遏制战略论”

（2）苏联：戈尔巴乔夫的“新思维改革”。

第一阶段（1985 年 3 月—1988 年上半年）经济。

第二阶段（1988 年 7 月—1990 年初）政治。

第三阶段（1990 年初—1991 年 8 月 19 日）从完善社会主义到根本改变整个社会大厦。

在党的地位和作用上，实行多党制。

在政治体制上，实行议会制和总统制。

在经济体制上，以私有制为基础的自由市场经济。

在国家结构上，走向主权国家的革新联盟。

4、国内形势

1984 年，国有企业实行承包制改革。

1985 年，价格双轨制。

1987—1988 年，价格完全放开。

1989 年“六四”风波。

把国际形势的问题解决了就可以了。这样的调整，教师是根据教材内容进行梳理，提炼内化成通俗易懂的教案，就把课讲活了，使学生易于接受。

第三，鉴于育人方面的实践性的内容偏少，现实条件也严重不足，教师可以联系学生生活实际，针对学生的思想现状进行教学。例如为解决新入学后集体生活的处理，人际关系的协调，个别同学个人情感问题的困惑以及面对新的独立生活和大学学习方式的迷惑等问题，教师可从以下几个方面展开授课：①介绍学校的基本情况，并对学生所学专业进行简单的介绍，引导学生了解和热爱母校，使其对专业、对未来的学习和生活产生自信和兴趣；②教师将良好的师德展示给学

生，德育教师的自身形象就是良好的德育资源，教师要时刻注意言传身教，引导学生对德育教材的科学性、合理性有一个初步的认识，促使学生对教材建立感性认识，并对大学阶段的德育学习产生兴趣；③教学过程中多与学生沟通交流，了解学生的学习现状和思想动态，在力所能及的情况下帮助学生解决实际问题，随时为学生就德育问题和在学校生活学习问题解疑释惑，并就德育教学方法和手段问题多征求学生的意见和建议。除此之外，更多的是结合学生的实际，尽最大努力加强和体现社会实践课程的时效性。或通过采用案例式教学，引导学生自己从网络上关注与教学内容相关的案例，在下一次课时呈现出来，结合教材内容进行讨论式教学。例如社会公德和职业道德等内容。通过让学生体会或换位思考，体现课程的必要性。

（二）积极与专业课教师协调，将德育实践教学融合到专业课理论和实践教学中

很多专业课教师给予了积极的配合。鉴于德育的跨学科、跨专业性，专业课教师在德育方面也进行了积极地探索与研究，作为专业课教师，在学生德育建设中应加强和完善以下几个方面的措施：①要把握专业特点和教学内容的特点，德育渗透要从学科特点和教学内容特点出发；②要把握教学对象的思想实际和现实需要，努力寻找教学对象、教学内容和教学方法的最佳切入点和教学点，使德育效果产生“四量拨千斤”的效果；③要有目的、有计划地在专业课中实施德育渗透，使德育在专业课教学的融合中自然而然、水到渠成。教学是学校教育的主要途径，德育渗透是以教学为存在前提。主要通过课堂教授、教学实践和第二课堂进行德育渗透。例如，通过提高学生实践能力和道德判断能力，促进知情意行的协调发展。通过精心设计和安排，认真组织教学实践活动，重视并发挥德育在学生学会做事方面的作用和教学实践的育人功能，尝试之后，发现教书和育人是一个完整的链条，二者并不矛盾，教师的教融合了教师的德性和德行，教的过程中教师身先士卒、脚踏实地的演示和展示就是很好的德育资源，而且专业课与德育实践教学融合也不难，这样不仅能培育学生积极学习和学会观察的能力，还可以提升学生的学习能力。

（三）辅导员在班级或学生管理方面的德育实践教学的积极作用

学生从入学到毕业，接触最多、印象最深的人就是辅导员，有时候学生省略地称其为“导员”。高等职业院校的学生相对于普通本科院校在管理上的难度要大，一是因为知识结构复杂，有技工生源、职业高中以及普通高中学生，面对参差不齐的知识结构，教学难度大，管理难度也大；二是学生动手能力强，损毁公物的情况时常发生；三是“3+2”的学生由于是初中考入高校的，年龄偏小，但在校时间长，而且是长身体的青春期，也相对加大了管理难度。种种原因所致，高等职

业院校对辅导员的配置和培训十分重视，因此辅导员的工作还是令人满意的。

在调研中发现：大部分辅导员热爱学生工作。他们观点如下。辅导员工作必须对学生负责，必须对学生家长负责，必须对学校负责，必须对自己负责，尽最大努力把工作做好。如果说教书的任务在专业课那里，那么育人的任务很大的比重在辅导员身上，因为一天中除了上课的时间，高校学生有相对充足的业余时间，早、晚自习，早操、课间操，各类院系的重大活动等都要辅导员倾力组织开展，日常管理的重头戏一是组织好主题班会，促进良好班风的形成。二是要关心和爱护学生，爱是辅导员管理的“源头”“活水”，是拉近师生距离和沟通师生情感的纽带，是产生教育力量的源泉。特别是那些需要“心灵救助”的学生，辅导员需要付出慈父或慈母般的细心和爱心，从关注学生生活起居开始到关注学生成长过程中的点点滴滴，要时常引导和激励学生健康成长。学生作为成长和发展中的人，在他们身上展现的各种特征都还处在变化消长阶段，应当说这个阶段是正能量和负能量急剧变化的时期，此时的引导十分重要。三是辅导员的工作始终应根据新时期学生工作的要求在摸索中开展。很多年轻的辅导员善于借鉴老同志的经验，关注和培养学生自立、自主和自强的精神，积极与学生沟通和交流。高校最初阶段学生的心理卫生和关系协调非常重要，大部分辅导员能把握学生教育规律，抓住每个阶段的关键去做工作，去积极协调，由于大部分学生是独生子女，在家又大部分是独自单间，进入学校的集体宿舍后，尤其是女生之间，当宿舍关系和谐时，学生在课余时间兴高采烈地说笑着回到宿舍，窗户里传出的是欢声笑语，在这样的氛围里，上了一天课的学生的思想能得到很大程度上的放松，学生生活快乐，心情愉悦；反之，当宿舍关系紧张时，每个人心理上都感觉到压抑、郁闷，宿舍的气氛就沉闷，学生下课后也不愿意回到宿舍中，宁愿躲到图书馆或自修室。辅导员一旦发现苗头就应积极做通学生的思想工作。由于高校的学生思维相对简单和单纯，辅导员的工作是很奏效的。

由于传统的缘故，高校始终重视德育工作。但客观地说，面对新形势下的青少年教育，之所以说“少年”，因为“3+2”的学生是初中毕业入学的，年龄普遍较小，需要更多的、持续性的德育培育关注，因为他们正值青春期，对其进行正面教育的作用和效果，由于社会环境及各种不确定的因素的影响，经常发生反弹，需要不厌其烦地反复强调，并需要投入很大的精力，也需要有良好的教学方法和手段来吸引学生在健康的人生道路中成长。例如，学生提出每天能看到新闻联播，希望经常播放一些有教育意义的电影或开设效果好的专题讲座，开展参观学习、校际交流、学术交流活动，多举办技能比武和技能大赛等。高校应通过多种手段引导学生健康成长，但是目前没有明确而规范的德育实践教学任务。

二、德育实践教学举步维艰

没政策，没经费，没时间，没精力，巧妇难为无米之炊。关于德育实践教学的呼吁很多，但始终没有引起高度重视和关注。这里讲的没政策是指上级考核评估只关注理论教学课时，对德育实践教学没有引起重视，尤其是在思想政治理论教学督查时，对在德育理论联系实际，加强实践教学方面做得好的学校的经验，应该进行总结、研究，形成任务，加强德育实践教学的引导和监督。但是，事过境迁，德育评估促进了一些高校的德育文化、校园文化，例如休读点的建设。思想政治理论教学督查，对于思想政治教师如沐甘露，心理上是个安慰，在硬件方面也有改善，但这都没有形成惯例或制度，也没有进行周期性的检查和推进，导致好的方面没有保持下去，查什么都好像都是一阵风，事过境迁，不了了之。因此，检查前就“认真准备，全力以赴”，检查后就一股脑地抛弃了。一些在检查前因指标需要建立起来的制度措施，如果坚持推进和落实，对工作是有很大帮助的，但由于检查后无人问津，就成了壁上观；对于检查出现的问题，只要检查通过了，专家走了，也不了了之。如果各项监督检查设计得科学些、合理些、规范些，能综合的项目不搞单项（因为单项检查会因频繁地应对检查而导致基层疲于应付）。使有意义的检查和督查形成一定的周期，基层管理就会得到改观，因为本次检查出现的问题在下一次或再下一次没有通过，就给予通报或其他的鞭策，督查就能产生稳定推进工作的作用。

德育过程中，德育认知、德育情感培养的落脚点有两个方面：一是道德精神；二是道德行为。如果说道德精神和意念是形而上的话，那么道德行为即人们常说的德行和德性则是看得见、摸得着的。因此，完善的德育过程理论与实践的比例起码是1:1。德育有很多实践教学的渠道，德育实践教学也有很广阔的社会资源，但是我们的德育就是在修课时，通过德育理论育人。其实，就学校德育实践教学而言，也有着丰富的德育资源，“学校道德教育开展综合实践活动、研究性学习、社区志愿者活动等，都可能成为促进学生道德发展的契机。”[29] 如果高校重视这些德育契机，使之发挥应有的育人作用，也是高校德育的广阔资源。只要我们关注和用心致力于德育实践教学的研究，无论是家庭、学校、社会的德育资源是随处可见的，可以做为德育案例教育的资源也很多。

三、学生对德育实践教学的态度

在学生调研中反馈的623份对德育教学提出的意见和建议主要表现为以下几点：多多放松同学们的心境，我们修的不是课时，而是心，这也是中国教育的弊端、大道至简在于行；首先，社会要加大对优秀道德人物和道德事迹的表彰和宣传，造就社会优良风气，其次，学校、家庭等青少年成长的场所应加强社会公德教育，最后，作为新时代的青年，我们应该用自己的实际行动，独善其身的同时兼济天下；如今科学技术越来越发达，但道德方面仍需加强，无才无德并非可怕，有才无德才是社会的毒瘤；家庭原因很重要，首先应从家庭引导，教育以育人为先，培养学生心性，多回归自然，追求无欲无求；在思想政治理论课上，老师完全可以增设学生讨论与辩论环节，以及学生向老师提问的环节，而非以往单一、死板的教学风格；理论联系实际，解答当前的热点、难点问题，加强社会实践环节，改革考试、评定德育成绩的方式，如今的社会，人民素质让我感觉到：加强思想政治的教育很有必要，现在人民的素质普遍下降，职业道德体现也很少了，我建议加强思想政治理论课，深入到人民心中！

这些意见与建议中让教师感到欣慰的是：学生对思想政治教学课十分关注和支持。因此，学生对德育教学还是很有兴趣、有期待、有需求的。从学生反馈的意见看，十分有必要对目前的德育教学和德育考核评价方式进行改革。但从政策和经费角度来看又感到遥遥无期。有些职业院校领导高度重视德育，在人、财、物力上给予支持，但苦于没有上级政策和德育实践教学经费的支持，德育实践教学在软件方面的探索多些，而对硬件建设和必要的经费构架没有做出科学的分析和运用。德育实践教学还有很长的路要走。

四、学校德育与社会道德环境之间的差异令教师无奈，让学生茫然

在德育问题上，应该科学、客观地认识学校教育的局限性，尤其是“现代经济与社会背景越来越多元化，导致教育问题的解决是立体化的，是任何单一的政策和措施都不能奏效的，必须要多种措施，多方面支持并重。”[30] 更何况目前“许多教育问题往往并不仅仅是教育问题，更是社会性的普遍问题，甚至看起来是教育问题，本质上却是社会问题。”[31] 例如在与学生的讨论中提到的老人倒下的帮扶问题，媒体的报道引起了师生的讨论，讨论的结果是：当帮扶可能被诬陷而陷入无端的财物赔偿争端后，每当遇到这种情况，做好事也时常是心有余悸的，就不如远远得躲开，不去“凑热闹”了。学生对老人或被车撞的人倒下帮扶了反倒会惹“官司”的认知是来自社会媒体的。讨论下来，有的学生无奈地说：“社会真复杂，挺可怕的。”老师必然要从好的方面引导，用大量的助人为乐的事实教育和引导学生，可是负面的影响往往会给学生留下更深的阴影。因此，也有的同学在建议中说：“社会媒体应加强正面信息的报道，多给人们传递一些正能量。同时也应健全法制，对被救助反而诬陷别人的人给予必要的惩罚，并进行必要的舆论监督和批评，让是就是是，非就是非。通过多管齐下的方式，大力扶持和传递人类社会生活的正气和正能量。”

Chapter 4

第四章 高校德育实践教学的方针、原则、价值、途径

每所高校的发展受其区域经济发展、学科或专业分布等多方面的影响，都有其鲜明的特色，其特色本身就是一个传统的德育资源。高校最大的、普遍的特色就是育人为本、德育为先、技能领先，专业理论教学的落脚点是完善专业知识和技能；德育理论教学的目的是培育能够坚守社会生产一线的，拥有劳动光荣思想的、热爱劳动、尊重劳动、脚踏实地、爱岗敬业的崇高道德品质的人。任何专业知识和技能都是人开发的，人的培养不到位，人的德性不到位，知识掌握得越多，对人类造成的危害越大。当务之急是通过明确德育实践教学方针、原则、价值、途径等，将德育理论教学成果转化到德育实践教学过程中，切实完善德育教学过程。

第一节　德育实践教学方针

德育的内容十分丰富，但学校德育时间有限。目前，在国家德育政策中，高校有三门德育课，即“思想道德修养与法律基础”、“毛泽东思想、邓小平理论、‘三个代表’重要思想和科学发展观”和“时事政治”，在仅有的各两个学期的教学过程中，德育被赋予了时事政治教育、人生观和价值观教育、心理素质教育、文明习惯教育、爱国主义教育、思想道德教育、法制教育等丰富的内涵，学生在校期间甚至是毕业后工作 10 余年后被依法追究时，媒体还会曝料是某学校毕业

的，若是名校更甚。说明人们对学校德育寄予了太多的希望和期待。但德育又受到家庭环境、学习环境和社会大环境的影响，因此学校德育不可能成为影响人一生德行形成的变量，人的德性的形成是一个长期的过程，需要一生的修行。学校教给学生的是一种道德思维方式，是德性，而不是具体的德行。社会的复杂性决定了人的思维的复杂性，人在德性和德行之间，或者说行为与目的之间有时不是统一的。德育只有将德育精神根植于学生的心中，才能真正生出和滋养道德的种子。

一、为什么要提出德育实践教学方针

鉴于目前高校德育的丰富性，道德精神的延展性和动态变化性，需要给德育教师一个简洁易行的德育实践教学的指导方针，促进德育实践教学由浅入深、由表及里地得到贯彻落实，促使德育思想在贯彻实践的同时，上升为刻骨铭心的道德精神。因此，提出了“以身作则，循循善诱；知行合一，循序渐进”的德育实践教学指导方针。

二、德育实践教学方针及内涵

（一）以身作则，循循善诱

在德育过程中，德育教师自身就是一个充满情感的、鲜活的德育教育资源，教师在讲台上的所有举动尽收学生眼底。教师衣着得体、举止优雅、谈吐文明、落落大方，就能很快被学生接受。教师在各类活动的组织过程中身先士卒，学生就能紧跟其后，积极开展工作；教师在活动中指手画脚，说完就走，学生则随后就散。“在班级和学校的层面上，学习似乎由于社会规范而得到强化，这种社会规范重视对理解的探求，给学生（还有教师）为了学会而犯错误的自由。”[32] 因此，学校德育，以德育理论课程为主渠道，师生的德性培养在于校园日常生活，包括教师在学生面前的所有言谈举止。教师毕竟是人而不是神，在德育建设中，允许教师犯错误，人类就是在无数次失败中获得进步的。

在“四德（家庭美德、职业道德、社会公德、个人品德）”中，家庭美德的学习主要是看父母，周围的人群也会对孩子产生影响；职业道德的学习有多方面，在学校可以见师德，在社会可以看家长（家长对子女的道德影响是终身的），在单位可以看同事，上行下效的道理告诉我们，更重要的可以看领导；在社会上，学生受社会环境的影响很大，整个社会风清气正，正能量得到张扬和扶持，就会引导人们树立良好的社会公德。个人品德建立在以上诸多方面的德育学习大环境的基础之上。如图 4-2 所示为德育学习大环境透视图。

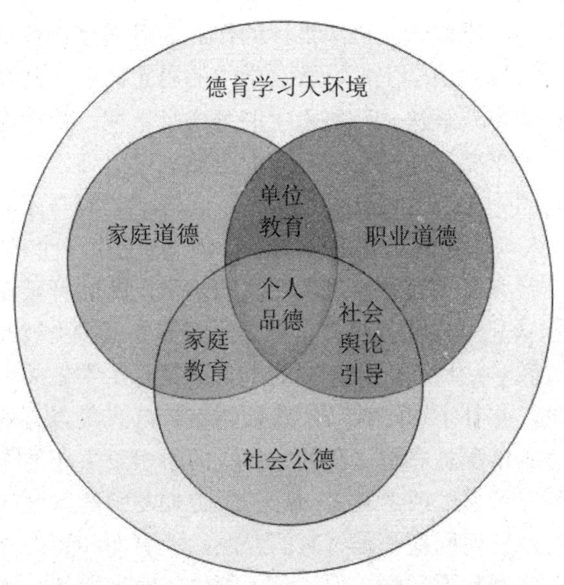

图 4-1　德育学习大环境透视图

因此，教师以身作则是德育实践教学能够扎实开展的前提和基础。高校教师面对的学生生源不同，有通过普考上来的高中毕业生，有从职业高中、高级技校考入的学生，也有在社会上工作几年后又报考入学的，还有 5 年一贯制的初中毕业生，复杂的生源决定了德育教师面临着巨大的德育挑战。在德育理论教学中，由于基础知识参差不齐，有的学生“吃不饱”，有的学生“吃不下”，但在尝试的德育实践教学中，二者能得到相应的弥合。因为，在某些时候，那些在理论教学“吃不下”的学生，在实践中能展示自己的天赋。面对这样的情况，德育教师做出以下引导：对于理论方面“吃不饱”的同学，在作业命题中给出更能展示学生德育主体思想的命题，例如，在入学之初给出“我的大学”或“入学印象”等命题，在入学一段时间后给出“我的同学我的班”或“我心目中的和谐校园”的命题，在学到家庭美德时给出“我的家乡我的爹娘”命题等。目的之一是了解学生进入学校新的生活和学习环境后的基本情况，学生在作业中很坦诚、很直白地表露着各自的心迹，有高兴的、有抱怨的、有迷惑的、有懊悔的、有委婉的、有直白的，德育教师从作业的字里行间咀嚼和体会着学生的心态，也品位和甄别着每位学生的基础知识差异，通过作业批注的方式与学生沟通，传递出一种友爱、友好和关心、关注的信息，作业成为德育教师与学生进行心理沟通、知识提升、思想火花碰撞的一个交流平台。目的之二是了解学生入学一个阶段后，融入新的生活环境、新的班集体和新的同学氛围的基本情况，学生由于第一次作业得到教师认真批注、认可和褒奖，能够更加真诚地吐露心迹，教师面对学生五花八门的思想状态，对于个性的、不便于在班级点评的作业，可通过作业批注的方式与学生交流，必要的话，可以约谈学生，以解决学生的思想问题；共性的问题，可在课堂上通过作业点评的方式解决。新生入学的第一个学期，快速而自然地融入新的学习和生活环境十分重要，如果在这些方面不能加以引导，对于都是独生子女的学生来说，学生之间不能友爱、友好地相处，会埋下类似马家爵、弑杀黄洋的林某等的恶性隐患。人与人之间不相融合，一天或一周甚至一个月可以忍受和忍让，当让处在青春期的、在家拥有独自生活空间的学生，瞬间打破原有的独立生活空间，融入一个 6～8 人的相对拥挤的空间时，他们需要有接受彼此的心理调试和准备。德育教师通过教学途径、作业布置的方式，进入了学生关于这个问题的心理空间，了解的同时，弥补了这一课，实践证明这种方式是很有效的。目的之三是了解学生家庭的基本情况。布置“我的家乡我的爹娘”主题的作业，教师已经考虑到或许会伤害到单亲家庭或者失去父母的或更加复杂的家庭的学生的心理，但人生必须学会面对，任何回避都是暂时的躲避，能直面和正面人生的，才能健康成长。该类作业，使教师更加深入地了解了学生的家庭背景，对需要心理安抚的学生可以精心地做出作业批注，学生需要的话，可以个别交流。

德育教师的理论知识教学固然重要，但德育的真谛是教给学生一种德育思想、德育思维方式和德育思维能力，而非德育理论知识自身，至于德育理论自身，是个“非常道”的东西，需要人一生在社会生产和生活实践中循序渐进地品味，逐渐地认识、提升。因此，道德的“修”，无论是在家庭、学校还是社会，都是有阶段性的，但道德的“养”需要一生的过程，“修”而不“养”则难“成”，养成是一个过程，养成了，则成功、成才、成人。因此，德育教师的“教”非同其他教师的“教”，课堂上，教师的言行就是一种极佳的教具，教师自身以身作则，精心组织教学、细心批注作业，在三尺讲坛持之以恒，对教育事业脚踏实地、忠心耿耿，热爱和尊重学生，学而不厌，诲人不倦，由表及里，由浅入深，循循善诱，自然而然就能取得良好的德育效果。

（二）知行合一，循序渐进

明代思想家、教育家王守仁的思想中典型的是知行合一。知行合一是一种境界。“知行合一”学说的出现，是中国哲学最后一次整合的标志，它完成了从隋唐以来儒道释三教思想融合、超越和升华的历史使命，使理学体系达到了顶峰。知行观是中国哲学中出现较早、贯穿于认识论的一种重要理论。“知之真切笃实处即是行，行之明觉精察处即是知”。“知”有知识、认识的意思，强调人的活动是有目的、有意识的，即王守仁所说的“致良知”，要使人的主体与客体联系起来，则要“求理于吾心”，即“知行合一”，做到身体力行，知一行一，知行转化，以达统一。王守仁认为：知和行是不能分离的，知是行的主意，行是知的工夫，知是行之始，行是知之成，知行只是一个工夫。

从哲学上看，“知”属于认识的范畴，是主体对客体观念的把握；“行”属于实践的范畴，是主体对客体的物质活动。辩证唯物主义认为，实践是认识发展的源泉和动力，又是认识发展的最终目的和最高归宿，而认识又反过来指导实践，为实践服务，对实践产生重大影响。在知行关系上，教育家陶行知很清楚地指出：知来源于行又指导行。这句话中的后一个“行”是指有理论指导的“行”，是达到更高境界的“行”。就德育而言，需要从“源于行”的“知”入手，进行由浅入深的教学研究和探索，才能将“源于行”的“知”给学生讲透、讲深、讲明白。因为，所有的“知”都是建立在人类社会长期的社会生活或生产实践的基础上，是一个“实践—认识—再实践—再认识”的循环往复的过程。如果背离了“实践”直接进入对“知”的认识，原本鲜活的教学过程就变成从书本到书本、从理论到理论的机械、枯燥的教学过程了。因此，在问卷中所设计的“您认为除教师素质外，提高思想政治课教学实效亟待解决的问题是（多项选择）”的结果中发现：69%的学生给出了理论联系实际，解答当前热点、难点问题；59%的学生给出了加强社会实践环节的回答，说明了相当一部分学生希望在“知其然”的同时“知其所以然”，德育教师要耐心地将“所以然”给学生讲明白。在对德育教师素质需求方面的调研中发现：67%的学生给出了要有学术造诣，认为教师要有责任感的占18%，有人格魅力的占21%，有较强的教学能力的占13%，认为应同时具备以上四项的仅有12%。说明学生对德育教师的素质要求是客观的。人无完人，集各种优秀品质于一身的人是不存在的。但有学术造诣是德育教师应该不断学习和丰富的，同时，学生对德育教师的人格魅力需求，说明了德育教师的知识造诣、人格魅力、责任感和教学能力本身就是一种德育教育资源的判断的准确性，这种教育资源具体、鲜活而生动地体现在教师的言行中，根深蒂固地影响和教育着学生，教师的“行”是学生的一面镜子，而学生的“行”也是教师的一面镜子，在德育教师抱怨学生的时候，反映的是教师教学过程的问题。在这方面，从高校进行的“知行”讲坛、专业课实践教学融合学生职业素质教育、辅导员的班级管理和学生社团活动以及德育实践教学的探索等效果看，绝大部分学生对学校安排的各类有针对性的专题讲座给予了肯定，并希望多开设这些方面的活动；绝大部分学生认为专业课实践教学融合职业素质教育的方法可行，对自身教育深刻；绝大部分学生对辅导员的班级管理量化赋分和围绕专业进行的企业化班级管理等德育实践尝试给予肯定，绝大部分学生对德育教师利用网络对热点、焦点问题进行案例分析和课堂讨论的方法给予肯定。

“知行合一”中“知”是前提，“行”是落脚点，从“行”入知，从易到难，由浅入深，方得真知，由“知”到“行”需要一个过程，这是一个需要精心传递、耐心培育、循序渐进的过程，是一个对“知”的逐渐学习、体会然后行动的过程，不能有半点的虚伪和急躁，没有便捷的路径可走。因此，需要高度重视德育过程中“循序渐进”的重要意义，德育建设无论是师德建设还是大学生德育，不能搞“一阵风”似的教育，无论是家庭、学校、社会都需要坚持不懈，常年观察和引导。就家庭而言，家长是孩子的第一任德育教师；就学校而言，每位教职员工都是学生眼中的老师，即便是教辅人员或工勤人员。尤其是在学生刚入学的时候，面对全新的生活、学习环境，学生则先入为主，例如，学校的卫生环境很好，学生就“不好意思”随地乱扔果皮纸屑等；反之，就会出现“破窗效应”，当管理不能及时跟进时，会形成问题很多，积重难返的被动局面。因此，学校德育应从大处着眼，从小处入手，循循善诱，循序渐进，认真分析学生在学校学习的每个阶段性格特征和家庭生活及背景等实际情况，因人而异，因材施教，精心细腻地制定好每个阶段的德育计划，并切实抓好落实。一个好的品格的养成需要一个很长的过程，正如毛泽东同志所说的：一个人做一件好事并不难，难得是一辈子做好事。在《左传·昭公十年》中也提出过“行知之实难，将在行之。”说的就是这个道理。因此，需要用“不积跬步，无以至千里；不积小流，无以成江海”[33]的道理引导德育教师成为有耐心、有学术造诣、有人格魅力、有使命感和责任感、有教学能力的学生欢迎的教师，引导学生“勿以善小而不为，勿以恶小而为之”。努力追求知行合一的学习和生活意境，在人生的每个阶段都能自省、自勉，脚踏实地，慎终追远，成为有修养意识、有学习能力、有职业素质、有责任担当、有理想、有道德的、脱离了低级趣味的、有益于人民的人。因此，德育不是教师的德育，需要从家庭就开始培育孩子的道德意识和德行，在学校则需要全程德育，全员德育，全面考核，才能进学生知行合一，循序渐进，全面发展。

三、德育实践教学方针的延伸性与拓展性

马克思认为：“人的本质并不是单个人所固有的抽象物。在其现实性上它是一切社会关系的总和。”[34]马克思主义关于人的本质的科学表述，说明了人的本质的社会性和综合性，同时，每个人从出生起，就受到生长环境的影响，也打下时代的烙印，无论是人的素质的全面发展还是人的能力的全面发展，都离不开社会大时代和大环境的影响。因此，德育实践教学也不能背离这个方向。德育实践教学中的两个主体是教师和学生，他们的学习、生活和教与学都是在开放的状态下进行的，这是由社会经济进步、高科技的通讯手段和发达的网络形成的。高科技是一把双刃剑，它在丰富教学手段和教学方法的同时，也让无数师生陷入网络结成的“玫瑰陷阱”。作为教师，在网络世界中走进去出得来，能摄取大量的知识，

获得丰富教学内容和方法的宝贵资源；走进去出不来，就会被卷入信息网络的旋涡中徘徊。作为学生，如果没有自省、自觉和自我节制的意识，走进去出不来，就会沦为网虫，甚至会有极端的行为。这仅仅是多元化的现代社会生活中的一瞥。

德育实践教学的最终结果必然是要走向社会生产和生活，教师必须建立开放的视野，对学生的德育，向前追溯到学生的家庭和家长；当下要全面把握学生在校期间的生活学习和身心健康；向后要贴近社会经济发展、科技进步等做好教育和引导的全面策划和科学设计。做好策划设计的前提就是要了解社会，这就要求教师建立终身学习和终身修养的自觉性。为什么需要终身学习？因为社会经济发展迅速，网络的发展不可阻挡地渗透到我们每个人的生活空间，网络的飞速发展，真正实现了上下五千年，弹指一挥间，尤其是在每个人都成为新闻发言人的自媒体时代，呆在家里就能运筹帷幄于千里之外，教师掌握的情况学生也同时掌握，教师与学生常常会就同一个问题产生思想认识的碰撞，教师只有把握相关知识的更多边缘知识，才能就同一问题和学生展开充分地讨论，让学生在网络世界里走进去，也能及时抽身跳出来。

在开放的国度、开放的时代，在多样化和多元化的社会经济生活中，各种社会思潮不断地充斥和撞击着人们的精神世界，不断地调整和改变着人们的思维方式，教师首先要提升的能力就是能够清醒而勇敢地走向社会，只有这样德育实践教学才能向社会延伸和拓展，这是德育教学时代发展的必然和特征。同时，教师还要有在开放的社会中筛选有效教学素材的能力，掌握学生关注和聚焦的社会问题，结合德育课程进展情况，将问题与教学计划有机地融合，通过对教材的深刻把握，通过案例分析或师生共同研究的方式将问题说清、道理说透，必要的话，可以给学生留出继续探索和研究的空间，但这种探索和研究是在教师正确的引导下进行的、有正确方向的研究。

综上所述，德育理论教学的时（空）间是绝对的，有一定的教学课时，有一定的教学地点，在教室或讲堂等；德育实践教学的时空则是无限开阔的，可以通过学生在校生活、学习的任何角落体现出来，即便是文体活动，也是“醉翁之意不在酒”，而是通过各类活动，锻炼师生的协调、组织等方面的能力，观察学生的纪律与文明情况，观察学生友爱互助和协作等方面的能力；思想道德修养的时空更是无限的，从人出生时的家风影响开始，一直到步入耄耋之年甚至死亡才能盖棺定论。不仅如此，像孔子及朱熹等有思想的人还能为后人留下“学而时习之，不亦悦乎？”[35]“学而不思则罔，思而不学则殆。”[36]“温故而知新，可以为师矣。”[37]等论述，他们的思想光辉照耀华夏民族千秋万代，最美教师、最美村官、最美乡村医生、最美……在美丽中国，代代相传，生生不息。

四、德育实践教学方针指导德育实践教学研究的可持续性

“以身作则，循循善诱；知行合一，循序渐进”的德育实践教学方针，对德育实践教学研究具有一定的指导意义。首先，充分地考虑了德育教学过程中的两个主体，在后现代教育思潮的影响下，人们常对两个主体中何者为先的问题产生纠结，在德育实践教学方针中，则明确地将教师的“以身作则”作为首要问题，这也同时确立了教师在教与学两个主体中的主导作用。尤其是在目前的德育教学课程安排上，由于《思想道德修养与法律基础》教材中，在第一节中就设计了大学生要“适应人生新阶段”的一系列入学教育，该门课大部分都放在了新生入学的第一个学期授课，这样的设计是很科学、很合理的。因为目前的大学生大部分是独生子女，个性强，但个人处理生活的能力不强；大部分学生在家时都有自己独立的生活学习空间，与他人的融合能力需要及时加以调适和引导；学习方式也发生了很大的变化，从小学到高中毕业，在学习和生活方面的家长和教师的全程关注模式突然没有了，“解放”后的学生有的还真的找不着北，如果不及时引导就容易彻底地“放松”到“网络世界”中而不能自拔，这样的案例是不鲜见的。这个阶段的学生有的因为生活的自理能力弱，但一切又需要自己打理而焦虑，有的因为陌生的集体环境而纠结，有的因为宿舍中的集体生活或起居的生物钟差异而无奈，也有的因为面对全新的生活学习而不知所措。因此，入学第一个学期，尤其是前1～2个月对学生的必要关注和及时引导，是十分重要的。德育教师此时恰恰以牧师似的身份出现在学生面前，一个好的、优秀的德育教师应当理解此时自己的身份，是一名教师，但又不仅仅是一名教师。因为，此时的德育教师，犹如一盏灯，你的高度决定了你能顾及多少学生的感受；你的深度，决定了你能否进入学生的内心世界；你的宽度和宽容随时都在调适着学生的心态；你的言谈举止直接反映着你自身的道德修养、职业素质和职业素养；你按时文明有节地缓缓进入教室，与学生从如何适应大学生活开始娓娓道来，学生的心就瞬间被你抓住……德育教师所肩负的责任和义务是法定的，是从中央到地方各级政府高度重视的，更是由教师自身的使命感和责任意识决定的，是最不敢、最不能放松和懈怠的职务。职责和义务是紧密地联系在一起的。教师在道德修养方面是学生的一个正面的、直观的、明亮的镜子，你用不友好的眼睛扫视你的学生，学生就会以不屑的眼光回报你；你热爱本职工作，满腔热情、温文而雅、文明有礼地对待每一位学生，他们也会以恭敬和蔼、文明有序的课堂秩序回馈于你；当来自异地的学生初到新的学习生活环境时，教师心里装着学生，就会在天气温差变化大的时候提醒学生注意增减衣服，学生反馈于教师的则是关心和爱戴，例如节日的问候等。反之，学生也是教师的一面镜子，在教师抱怨自己的学生课堂纪律有问题、不尊重

教师、作业不认真的时候，教师需要用逆向思维的方式，反思一下自己的言行，是否严格遵守了课堂纪律、按时上下课；是否尊重和爱护了自己的学生；是否认真地对待、关注和批注了学生的作业……这种关爱和被关爱如同力学的作用力和反作用力一样，是有付出才有回报的。因此教师要“以身作则”，在把握德育理论教学的同时，随时加强自身的修养，让“知行合一”的道理首先体现在自己的言行和教学过程中，再去教育引导学生，德育就是一个自然而然的过程了。

“学而不厌，诲人不倦”，在一个优秀的德育教师眼中，“学而不厌”不是针对学生的，而是直面教师自身的。在科技和经济社会迅猛发展的今天，知识大爆炸是众所周知的，无论是学生和教师都应当是“学而不厌”的主体，此时的教学主体是同位的，教师肩负着时代赋予的教育使命，必须要有终身学习自觉性，经济社会发展越迅速，越需要学习，这是教师的义务和职责。而学生的学是在教师主导下的学，教师的终身学习意识确立了，就会关注社会焦点和热点问题，紧扣教材主题，言传身教地和学生一起进行探索和研究，寓教于学，教学相长，相得益彰。所谓“循循善诱”是建立在“诲人不倦”基础上的。一名优秀的教师是在良好的家庭、学校和社会教育氛围中渐渐形成的，教师要有爱心、细心、精心，还要有耐心，持之以恒，就一门课程深探其究，经年累月，必将赢得研修的成果，而最大的成果就是学生对于德育课程的认可。

问题是目前有的德育教师自身对德育都产生疑问，尤其是面对社会问题的时候。当然，面对纷繁的社会经济生活，教师不是圣人也不是神，但德育教师要坚守自己的底线——以身作则，发挥教师的德育主导作用。因此，德育教学，无论是理论教学还是德育实践教学，都要求教师建立慎独的意识，建立崇高的道德情操和道德精神。德育教学过程中，德育教师要时刻牢记党的教育事业宗旨，在教学的全程中都要言行谨慎，恪守师道和师德。为师之道在于为学生解惑释疑；为师之德在于忠于职守，忠诚党的教育事业，以个人崇高的精神境界和文明的言行，引导学生沿着中国特色社会主义道路健康发展。尽管现实社会生活中媒体频频曝光一些道德问题，展示在师生面前的是社会客观存在的问题，也是德育教师结合教材进度、把握问题、循循善诱地引导学生逐渐走出迷惑，进入正确世界观的能力问题。德育教师自己要明白，同时也要让学生明白：目前我国的经济社会，在经济迅速发展的同时应当相应地健全法制，实现法治，由于德与法仅一念之差，因此还应密切关注社会科技进步、经济发展和人类生活多元化带来的道德问题、社会问题、人们的心理健康问题等。因此，对于社会频频曝光的一些“道德问题”，德育教师不能同其他人一样，人云亦云地将一些与社会问题、心理问题和法制不健全的问题一股脑地简单归咎于道德问题。德育教师应该有独立的辨析、分析和研究的能力，必要的话，可针对发生的、学生关注的同一问题，进行分析和研究。

总之，德育教师应当清醒地意识到：社会经济生活中频频曝光的“道德问题”也是社会进步和发展中自然生成的问题，是发展中的问题。能够意识到问题，并被媒体提出来就是一个社会的进步。改革开放三十多年来，社会经济迅猛发展的同时，人们的竞争压力、工作压力、社会压力越来越大；近年来，随着城市化推进，很多新社区落成，公民入驻，社会建设和管理面临着很多新问题；由于社会基层组织松散，不法分子有了可乘之机，出现了恶性案件频发等问题。这是发展中的问题，即使是发达国家，也经历了发展过程中的一系列社会问题。而社会媒体从对“小悦悦事件”到老人倒地救助反被诬陷等道德问题的关注和讨论，恰恰体现了一种社会责任，正如杜威所言：“社会对于教育的责任便是它的至高无上的道德责任。通过法律和惩罚，通过社会舆论的鼓动和讨论，社会就会以一种多少有些机遇性和偶然性的方式来调整和形成它自身。但是通过教育，社会却能够明确地表达它自己的目的，能够组织它自己的方法和手段，因而明确地和有效地朝着它所希望的前进目标塑造自身。”[38] 社会媒体对社会发展进程中的道德问题的关注和披露，恰恰又是社会公共道德和社会文明的一个进步。在开放的国度和多元化的经济生活背景中，如果媒体对于类似的社会问题和道德问题麻木不仁，才是一个社会的悲哀。

由于社会舆论对道德的监督和制约机制，很多社会问题经常以道德的形式通过舆论的手段展示给社会，极大地丰富了德育理论和德育的社会生活实践教学的内容，德育教师要在德育实践教学过程中，紧密联系社会生活实践，结合学生的德育实践教学，进行深入的、科学的辨析、分析和研究，因此，广阔的社会德育内容和丰富的德育实践教学平台，必将为德育教师的德育实践教学研究提供开阔的视野，也必将引导学生在逐渐深入到各类问题的实质内容进行剖析后，获得道德精神的真正体验。

在整个德育实践教学中，教师是一个面镜子，也是一个靶子。是镜子，所以学生能从教师身上看到自己的影子；是靶子，教师如果不能遵守师德、恪守为师之道，必将引起学生的强烈不满而成为被嘲讽或唾弃的目标。因此，“己所不欲，勿施于人”，要培育理论与实践有机结合的高等职业院校的学生，教师自身必须首先进行知行合一的自我完善，在德、智、体、美方面完善自己；要具备完善的教学能力，建立终身学习的意识，与学生一起学习，一起成长，尤其是德育教师，应建立师生互为人师的意识，才能和学生融为一体，不断地在社会生活中汲取道德精神的养料，不断地修养，不断地加强自己的教学能力，提升自身的教学水平。在这个基础上，教师的教学才能让学生感到“好吃”，才能让学生“吃饱”，所谓“循序渐进”才能最终实现。

第二节　德育实践教学原则

“现在的人由于掌握了知识和科学法则而开始能够控制自然过程并且能够对它们担负起责任。”在现代社会，“今天的新人已经在领会、认知和理解这个世界了，他们已经具有了必要的技术，可以根据他自己的利益合理地影响这个世界。然后他又用物质产品和技术结构丰富这个世界。所有这一切说明，人已经成为他自己命运的潜在主人。”[39] 人之所以成为他自己命运的潜在主人有两层含义：一是人只能成为他自己命运的主人，而非他人命运或大自然命运的主人；二是人只能成为他自己命运的“潜在主人”，而非完全意义上的“主人”，作为社会人还受到一切社会环境等方面的制约。但若掌握了知识和科学法则而开始能够控制自然过程的人，没有社会进步和人类社会发展需要的道德认知，就不能够对它们担负起责任，所以科技越发展，人的道德认知的培养越重要。因此，德育是在人的一生中都需要不断完善和修养的重要内容。如果说，加强人的个人修养属于道德自律范畴的话，那么制定德育实践教学原则，一来可以完善和丰富德育教学内容，使道德的理论教学和实践教学成为德育教学的两翼，对助力德育教学实效性必然有着重要的作用。鉴于目前德育教学课时少而内容丰富的客观性，需要对德育实践教学进行基本原则的约定，以规范德育实践教学向健康的方向发展。

一、制定德育实践教学原则的依据

制定德育实践教学原则是依据国家的法定性和党的政策的规约性。首先，在我国任何政党和社会组织以及武装力量都必须在宪法和法律规定的范围内活动。作为高等职业教育，所有教学管理的依据是由国家制定的、与教育相关的一系列法律法规，我国以法律的形式规定了“高等教育必须贯彻国家的教育方针，为社会主义现代化建设服务，与生产劳动相结合，使受教育者成为德、智、体等方面全面发展的社会主义事业的建设者和接班人。”“高等教育的任务是培养具有创新精神和实践能力的高级专门人才，发展科学技术文化，促进社会主义现代化建设。”[40] 高等职业教育既属于高等教育范畴，也属于职业教育范畴。就职业教育而言，国家也通过法律的形式给予了明确的规定，并给予厚望。我国职业教育法规定：“职业教育是国家教育事业的重要组成部分，是促进经济、社会发展和劳动就业的重要途径。”“国家发展职业教育，推进职业教育改革，提高职业教育质量，建立、健全适应社会主义市场经济和社会进步需要的职业教育。”“实施职业教育必须贯彻国家教育方针，对受教育者进行思想政治教育和职业道德教育，传授职业知识，培养职业技能，进行职业指导，全面提高受教育者的素质。”[41] 作为高等职业院校，既要严格执行国家高等教育赋予的法律义务和责任，也要建立、健全适合职业教育所需要的职业知识、职业技能，也要进行职业指导。既要培养大学生的专业知识和技能，还要培养大学生的职业道德和职业素质；既要进行大学生的就业指导，也要对大学生进行创业精神的培育和引导，引导高校大学生建立热爱劳动、劳动光荣的意识，使学生的学习能够理论联系实际，做到知行合一。

其次，高等教育的目的是为中国特色社会主义事业培育德、智、体等方面全面发展的社会主义事业的建设者和接班人。我党历来高度重视大学生队伍建设，制定了一系列规章制度以引导和规范大学生的思想政治工作和德育建设，始终如一地坚持中国特色社会主义办学方向。党的十八大报告更加明确地指出：“努力办好人民满意的教育。教育是民族振兴和社会进步的基石。”“坚持教育为社会主义现代化建设服务、为人民服务，把立德树人作为教育的根本任务，培育德智体美全面发展的社会主义建设者和接班人。全面实施素质教育，深化教育领域综合改革，着力提高教育质量，培养学生的社会责任感、创新精神、实践能力。”[42] 作为高等职业教育，既要赋予大学生相应的高等职业专业知识，也要给予大学生相应的高端技能。那么，教师既要具备专业理论知识和理论教学水平，也要具备与专业相关的高端实践操作技能，提高实践能力。知行合一，理论与实践相结合，是高职教育的典型特征。如果德育只重视理论教学，相对于社会这个大舞台，教师在教室这个方寸之地，即便利用了网络知识、多媒体教学，采用了教学互动、因材施教、第二课堂教育的专题讲座等形式，依然没有走出从小课堂到大讲堂的理论教育模式。没有德育实践教学的德育，如大鹏失去一个翅膀，折了羽翼的大鹏难以展翅飞翔。因此德育实践教学是高职教育必须建立并要不断充实和完善的、重要的德育内容。建立德育实践教学原则，能有效地规范德育实践教学的有序探索，能起到少走弯路的作用。

二、德育实践教学原则及内涵

由于德育实践教学尚处在摸索阶段，根据多年的德育教学和学生管理情况分析，可建立以下原则：准确定位原则、系统整合原则、知行合一原则、教学互动原则、因材施教原则、遵循自然原则、终身修养原则、社会参与和反哺社会原则、全员参与和全面发展原则。

（一）准确定位原则

多年来，由于社会经济生活的多元化，道德问题也不断地出现，引起社会对学校德育的问责。因此，高校要准确定位德育实践教学的作用和适用范围。这里涉及三个方面的问题：一是要对高校德育的时空局限性有清醒的认识；二是对德育实践教学的定位要符合学校教育实际；三是要充分发挥高校专业实践教学面向社会生产一线这个平台，做好德育实践教学的系统规划。首先，只有对高校德育时空观有科学的认识，才能把握时机，将德育实践教学适度地向学生家庭、社会延伸。由于学生在校时间是有限的，而人的道德建设是由环境和意境因素决定的，有着极大的变动不居性，因此，学生在学校每个层次的德育都不能放松，而目前从小升中、中考到高考，中小学生客观上持续地、长时间地面对着巨大的升学压力，德育被严重的边缘化了。素质教育开展了二、三十年，中小学生依然在中考和高考的纤绳上荡悠悠。家长自然是更重视学生的艺术技能培养、特长训练和成绩，中小学在巨大的升学压力下也不得不全面关注升学率，在这种状况下，高校德育成为学校德育的终点站，而倍受社会关注。但高校德育不能人云亦云，必须对自己的德育局限性进行客观地认识，并积极探索，突破教育时空的限制，如与学生家长接洽，让学生家长参与到学生家庭美德、职业素质和社会公德等内容的教育上来，对学生进行德育教育家长有着不可推卸的责任，家长参与德育可以极大地拓展德育空间，延伸德育的时空，丰富德育内涵。其次，无论社会如何喧嚣，对高等教育的德育要有冷静的判断，尤其是对社会上出现的道德问题，要冷静地分析和研究，弄清是道德问题还是法律问题，是社会问题还是心理问题，是学校教育问题还是……总之，要保持冷静的和理性的分析和判断，才能引导学生正确认识和把握问题的实质，而非片面地一边倒，引起不必要的思想混乱。第三，发挥高校专业课实践教学面向社会生产一线的优势，将德育实践教学与专业课实践教学有机融合，让专业学习与德育理论学习融合在一起，在巩固理想信念教育的同时，提高专业课学习的主动性和自觉性；在加强专业技能的同时，加强学生的职业道德和职业素质教育，真正做到德能双修，和谐发展。因此，高校德育实践教学的准确定位是非常重要的，定位准确能收到事半功倍的效果。

（二）系统整合原则

以往的德育与专业课教学是相互剥离的，似乎德育就是德育教师的德育。如今很多高校的德育在专业课方面进行了渗透。原本这也是自然而然的事情，但由于课程的机械的安排，将德育与专业教学机械地分类、分裂开来。讲专业的只顾讲完专业教学计划就行了，至于学生的学习主动性、课堂纪律、是否热爱本专业等，似乎都是德育教师或辅导员的事情。因此，高校德育需要进行系统整合。将团委、学生工作部、学生社团、学生志愿者服务、专业课实践教学、学生寒暑假从事的社会生产实践以及所做的家务、农活、学生的考试纪律、学术的原创意识、网络自律意识、孝行孝德等有机整合，扩大德育实践教学视野，对学生在大学学习期间的全部德育表现和道德风貌进行全面、深刻地观察与考核，在大学毕业前，同毕业设计一起，做出系统的、规范的、全面的和贯穿学生大学全程的、科学的评价，可以在大学阶段全程培育大学生建立良好品德，确立崇高的道德情操。人之德育不是一两个学期或一两个学年的德育，道德修养是一个持续的、恒久的过程，需要一生的修行和修养。贯穿全程的德育，也有益于引导教师树立持久的立德树人、教书育人的思想意识，而不是教而不育，或育而不教的知识与技能、理论与实践脱离的纯书本或纯理论的教育。

（三）知行合一原则

知行合一既是高职教育的方针，也是高职教育的原则。高职教育不同于其他普通高等教育，首先，高等职业教育的“高”字，从学校办学规模和层次上来说，从技工教育走上了大学专科层次，办学规模也随着办学层次的提升得到拓展；就学生角度而言，毕业生从获得中级技工或高级技工毕业证书一跃而成为大学专科层次的毕业学历，从“蓝领”阶层进入了“金蓝领”阶层。这里一个“高”字，体现了理论教学不再是中专或技工层次的内容，必须向一个新的高度、高的层次进军，而实践教学也不再停留在原来的中、高级技工的基本技能，当国家产业向“三高（高端、高质、高效）”转型时，高等职业教育要迎合国家着力构建的现代产业发展新体系，符合区域经济发展新需求，适合战略性新兴产业、先进制造业发展的新需要，建立高端的技术技能，而非原来低端运营所带来的高投入、高消耗、高污染，低产出、低效益、低收益。目前高科技的发展，促使现代企业管理的高端技能型人才奇缺，高端技能型人才已然成为同博士一样的稀缺资源，恰恰是因为社会经济迅猛发展的对高端技能型人才的需求，高校十年来得到飞速发展。

其次，从高校毕业生就业趋势看，绝大部分是面向社会生产第一线就业的，由于现代企业的发展，出现了介于蓝领和白领之间的行业，如计算机平面艺术设计、动漫艺术设计、广告设计等；由于企业现代化的生产和管理，也出现了薪水很高的“金蓝领”阶层。而“金蓝领”的一个“金”字之差，给高职教育教学提出了一系列新的要求——必须随着社会技术进步的需要拓展新技能和高端技能。

第三，高职教育的“高”是前提，“职”是落脚点。高职教育所开设的专业必须依据社会经济发展需要设置，学院才能有生存的价值和发展的前景。如果说高校的理论知识要突出“高”字，专业课实践教学则应明确地体现专业性、职业性和行业性。因此，高职教育理论必须与实践紧密结合，“知”与“行”必然要高度合一。就德育而言，也必然要受到高职教育教学特征的影响，“知”与“行”高度合一，德育理论与德育教学不能是两张皮，两张皮的结果就是“言”“行”不一。因此，德育教师既要注重学生德育知识的传授，也要关注学生在自学基础上对知识的领悟，并适时地组织好交流和研讨，提高学生独立获得德育知识的能力和对社会热点、焦点问题的分析、判断等方面的能力。

（四）教学互动原则

在社会中，德育是通过人与人的交往或人与物的交互性实现的，如通过职业道德中人与职业之间的关系，社会公德中人与人或人与社会融合或友爱互助等和谐现象、人与自然或人与其他物种之间的善待等体现出来的，通过社会舆论来调节的。在学校，德育的主渠道是思想政治课理论教学的系列课程，尚没有将辅导员对学生的日常行为纳入大学生德育考核考评的标准和要求。其实，真正的大学生德育渗透在大学生进入大学的整个阶段。从新生入学办理入学手续时要讲秩序、讲文明，一直到毕业生的就业指导和文明离校，贯穿在每个大学生在校学习的全过程。就德育教学主渠道而言，从德育教师的角度看，立德树人是师生共同追求的目标。教师在德育教学实践中既履行了教师的职责和义务，也在教学中将自己的德育思想传递给学生。教师可以借助于现代通信网络，引导学生搜集现代社会关注的或学生热切关注的热点、焦点问题，作为教学案例，师生可在课堂上或作业里进行教学互动、教学研讨等。“站在交往的角度看德育，站在德育的角度看交往，这是我们所采用的两种不同的视界。它们的结合——交往与德育的深层活动，乃是我们的切入点。”[43] 因此，德育实践教学的切入点就是教学互动，可以在课堂上就某一德育内容或相关内容的观点在师生之间或同学之间展开讨论，也可以就某项活动如春运会上学生所体现的秩序或纪律等问题进行互动，互动可以在课堂上，也可以在具体的学生管理活动中。总之，德育教学也好，管理也罢，要让学生讲话，德育过程中，教师要体验学生的真实感受，才能使德育收到事半功倍的实效。

（五）因材施教原则

专业课教学和德育教学面向的是同一个群体，同样的教学方式专业课教学可以收到比德育课教学好的效果，其原因在于：一是专业课内容对于学生来说是崭新的，学生对崭新的专业内容有着好奇心理和探求欲，一个班的学生基础知识可能会有些差别，但面对全新的专业课，他们是在同一个学习起跑线上；而对于德育教学而言，理想信念教育是从小学到大学都有的内容，更为关键的是，在多元化的社会经济生活中，每个学生受家庭背景不同、教育环境不同等多方面影响，对德育的认识有着很大的差异。“德育就其直接的、现实的承担者和实现者来说是个体性的，这就是说，从事具体的德育实践活动的活生生的个体是德育最直接、最现实的承担者和实现者，这也意味着，无论德育以何种形式出现，其最终必须通过个体的德育活动才能变为现实的存在。”[44] 因此，德育实践教学中，德育教师要密切关注每个学生面对社会现实所体现出来的外在表现或内在心理冲突，因材施教，德育实践教学才能展示鲜活的“教”与“学”的互动和能动性。教师要充分认识德育实践教学这一教学环节在人才培养中的重要地位，切实把德育实践教学与德育理论知识有机地结合起来，使实践的教学环节切实成为德行培养、检验理论和加深理论认识和理解的重要途径。

（六）遵循自然原则

在有文字以前，人们的道德认知就开始萌生了，并规范着人类原始状态的简单生产和生活。直到今天，伴随着人的出生，德育也在牙牙学语时就在家庭潜移默化地进行着，如让一个走路还打着趔趄的幼童，将切下来的第一块西瓜双手捧着先送到老人手里的行为，在很多家庭一代代地传承和演绎着；如在幼儿园老师引导孩子外出活动时，指着路边的鲜花说："花儿好看我不摘，大家都说我真乖"；又如，小学生与大人节假日乘公交车出行，孩子的父母让自己的子女给老人或孕妇让座等行为，如春风化雨般滋润着社会的文明。这一切，自然而然，正如赫胥黎所言："对我们每一个人来说，在我们受到其他任何方式的教育影响之前很久，自然界就支配着我们，社会生活的每一分钟都产生了教育影响，使得我们的行为与自然法则基本一致，因此，我们不会因为过分的不服从而过早地消灭。"大自然是人类最好的老师，也是人类最好的大学。"在这个极不寻常的大学——宇宙里，自然界仍然继续对我们进行耐心的教育"；"在自然界这所大学里获得优等成绩，认识到并服从于支配人和事物的法则的那些人，是世界上真正伟大和成功的人"。[45] 只有真正地融合到大自然中，人的思想行为才能同人的呼吸一样，和大自然完全融合。尤其在我国生态文明建设中，若还存有"人有多大胆，地有多大产"的愚昧想法，必然要受到大自然的惩处。

良好的道德思想的形成如同良好的生态圈一样，需要有一个过程，因此，德育教学也好，德育科研也好，高等教育的德育需要一些冷思考，宁静致远。目前"激烈的竞争把整体学术水平推到了'高原'的状态，适度的压力是有益的，但过度的紧张会压垮人，出不了好学问。"[46] 无可厚非，多年来，在德育理论研究和教学实践方面我们也进行了积极的研究和探索，但由于高校是在千年之交后迅速崛起的，目前在山东省的高校已经占了高等教育的半壁江山还强，但我们在进步的同时也被那些固定的标准绑住了。严格意义上说，高等职业院校的德育教学应当建立在突出技能和职业道德、职业素质的特色鲜明的基础之上。但大而化之、以一概全的一些高等教育的德育标准，依然在用理论考试后的学分来简单、机械地鉴定大学生在整个大学期间的德育状况，至于学生在家庭、班级集体活动、校园文明、职业素质、社会公德方面没有给予应有的考虑，德育与德行成了两张皮的教育，德育不管德行，德育不问德性，这是德育最大的失败。"是时侯该追求有自己特色、有独创性的、还要能呼应自己社会需求的学术研究了。"[47] 高职德育亦然，需要冷静下来，追求符合人的德育成长规律的、遵循自然的德育。每所院校可根据专业发展趋势开展特色鲜明的德育，使德育更具备实效性和人性。如医学院的学生要学习医德，具备了医德的医生就不会倒卖刚出生的婴儿；师范教育的学生要建立师德，具备了师德的教师就不会性侵学校的未成年少女；行政管理以及警察、司法等学科或专业的学生要培养依法执政的能力，经过公务员培训的学生要建立官德等。对于办学时间较长的院校，要充分挖掘优秀的传统办学思想和文化，融入德育教学中；对于专业性明确的高校，可根据专业发展方向，建立职业道德和职业素质教育。总之，德育建设要时时处处尊重和遵循每所院校所处的自然环境、社会环境和人文环境，顺其自然，顺势而导，才能顺理成章，和谐自然。

（七）终身修养原则

大自然的一切是变动不居的，人类社会的发展正在发生着前所未有的剧烈变化，社会生产的高速度，高科技通信工具的不断更新及迅速提升的知识，均促进了社会经济的急剧发展，与时俱进、和平发展是整个人类社会发展的主流，时间的一维性决定了万物的转瞬即逝，空间的三维性注定了事物发展的无定性、无定数，人的睿智的大脑决定了人思维的高度敏锐性和复杂性，就像夸美纽斯在《大教学论》中所叙述的那样：“人心的能量是无限的……它上天入地，即使天地之广再大一千倍，它也一样能去；因为它在空间穿行的速度简直是大得令人不能置信的。”[48] 人的思维在瞬间就能穿越无际的太空，振动思维的翅膀在无极的太空任意翱翔几个来回。如此聪慧的人类，促进了政治和经济文化的发展，在如此动态不居的大自然和人类社会中，只有建立终身学习、一生修养的自觉意识和自主行动，才不至于被历史淘汰、被社会淘汰。

面对变动不居、迅速发展和知识大爆炸的人类社会，早在1972年，联合国教科文组织国际教育发展委员会发表了著名的报告：《学会生存——教育世界的今天与明天》。报告特别强调两个基本概念：终身教育和学习化的社会，指出教育是贯穿人一生的、不断积累知识的长期、连续的过程；终身教育是现代化社会的基石，唯有全面的终身教育才能培养完善的人；我们需要终身学习去建立一个不断演进的知识体系——学会生存；要使教育更好地为社会服务，必须积极发展终身教育的思想；只有终身教育的思想，才能使教育变成有效的、公正的、人道的事业。

“终身教育和学习化的社会”概念的提出，是人类社会发展和思想发展的一大进步，它使教育不再是青少年的特权，也不再是专家学者的特权。1996年，由雅克·德洛尔任主席的国际 21 世纪教育委员会向联合国教科文组织提交了题为《教育——财富蕴藏其中》的报告。强调必须把终身学习放在社会的中心位置上，并建议确立终身学习的四大支柱：学会认知、学会做事、学会合作、学会生存。

以上更多强调主观上学习的必要性，客观上分析，知识经济时代的来临告诫人们，学习能力等于生命能力、生存能力、竞争能力。用手办事，用知识办事，用先进的文化思想办事，同样的事，其结果是不同的。现代经济社会发展趋势表明：可以没有学历，不能没有学习能力；可以没有文凭，不能没有水平。在现代社会发展进程中，在经济结构调整和社会机构巨大的变动过程中，社会成员要具备竞争能力，首先要具备学习能力，工欲善其事，必先利其器，只有具备了一定的自主学习能力，才能在现代社会进步中做到“随心所欲不逾矩”。学习能力需要科学方法加以调适，人要活得有质量、有气质，要活得精彩，关键要通过学习充实内涵，成为一个有深度、有内涵的理性的人，人的特质和气质才能典雅和优雅，人才能有自信并获得成功。科学的学习是有度的学习，有度的学习是和谐的、理论联系实际的做中学、学中做的学习。

目前，要引导师生终身学习的意识，尤其是德育教师，要排除官本位和任何畸形膨胀的物欲和私欲，正确认识和处理好权力和财富的关系，明白二者不是人生的终极追求目标。“原因很简单，弓箭无论打磨地多么锋利，都不是为了射向自身。一个人拥有再大的权力、再多的财富，都不是为了自己纯粹地享受；除了自身以外，还有其他的目标，就是为其他人提供更合适的价值，在改善其他人的生活方面有所助益。”[49] 这才是一个纯粹的人，才能作为“人类灵魂的工程师”。在这样的认识基础之上，作为教师，“对于周围的人，对于周围的环境，包括社会环境和自然环境，负有天然的、责无旁贷的义务。”[50] 诚然，教师是人不是神。但教师所从事的教育职业，是太阳底下最崇高的职业。德育教师应拥有最冷静的头脑和最为丰富的思想。因此，必须引导教师通过终身学习，升华人的理念，美化人的生活，修养和教化人的一生。“在教育活动中，任何用来帮助人过着和平生活的因素，任何能使他脱离不愉快和孤独寂寞之境的因素，同时也能帮助各民族之间和谐相处。”[51] 在开放的时代，德育教师的教学思想和言行还需要建立超凡脱俗、大度大气的教学境界，方能引导学生建立民族自信，走出偏狭的、封闭的、自以为是的境地，因为“一个有自卑感的人总是颂扬民族主义，把自己局限于地方性文化的圈子里，拒不了解和认识他自己局限的范围外的民族生活、思想和价值。”[52] 在开放的国度，德育教师的思想和言行还需要建立包容宽容、兼容并包的思想，才能引导学生建立崇高的人生理想。

德育教师在自我坚持终身学习意识的同时，要坚持不懈地引导学生建立终身学习意识，要让学生意识到：“教育将能在一切人类中为每个地方、每个人培养热爱和平的深厚感情，使人们能随时准备抵抗侵略战争和尊重邻国的独立……教育的使命就是帮助人们在各个不同的民族中找出共同的人性。”[53] 整个德育教学过程必须注入终身教育观念，必须具备终身学习意识，并积极行动起来，学习、学习、再学习，将学院建设成学习型组织；实践、实践、再实践，将学生在校园生活的一切活动，将整个世界的社会生活作为德育实践教学的巨大平台，引导高校的师生担当起引领先进德育文化前进方向的重任。

（八）社会参与和反哺社会原则

正是因为我们处在改革开放的时代，高校又有着面向社会、开放办学的优良传统，今天的德育尤其需要积极面向社会，参与到社会生产和社会生活的各项活动中，让师生切身感受社会进步带来的责任感和使命感，让师生共同担当起应有的社会责任。同时，可吸收优质的社会德育资源，如邀请全国、全省道德标兵或社会先模为师生进行专题报告；可邀请兄弟院校的师德标兵进行专题讲座；可邀请优秀的企业、行业中的高级技师、优秀的管理人员等对师生进行辅导；还可以邀请离、退休的一些老领导、老同志为大学生进行传统教育等。在这些德育模式的传授中，师生都是站在一个学习者的平台上，一起感受和领悟优质的社会德育资源带来的一次次思想道德领域的“饕餮大餐”，获得一次次情感上的震撼和感动。在德育育人方面，现实中的每个人都拥有一个道德思想的小宇宙，在校园里、在社会生活中每个人都拥有各自不同的道德能量，正能量大于负能量，正能量多，校园、社会就文明、就进步。开放办学模式“就是‘社会为学校’、‘学校和社会打成一片’，彼此之间，很难识别，社会含有学校的意味，学校含有社会的意味。我们要把学校的“围墙”拆去，才可能与社会沟通。这种“围墙”是各人心中的心墙。各人把他的感情、态度从以前传统教育那边改变过来，解放起来。”[54] 到目前为止，我国德育依然是创设德育情境和意境的时候多，而“教育是从生活中得来的，虽然书也是求知的一种工具，但生活中随处是工具，都是教育。况且一个人有整个的生活，才可得到整个的教育。”[55] 因此，作为教师，更要将自己习惯了的、在学校、在课堂或大讲堂的德育方式向生活、向社会延伸，让学生的德育是贯穿始终的德育，让教育是一个完整的教育，这样，德育实践教学则海阔天空。

完善德育实践教学的目的是使师生获得理论与实践相结合、知行合一的真实体验，也是师生用先进的道德思想和德育教学成果反哺社会的必要途径。在德育实践教学中，我们更多地使用“师生”这组词汇，是因为教师在德育实践教学中，既扮演着教师的角色，也践行着学者的义务和责任，如前所述，教师的形象和言行对于学生来说就是一种教育资源，教师言行一致，诚信守时，严肃认真地对待每一次讲课和活动的组织，学生就会积极认真地给予配合。因此，教师通过德育实践教学获得的教学体验并不亚于学生，在锻炼学生的协调能力、组织能力，在强调学生的活动纪律、文明素质、团结协作、友爱互助等方面，能够和学生一起有所体验、有所收获。

更为重要的是：德育实践教学通过一系列社团活动、志愿者活动，通过在社会上建立德育实践教学基地等，将德育理论教学成果运用到社会生活中，可以反哺社会，为社会做一些有意义、有价值的事情，在培育师生担当社会责任的同时，师生的社会公德意识和责任担当意识在具体的活动中自然而然地体现在言行中，对于师生来说，双方都是一面镜子，教师在观察学生的同时，学生也在关注着教师的一言一行，教师在社会活动和服务社会中温文尔雅、有礼有节、文明有序，学生就会如数效法。无论如何，高等教育是社会先进文化的引擎，在德育实践教学中，师生的道德意识在获得优质社会德育资源涵养的同时，也将先进的道德思想传播向社会，作为当代的教师和大学生，反哺社会培养，是我们的义务和责任。

（九）全员参与和全面发展原则

孩子一出生，家庭美德的感染就开始了，但孩子首先获得的是“爱幼”，有被关怀、关切的道德体验；然后，在成长过程中，逐渐地学会“敬老”，学会团结友爱，学会关心他人，爱护公物等。学生一进入校门德育就开始了，新生首先获得的是来自老师和学长们热烈欢迎的迎新场面和热烈氛围；然后，伴随着德育理论的学习，逐渐掌握比较完整的道德知识体系，并在德育实践教学中、日常的起居和生活中、各类社会活动中运用所学的道德知识，得到德育教学的生理和心理的体验。因此，德育不仅仅是德育教师的德育，是一所院校全体教职员工的德育；学生的日常管理，也不是学生管理人员的管理，而是全体师生和员工的管理。在校园里，每一位教职工都应该将自己作为德育的一员，在敬业爱岗、勤奋工作的同时，积极参与学生管理和德育活动；在恪守职业道德的同时，树立的良好自身形象。例如，新生入学之初，后勤管理人员和学生管理人员要面对被褥、拖把、黑板擦及教材的发放等事情，在这些琐碎的事情面前，教职工要面对形形色色的人，有良好的师德和修养制约的人，无论面对什么样的人，都能和颜悦色、细致耐心地引导学生，在这和颜悦色和细致入微的沟通、服务中，传递给学生的是校园里的热情、理性和正能量；传递给家长的是学校优质的管理和服务资源，是让家长放心，学生安心的校园，必然会带给学生学习的安全感和温馨感。人民满意的教育不是教师单方的行为，体现的是一所院校的全部管理水平。全员参与德育实践教学，才能促进学生的全面发展。

全员参与原则强调师生和员工都是德育实践教学的一份子，应全面参与到德育建设中。高校的管理者是德育实践教学的积极倡导者、建设者；教师教书育人的职责本身就被赋予了德育理论和实践教学的深刻内涵，无论是专业课还是基础课，教师在教学过程中的思维和行为模式，为学生传递着浓重的德育气息；后勤工作人员所种植和维护的花草树木，都是紧紧围绕德育校园和德育文化氛围需要进行的。学生一届届的毕业，学校所倡导的学院德育思想也通过一代代教职工传递给一届届学生，周而复始，才能历练出百年大学代代相传的学院精神。一所学校的德育建设，要通过几代人的努力才能形成激励全体师生员工人人推崇、积极践行的一种精神或品质。学生在学校学习时，作为个体是一个点，但是到社会上他们将带着这种独有的、特色鲜明的道德精神在工作岗位上、在生产实践中展现出来，此时产生的影响就不是一个点，而是一个面，他们的言行就成了宣传学院的活广告。好的德育实践教学使他们终生受益。所以，学生在进入校园的第一天，由于先入为主的思想，每个在校园工作的教职工的言行都给他们留下深刻的印象，并产生一定的影响。因此，一所学校的德育建设，只有全员参与，才能积极、健康、稳定地传承和发展下去。

以往我们常强调的是教书育人、管理育人、服务育人，在此要再次强调环境育人的重要性。目前由于社会经济发展迅速，人们的社会生活发生了巨大的变化，从小学到初中的九年义务教育以及高中阶段的办学设施的完善，由于党和国家政府的重视，也都发生了巨大的变化，各类高校也都建立了新校区，有的是一校多址办学，校园环境也有了很大的改观。在多元化的社会中，无论是学生还是学生家长以及社会都对高等教育赋予了很多的期待，期待学生能接受到良好的教育和影响；期待学校能给予学生良好的生活和学习环境等，由于人们的社会物质生活提高了，这些期待似乎也在情理之中。有的学生家长在给孩子选择或填报志愿时先浏览相关高校的网页或网站，了解学校的专业设置、师资力量、办学规模、办学条件等基本情况，甚至有的家长会先到相关的高校进行实地考察，映入学生和家长眼帘的是高校的环境氛围，包括一所学校的人文环境和自然环境。环境好的话，大城市大学的环境可以培育学生大度大气的心智；小城市里的精致也可给以学生静谧闲适的身心体验。学校无论大小，尤其是在一些高校负债建设新校区的情况下，校园的环境建设相对于行政教学设施的建设相对要薄弱得多，导致不少教职工比较早地反映出：过去办学规模小的时候，多么希望伴随着学校的发展和办学规模的扩张，也能开辟新校区，期待自己也能在一所拥有广阔、开阔空间的校园中工作，十年磨一剑，十多年过去了，不少大学都随着规模的扩张开辟了新校区，但置身在新校区鳞次栉比的崭新楼群里，尤其是目前的建筑，既没有我国的民族建筑风格，也没有掌握欧美最优美的建筑风格，十几所高校走下来，几乎没有鲜明的特色和风格，既找不到老校传统而独特的建筑和文化风格，也找不到新的人文风格。这样的教学环境使人如同进入了一个新的居住小区，没有一丝高等学府的文化品位。

近年来，山东省高校德育评估，着力在高校德育文化建设方面重重地把高校向前推了一把。其中的“休读点”建设，促使很多高校在人文景观的建设方面真的花了心思，随后，有经济实力的高校又在德育评估的基础上加强了校园环境文化建设，使师生切实感受到党和政府对师生的关心和关怀。这里尤其要提到“休读点”建设的意义：“休读点”是高校校园人文景观建设的内容之一，它可简可繁，形象生动地展示了每所院校的审美意识和文化追求。从建设的规模来说，也凸显了一所院校的办学实力，但无论是简还是繁，都受到师生的欢迎和喜爱。就其“简”而言，可简化到一棵原生态的大树下面，放着一块比较平整的原生态的巨石，周围不等地摆放几块原生态的相对平整的石头作为座位，脚下是茂密的草地，周围有几束盛开的鲜花，师生在林荫下捧着一本书，旁若无人地深读着，就是一道亮丽的风景。这样的风景偶尔在公园里也能见到，但在高校是经年累月都不鲜见的。也有的是在植树节时学生自己种植的一片小树林里，由于从宿舍到食堂、从食堂到教室总是选择最短的路径行走，渐渐地在幽静地小树林里走出了数条通道，学校人性化地将这些通道铺上鹅卵石等，在几个通道的交汇点，移走几棵树，放上一块相对平整的大石头，在其周边放上几块经过粗糙工艺砸平的“石凳”，一样能招来阅读者的小憩，又展示出无数道风景。至于那些实力相对较强的高校，则可在开阔的新校区设计出文化广场、文化墙、文化馆等，更是极大地美化了育人的环境，所到之处，均有文化石上的名言引导学生的思想和行为向更高的境界攀升。大学里一棵百年老树就承载着百年老校的办学沧桑，就凝结着一所学校几代人的办学艰辛并记载着一所学校的办学历程。在这些环境文化的建设中，不少高校是师生员工全员参与的，如校园内道路两边的石头上刻制的名言警句，是在师生员工中广泛征集的基础上，最后以入选票数最高而镌刻的，镌刻后的文化石所摆放的空间也是与师生的学习、工作和生活息息相关的。

环境文化包含了净化、绿化、美化和亮化等多方面，净化后的校园，或许没有耀眼绚丽的人文景观，但正如学生所言：刚进入校园时，如果看到报到的现场一片凌乱，自己也会乱扔果皮纸屑，但如果周围很干净，就不好意思了。这正是应验了“破窗理论”，管理越跟不上就越乱。目前校园的绿化基本上都很美观，师生在疲劳的学习、工作之余，抬眼望到的是满目的苍翠绿树，可以让疲劳的双眼得到缓解和休养。校园的美化也随着校园环境的建设逐步到位，大部分学校做到了三季有花、四季常青。亮化在高校亦是可简可繁的，但满足师生早晚自习行走的路灯和教室和实验设施的照明是必要的，对于生态文明建设和培养师生的低碳生活意识而言，高校的亮化没有必要追求得太奢华，灯红酒绿永远也不可能是高校的主流文化。

高校的育人环境还受到周边社会环境的影响，如高校周边都是高校，高校学生会受到周边高校学生的影响，尤其是本科院校学生的影响，在学习的自觉性、主动性上，会向相对好的方面转化；反之，若周边网吧多，高等职业院校学生的自制力相对本科院校差些，一些学生就会经不住诱惑上网，甚至成为网迷而影响了学业。

综上所述，环境育人是毋庸质疑的，应当将环境育人纳入到原有的“三育人”思想或育人措施中，规范和完善高校育人环境，才能全面地培养和发展人才。德育实践教学里的师生都是最大的受益者。环境育人还包括学术方面的软环境建设，教师的教学和学术必须有自己的认识、自己的思想或自己的德育体验，教学和学术才能引起学生的关注和兴趣，否则，德育教材你有学生也有，都是中文字，尤其是好的学生自己预习后，如果教师的教育思想没有新的提升，学生学起来必然乏味；教师的学术如果也是人云亦云，学生必然也会感到乏味；教师的学术如果缺乏原创则更加有害于学生。

环境育人还包括教师的文明行为和职业素质，也会对学生产生直接的影响，好的素质对学生产生好的影响，若教师牢骚满腹，必然会将负面情绪传递给学生，若德育教学产生负面影响，就与教育的初衷背道而驰、相去甚远了。因此，从高校的管理层到教师甚至后勤总务，都要坚持教书育人、管理育人、服务育人和环境育人的“四育人”制度，并从四个方面全面地考核办学模式，德育实践教学才能得到丰富内容，完善形式，才能从多个角度加强管理和监控，从而促进人的全面发展。“德育只有以人的全面发展为原则，才能承担起历史和时代赋予其的使命和重任，才能使作为德育主体的人的个性和主体性得到全面的发展，从而实现对人的完整性的塑造，达到对人的德性的完善和满足。”[56]

三、德育实践教学原则的传统属性

作为有着5000年文明史的中国道德，《道德经》上究天伦，下究人文，博大精深；儒家思想则以人的基本人伦作为出发点，着眼于人们日常生活中的行为规范和学习方式探索、人之修养等方面，引发出许多“修身、齐家、治国、平天下”的道理，对于人的修身养性起到积极的作用。目前大部分高校的德育理论教学的教材是《思想道德修养与法律基础》、《毛泽东思想和中国特色社会主义理论概论》以及《时事政治》，有的高校为学生开设了“知行讲坛”等形式的第二课堂德育，全面完善学生的德育建设，但从实践的角度看，由于德育效果最终要通过每个学生个体的社会交往或社会活动实现，所以，德育实践教学尤为重要。因此我们提出的德育实践教学的原则，有利于规范接下来要进行的德育实践教学。

中华传统的优秀德育思想教育和影响了无数代人，但德育主要通过三大途径实现：家庭教育或称自然教育、学校教育或称经典教育、公民教育或称社会教育。我国的传统家教，侧重孝及仁、义、礼、智、信，但目前传统教育在很多家庭中被艺术生考试的一些科目取代，被中、高考或其他的一些出国考试科目取代，当对父母的“孝”需要法律来加以规范时，意味着我国的孝道被提升到法律的层面上来了，意味着现代社会人的孝意识的弱化，需要法律加以规范了。也反映着一个社会压力大、各种名目的“加班”多、岗位竞争压力大等社会现象，在这样的状况下，子女或许也有着“公休假”“探亲假”客观上难落实的苦衷，又有工作压力大分身乏术的无奈和打拼事业的窘迫。无论如何，在家庭美德的教育中，以孝道为例，家庭方面的教育意境、情境和即时教育的环境，效果都要优于课堂上的理论教学，家长在孩子成长过程中对其所进行的孝顺、良好的卫生习惯、文明的交往和礼节等的培育，是在即时的意境和情境中自然而然的教导。当一种良好的习惯需要理论讲述或反复强调的时候，教育就成了课堂的说教，如无数次地引导孩子将切开的第一块西瓜先送给家中的最长者的行为，培养的是孩子的一种孝心和礼节，但要在课堂上演绎这种场景却是件尴尬的事情。家庭教育好的，学生进入学校后也懂得尊敬老师、谦让同学。另外，诚实守信、乐于助人的美德缺失也反映着一些家庭教育的缺失。当然，目前社会的诈骗、讹人的负面报道也不少，在一定程度上混淆了人们的视线，但诚实守信依然是我国社会的主流文化。2012年11月26日，江苏扬州的中学生徐砺寒在骑车上学途中不小心剐蹭了一辆路边的轿车，他在原地等待车主近半小时后仍不见车主，就留下了写有联系方式的字条。徐砺寒诚实的道德行为引起了一系列“蝴蝶效应”，车主得知后感动之余自掏修车费；当地一家汽车修理公司提出无偿修理受损汽车。[57] 以上实例说明：现代社会，人与人之间的诚信与感动并非是遥不可及的事，善意和善举可融合在社会生活的点点滴滴，但每一个善意的行为和具体的善举都能擦亮人们蒙尘的心灵，给这个社会带来阳光。而诚实守信恰恰是我们国家的传统美德之一，谁能说这不是学生德育实践的结果。德育实践教学在社会生活中有着极大的舞台，社会越进步、科技越发展这个舞台就越大。

就学校教育而言，让德育回归实践教学，是德育教学的改革，也是德育原本应有的回归。当然，传统意义的德育理论教学也要将“理”给学生论清讲透，这是一名德育教师应该具备的知识素养，除此之外，还要结合媒体关注的热点问题，将其引入课堂与学生展开讨论。如何论清讲透？教师自身一要看懂，媒体关注的事也会引起学生的关注，但关注的深度和高度不同，所谓深度是问题的深层次原因；所谓高度是要有理论高度，将问题给看懂论清。二要想明白，想得深远，理论的主体是思想，理论的客体是教师将思想成果内化后，通过授课的方式转化或外化成由易到难、深入浅出、通俗易懂的语言，把德育知识传递给学生。三要论清说透，不光教师自身明白，还要让学生也明白，说透的理就像走出云山雾罩的大山深谷，有一种茅塞顿开、豁然开朗之感，教师可以从学生的表情上体验到理论说透之后的成就感。这样的理论教学，学生是不会反感的，所以在问卷调研中，学生就“老师讲课对学生缺乏吸引力的最主要原因”的问卷调研，给出了以下几组数据：理论功底欠缺，掌握的本学科知识缺乏必要的广度和深度占51%；教学方式陈旧、单一，难以激发学生的学习兴趣占23%；语言表达缺乏感染力，导致课堂气氛沉闷占17%；教师的言谈举止、年龄、性别、个性以及对待学生的态度和教师的个人修养占 9%。在“您认为德育教师应具备的素质（多项选择）”的问卷调研中，学生给出了以下几组数据：有学术造诣占 67%；有人格魅力占 21%；有责任感 18%；有较强的教学能力占 13%；综合以上四项的仅占 12%。可见学生对德育教师的要求不是盲目地拔高，也不要求十全十美，而是满足教学所需要的学术造诣为主。德育教师在学生面前的人格魅力和责任意识就是一种德育资源。在调研分析中，每一位课题组成员不断反思自己的教学，努力查找自身教学中存在的问题，为日后做一位学生满意的教师而努力。

公民教育包含社会教育，社会教育可通过组织、单位的职业道德教育以及社会舆论的引导等方面开展，也可通过激励政策进行引导。在这些方面，我国有着思想政治工作的传统优势，组织或单位都在不同程度地引导员工的自主学习和相对的集中学习。比如每个单位年度的先优评议、道德模范推出、和谐家庭的评议等，都是在树立一个标杆，引导社会成员去效仿、学习。这些途径无一不对学生德育产生积极的影响，所以，德育大环境优劣还有一个认识问题，还有一个德育教师如何引导的问题，任何时候，只要社会在进步，它的主流文化就是进步的，德育教师始终要坚持用中国特色社会主义的主流的、进步的德育思想引导和教育学生，这才是贯穿我国传统德育始终的主流。

四、德育实践教学原则的时代属性

每个人的道德意识和道德生活是建立在对现实社会生活和社会环境的认识基础之上的，德育实践教学研究就必须遵循人的道德认知的发展规律，德育实践教学之所以规定了准确定位、系统整合、知行合一、因材施教、遵循自然等原则，是由大千世界的变动不居和人类社会发展而决定的，人对道德的认识不仅是靠耳朵，当输入的道德知识与社会现实生活所反映的问题发生冲突，目睹的事件更能对人的心灵形成剧烈的冲击。在靠山吃山、靠水吃水的传统观念的影响下，在地大物博、取之不尽、用之不竭的思想引导下，在“多、快、好、省”的催促下，当年马永顺一把斧头、一把锯以每年一个人完成 6 个人的采伐量的辉煌战绩轮战林海，一举创造了手工伐木 1200 立方米/年产量的全国最高记录。马永顺也因此被评为全国劳模，在当时的社会背景和指导思想下，“多、快、好、省”和积极砍伐是他的道德认知和道德价值取向，砍得越多对社会的贡献越大。千年之交后，当人类理性地审视自己所赖以栖息的这个星球时，认识到这个星球上的资源的有限性的时候，人的道德价值观就会随着时代的进步而做出新的选择。因此马永顺就开始大量地植树，欲把自己砍伐的 36500 棵树木补上。[58] 其道德观的转变是伴随着社会文明、社会进步和人类对资源有限性的道德价值重构开始的，所以，德育实践教学有着显著的时代特征。

即便是德育实践教学没有被列入德育教学计划，有的高校已经做出系统的德育实践教学计划，并制定了贯穿学生在校读书全过程的具体的人文素质教育内容，德育教学过程中已经有了很多方面的探索和实践。要实现系统的德育实践教学体系涉及安全问题，如师生乘车出行考察，涉及德育实践教学的时间安排问题，涉及资金和人力、物力支持等多方面的问题，但这些只要事先做好充分地测算和规划，都是不难办到的。由于德育认知培育的鲜明的时代性特征，在媒体和网络高度开放的时代，真是达到“秀才不出门，便知天下事”的境界，别看学生的户外活动少了，但在网络上学生与教师获得的信息是一样的，由于不少学生“宅”的时间比教师多，或许获得的网络信息比教师还要多。因此在开放的时代，德育实践教学必须适应时代发展的特征，教师可以顺势而发，利用好网络，正确引导学生的学习，引导学生能够在网络世界中走进去、跳出来，会甄别、会思想，有筛选、有收获。

总之，“教育的功能首先在于教育人，培养我们身上携带着的人性的种子”。[59]德育实践教学就是教师通过对学生日常行为的观察和及时的纠偏，及时引导学生在社会生产实践和社会生活中洞悉和聆听社会前进的脚步，除专业课建设之外，不断丰腴作为人的另一个羽翼的德育，做到既会做人，也会做事。而对于高校的学生来说，还要引导学生紧跟时代的脚步，聆听社会进步的声音，根据社会生产结构性调整的方向，随时调整和完善自己的专业知识结构和道德知识架构，以便顺应社会的进步。届时，高校学生的天地就会更加开阔。

第三节　德育实践教学价值

“在中国文化中，做父母的给子女这么筹划，那么筹划，买房子盼孙子，一一照顾过来，到头来发现造就了一个牢骚满腹怏怏不快的啃老族。这是孩子的问题吗？当然不全是，这也是父母的问题，因为我们没有把孩子最需要的东西教给他们，比如学会独立开展一个项目，比如学会去说感谢。”“‘授人以鱼’，看似是条捷径，不过现在少走的路，日后要用生活的弯路来还”[60] 而在一定程度上，德育实践教学正是在弥补父母家庭教育的缺失，对于学生今天和未来的生活有着重要的价值。更为重要的是，“大学应该为社会和国家提供服务。这是它应该努力做到的。”[61] 高校的学生面向社会生产一线的就业特征，决定了它要更加注重职业道德和职业素质的培养。鉴于“现实是错综复杂的人与环境的碰撞，现实是非线性的。”[62]，可知道路是曲折的，故德育实践教学必须树立师生正确的价值观，才能引导学生在未来的人生道路上做出正确的判断和选择。在通信手段日益发达的网络社会，教师培育学生的辨析和判断能力显得更为重要。“真正的智慧在于具有健全的判断，在于这样去得到真理……人生最不幸的事情无过于缺乏判断，以致对事实做出错误的评价，估计错了。”[63] 尤其是在海量的信息面前，要始终教育学生保持冷静的头脑，而非人云亦云，迷失了学习、工作、研究的方向。更为重要的是，将来若走向社会从事医务或法官等方面的工作，如果判断错误，将对被害人造成致命的伤害。如果是管理者的判断错误，也会给事业发展带来严重的后果；如果在判断失误的基础上，再反复地惩治一个人，造成“张三生病李四吃药”，制造恶果的人没有得到惩处，必然在暗中窃喜，同时还会蔑视管理者的无知和判断能力的低下，而“背黑锅”的人或许连发生了什么事情都不知道，却由于管理者的错误判断而成为替死鬼，遭到屡屡的打压，这就不再仅仅是一个道德问题了，而是披着道德的外衣而实施不道德的行为。而这种不道德的行为并非行为人的不道德意识所决定的，而是由于管理者的判断能力和认知水平所决定的，因此，夸美纽斯说：“人生最不幸的事情无过于缺乏判断。”可见在高科技的通信手段和发达的网络社会，在多元化的文化生活造成的比以往任何时候更为复杂的社会面前，提升一个人的判断能力是一件尤为重要的事情，优秀的教师要能经得起复杂局面的考验。

一、德育实践教学的政治价值

江泽民同志在建党 80 周年（2001 年）讲话中提出：“推进人的全面发展，同推进经济、文化的发展和改善人民物质文化生活，是互为前提和基础的。人越全面发展，社会的物质文化财富就会创造得越多，人民的生活就越能得到改善，而物质文化条件越充分，又越能推进人的全面发展。社会生产力和经济文化的发展水平是逐步提高、永无止境的历史过程，人的全面发展程度也是逐步提高、永无止境的历史过程。这两个历史过程应相互结合、相互促进地向前发展。”推进人的全面发展，就是要坚持以人为本的核心，而个体的人的全面发展的核心是以德为本。1994 年 8 月，《中共中央关于进一步加强和改进学校德育工作的若干意见》中指出：“在科学技术迅速发展，社会主义市场经济体制逐步建立的情况下，如何指导学生在观念、知识、能力、心理素质方面尽快适应新的要求。”2001 年 9 月 20 日《公民道德建设实施纲要》发布；2004 年 10 月 14 日，中共中央、国务院发出《关于进一步加强和改进大学生思想政治教育的意见》；2010 年 7 月，《国家中长期教育改革和发展规划纲要（2010～2020）》等法规政策的颁布，成为指导未来十年我国教育发展的纲领性文件。对高校的德育工作从指导思想、方针原则、基本原理、主要内容、主要任务、途径、队伍建设、环境建设和组织领导等多个方面做出了明确的规定，对德育实践教学具有重要的战略指导意义。

在教育法律建设方面，《教师法》、《教育法》、《职业教育法》、《高等教育法》等教育法规都明确地规定了高等教育的方针和任务。党和国家以及社会对高校德育给予厚望，一系列相关德育建设的法律法规和方针政策都给予高校德育理论教学和德育实践教学的探索以积极的指导。德与法仅一步之遥，处于青春期的、思想和情绪波动大的青年学生，在喧嚣的社会中如果没有正确的价值观作为指导，在多元化的社会生活中面对各种诱惑和大量的网络信息，就难以做出正确的判断和选择。因此，德育实践教学的政治价值在于：在国家法律法规和党的方针政策的指引下，通过德育实践教学的途径，引导学生建立科学的、正确的道德观念。德育实践教学的“功夫在诗外”，完善的德育实践教学可以使学生在高校学习的3～5年间处于德育建设的“零”盲区。而目前的德育教学，仅仅是教室里的德育理论知识的教学，学生作为落实德育认知的一个个鲜活、灵动的社会实践个体，在课余充足的时间里，德育处于大量的盲区。只有完善德育实践教学，才能全方位地督促学生建立道德自律意识，才能为国家和社会培养全面发展的人才，从而实现德育实践教学的政治价值。

二、德育实践教学的经济价值

职业院校学生在实习、实训过程中就开始进入生产环节，在企业已经能够顶岗实习，创造价值，但此时的学生有着对社会生产和社会生活的新鲜感，也比较茫然，因此，培育忠于职守、爱岗敬业等职业精神应与生产实习和实训环节同时进行。2013 年 6 月，《文汇报》刊登了《道德可以给企业带来利润》的文章，将亚当·斯密的“市场”这只“看不见的手”比作第一只手；将政府宏观调控市场作为第二只手；将道德对市场的调节作用作为第三只手。英国剑桥大学商业变革中心主任彼得·汉斯兰在回答记者时说：“如果我们建立一个金字塔模型，来看到底哪些东西在市场中起作用，那么底下两层就应该是精神资本、道德资本，道德资本会转化成关系或者联系，再转化成塔尖的机制资本。不同层次的资本——精神、道德、关系和机制都会影响市场行为。”高校培养的人才绝大多数面向社会经济组织，如果毕业生不能有良好的道德担当，就难以承受来自企业和岗位竞争的压力，就会在各种利益交往中迷失自我。在汉斯兰眼里：“中国文化中对商业非常有利的特质是节俭的美德。”“节俭意味着延后消费，它并不是反经济的，而是非常明智、精明的消费方式。”[64] 德育实践教学，就是要在专业课实习过程中，在社会生活中、社会经济组织中汲取最富传统美德的一些要素，例如勤奋、节俭、奉献和敬业爱岗等良好美德。德育实践教学亦可通过学校组织的活动，让师生从学院的文化传统中汲取优秀的道德品质，例如热爱劳动、吃苦耐劳、善于协作等。这些优秀品质能使学生在高校的实习、实训教学中给企业带来经济效益，也能在社会经济组织的顶岗实习中创造价值，因此，高校的大学生实习是很受社会经济组织欢迎的。

三、德育实践教学的社会价值

“道德不是生而就有的，它需要培养，这在人很小的时候就应该开始了。当一个人开始有要求的时候，如何回应这些要求，会形成他的认知。所以我认为，企业家形成有道德的行为，是从家庭开始的，然后再是学校、大学、公司，等到在公司里面才开始教育人们要有道德，已经太晚了。道德需要很早就开始培养，它不是安然公司的道德准则，它是需要植入每个人内心的。”[65] 汉斯兰用简练的语言描述了一个人德育思想的成长过程，但是笔者认为，安然公司的道德准则就是该企业的职业道德，如果职员能全面贯彻这个职业道德，不单纯是职业的履职，也是对原有的道德观的完善，从很多官员已经身居高位，却翩然落马的结果分析，人的道德不仅仅需要从家庭到中小学再到大学，单位的职业道德，社会的公德意识培养既是个人修养的事，也需要社会不断地引导。尤其是职业素质的建立，不同的职业需要建立不同的职业素质，即便是相同的职业，也要完善各自的职业素质，如外科大夫和内科大夫的职业素质就有明显的区别，外科大夫的精心细致、敏锐利落和淡定从容的素质，能给患者带来治疗的自信，给手术带来好的效果；而内科大夫不温不火、温文尔雅的病历询问，能给患者带来心理上的安慰，给医生的治疗带来好的效果。因此，在社会化大生产的进程中，任何职业都由于越来越精细的分工变得越来越社会化了，社会化的大生产更加需要个体的积极协作和配合，才能产生“1+1＞2”的效果和社会力量。德育实践教学通过志愿者活动、各类社会公益活动、专业课教学实践等多种形式一起走向社会，既将高校先进的道德思想和精神传递给社会，也在社会中优质的企、事业组织那里学习到各类职业道德，形成了家庭、学校、企业、社会四位一体的德育机制，并推动着优质的家庭美德、职业道德、社会公德和个人品德实现更大的影响价值，产生最大的社会价值。

四、德育实践教学的文化价值

德国小提琴家穆特说：“你要教一个人造船，最有效的办法是告诉他船在大海上航行的美好，他就会自己想办法去求得各种知识、技能，来建造一艘大船”，而非教给学生造船本身的知识和技能，至于造船的意义、必要性等一大堆俗套的理论更不能引起学生的兴趣。[66] 走进海军部队的军营，可见到不少巨大的牌匾上写着毛泽东同志的一段话：为了反对帝国主义的侵略，我们必须建立一支强大的海军。作为造船业的工程技术人员，为了加强我国的海上力量，就需要研发自己的造船技术，建造自己的航母。作为海军部队的将士，这一句就足以告戒他们要习得适合海上作战的一切设备，天上飞的、水里游的、地上跑的，以应对现代战争的需要。因此德育实践教学的文化价值，已经不是我们以往讨论的给猎人一只兔子还是一杆枪的问题，而是告诉他，山里有猎物、有丰富的资源，至于猎人用冷兵器、热兵器或其他什么兵器，也不管猎人最后是采摘的蘑菇还是山参，猎人生存的技巧需要猎人自己去把握。事实上，德育实践教学教给学生的是一种德育体验，而非德育理论本身；教给学生的是一种道德精神，而非某一方面的德育知识。如雷锋精神、见义勇为的大无畏精神、“托举哥”精神等。将“托举哥”的案例引入德育实践教学，不是为了让学生也去伺机托举，而是能够拥有路见不平挺身而出的勇气，能够在巨量的人类知识宝库面前勇敢地攀登和在巨大的精神支持下产生持久的“托举”行为，托举起优秀的道德品质，托举起人类道德思想的光辉。因此德育的文化价值在于培养高校学生的德育精神，德育精神一旦形成，将在人的一生中产生可持续的、经久不息的德育力量。

第四节　德育实践教学的实现途径

由家庭到学校，从学校到社会再到优质的企、事业组织，开放办学模式，使高校的德育实践教学与专业课实践教学融合，德育实践教学有着极为广阔的实现途径。

一、高校丰富的业余活动为德育实践教学搭建了平台

志愿者活动、社会活动、文体等各类社会活动的开展可谓“醉翁之意不在酒”，实际是在活动中观察学生在公德、友爱、社会责任、组织纪律、文明卫生等方面的表现，发现问题，然后通过班会、专题讲座或理论课等途径进行解决，共性的问题可在课堂或第二课堂解决，个案可个别沟通交流解决。在这些方面，高等职业院校学生活动的设计不同于本科院校，本科院校学生的文化基础知识和自我管理能力要比高等职业院校的学生强，但高等职业院校本着因材施教的思想，针对学生好动、动手能力强的特点，适时地组织一些相关专业的技能比武等适合高校生源需求的各类活动，如每年组织 1～6 次技能大赛，各系根据专业建设情况自行提出方案、组织实施，时间不固定，内容不确定，完全根据市场用工需求和经济建设岗位需求确定技能大赛内容和形式，各系组织类似活动能做到针对性强，目的性强，教育性强。进行常规性的德育主题活动，时间要根据实际情况确定，内容应紧扣国家大事、学院发展和校园文化建设需要，如“展青春风采，做阳光学

子”“知行讲坛”“半军事化管理”“安全教育”“热爱专业教育”“提升学生职业素质教育”“读经典、学国学、育国人”等主题的教育活动非常有意义，一般年初部署，分两个学期落实。同时组织各类文体活动，每年一次师生春季运动会，口号是“强身健体，振兴中华”；在新生入学时进行一次军训及入学教育活动，同时进行校规法纪教育和国防教育；一次大学生科技文化艺术节，截止到2014年已延续了十二届，上半年布置下去，作为全年的主题性活动，贯穿两个学期，一般在下半年完成；一次冬季越野赛，入冬时节或“乍暖还寒”时候，学校领导和学生一起奔向新的目标；一次年终先优评议，原则上是在每年的年终，在正式的党支部大会或党小组会上布置下去，学生工作部组织落实下去，在不少高校已形成了惯例。还伴有各类社团、志愿者服务组织的各类活动，这些活动关注了不同性格的学生群体的心理和生理需求，动中有静、静中有动、动静相宜、相得益彰，利于调动全体师生的积极性，实现学生最大的活动参与面。

以上仅仅是高校的院级文化教育活动，以系为单位的、贯穿全年的活动还有很多，师生可根据自己专业建设与发展的需要、文化生活的需要，开展一些大家喜闻乐见、易于接受的活动。对于各类活动的组织，党委要求：德育为先，主题鲜明，目的明确，组织要安全、文明、有序，要做到活动有计划，落实有监督，活动后有总结和结果。要使每项活动都蕴涵德育意义，活动不是目的，而是手段，因此活动内容要更丰富、更加贴近师生或各专业系的建设特色，各系部本着以上思想，每年都会开展适合自身德育建设和系部发展的德育文化活动，例如，机械工程系组织的班级之间的技能比赛、系里的“形象大使”选拔赛、读书月、以“红色五月——‘五四’青年节”为主题的征文比赛、“益智杯”棋类比赛、“展青春风采、弘中华文明”法律知识竞赛、“相约 2007”迎新生文艺晚会等活动；机制工艺系组织的“拥抱春天”和“秋韵和谐”文艺晚会、“爱我中华、知荣明耻”——纪念“五四”运动92周年合唱比赛、“知校、爱校、兴校”主题班会系列活动、“建设节约型校园倡议”、“中国梦、我的梦”系列活动、“金话筒”主持人大赛、“青春旋律”校园歌手大赛、“增强法纪观念、营造和谐校园”主题黑板（壁）报展评等活动；电气系组织的“纪念红军长征75周年”、“师生共建和谐家园”、“卫生月”、“纪律月”等系列活动、“以老带新”青年教师评教活动、“创新杯”技能大赛活动、“关爱地球、节约资源”“爱护每盏灯、每扇门”活动以及“美好环境靠维护”“感恩父母、节约开支”“爱惜粮食、感恩土地”“遵守公德、回报社会”等系列活动；信艺系组织的以“团结友爱、互爱互助、文明诚信、安全稳定”为主题的“温馨之家”文明宿舍评选，开展以“营造绿色校园”为主题的“绿色环境、绿色生活、绿色行动”系列活动，在毕业生中开展的“我为母校添光彩”“主题班会”“主题团会”“讲师生情、抒同学谊（赠言）”“评选优秀毕业生”等活动；经济管理系提出的“无痕德育”“以德立系”的指导思想，“德育由外及内、转变以内为主”的教育方式，组织了首届“理想、成才”职业技能大赛，组织了“周末文艺晚会”、“青春旋律”舞蹈和韵律操比赛，“交通安全”“文明礼仪”“诚实守信”专题展览，倡导“三制”，即人人岗位责任制、卫生值日分配制、卫生天天检查评比制以及“文明班级”评比等活动。以上德育活动的开展，极大地丰富了师生文化生活，凝聚了人心，也锻炼了学生的组织、协调能力，对全面提高师生的综合素质有着积极的意义。做到了长远有规划，年度有计划，月月有活动，天天在运动；做到活动有主题，年终有监督，年终有落实，经验教训有总结。如图 4-2 至图 4-6 所示为一些活动的场景。

图 4-2　学国学、明伦理——经典诵读大赛

图 4-3　强身健体、振兴中华——新生军训阅兵

图 4-4　庆祝建党 90 周年文艺晚会

图 4-5　大学生科技文化艺术节

图 4-6　学生参加全国大学生创业设计暨沙盘模拟经营大赛荣获一等奖

在活动中，学生提高了协调与合作能力，培养了友爱互助和集体主义精神，更重要的是：能在活动中发现问题，并通过活动后的班会总结和学生一起分析问题、解决问题。师生在各类活动中都得到了锻炼和提高。因此，班会，可以说是第二德育课堂，这个德育课堂是紧密结合各类问题、紧紧围绕德育建设开展的。

二、加强班级建设，倡导“主题”班会教育活动，丰富德育形式

班级建设是德育工作的基础性环节，也是关键环节，班级建设出问题，必然影响到系，进而影响到学院的整体。因此，高校十分重视加强班级建设。对于班级建设，从辅导员配置来说，是依据办学层次指定的，如大专层次辅导员可带 2～4 个班，而“3+2”、技师班或高级技工班则带 2 个班，中级技工每个班都有一个班主任。之所以倡导主题教育活动，是因为班会比其他会议容易调度得多。因此，召开班会对学生进行引导和教育，是调节学生日常道德问题，进行德育教学的重要环节。班会可长可短，问题多、事情多、活动多就多开，否则就少开，但是要注意没有意义的班会、不解决问题的班会、主题不明确的班会一定不开。因为，老师讲得天昏地暗，学生却不知道讲的是什么，不知道这次会议要解决什么问题，必定毫无意义，时间长了班会也就毫无生机和活力了，会议召集人也就失去威信了。可见，一定要有效地设计和组织好每一次班会，尤其是在每次的院系级重大活动后，要组织一次班会，让学生自己查找在集体活动中班级出现的问题，并提出克服的办法，使学生养成“吾日三省吾身”的良好习惯。只有善于总结，直面问题，勇于承担，才能有提高。

“主题”班会教育的主要内容有以下七点：一是选好主题。每次班会要明确一个主题，写在黑板上，教师要明确用多少时间把这次主题班会的目的给大家讲清楚，要留给学生一定的讨论时间，以鞭策学生关心班集体，积极开动脑筋，踊跃发言，提高学生语言表达能力和自我管理能力。班会中若班主任讲得离了“谱”，会让学生感到茫然，或遭到学生暗地的讥笑，班会就没有意义了。二是办好班级主题黑板报。作为一个班级，小的也有几十人，大的甚至近百人，而黑板报往往只有一块，如何充分利用好这块“阵地”，做好、做活班级宣传教育工作，是件很需要动一番脑筋的事情，因此，每期的黑板报，也要根据大部分学生的成长需求，或根据重大活动需要，选出一个教育主题，围绕主题进行征稿，充实板报。任何活动都要有教育性，实现教育目的。三是组织好班级主题晚会。学校里的学生正处于风华正茂时期，必须对他们进行科学的引导，可通过课堂教育、各类活动等。班级晚会是学生乐于参加的活动，这是一个在“自己的小天地”里展示自己的舞台，观众是自己的同学，可以放得开一些。但是，要关注晚会的主题，主题的确定对学生的教育意义和对晚会的正确引导十分重

要，晚会的主题也是对晚会节目格调的定格，主题鲜明、格调高雅，则晚会效果好；主题混乱，格调低下，则如鸟兽散，无法凝聚班集体的向心力，也就没有凝聚力，更谈不上提高班级管理层次和水平。四是班级主题活动。班级学生朝夕相处、情深意厚，班级活动是学生入学后组织最多的活动，因此，班级活动的主题要突出，要能在一定程度上、有针对性的实现教育作用。如抗震救灾主题活动——“我为汶川做点啥？”，“文明以止、共创和谐”，毕业生离校前的班级主题活动——“感恩母校，报效祖国”“爱校如家，我为母校添光彩”等，如图 4-7 至图 4-9 所示。五是班级主题论坛。可以根据学生所学，根据专业进行各类班级主题性论坛，锻炼学生的勇气和语言表达能力，提高学生的综合素质，如迎奥主题论坛、我的中国梦主题论坛、我节约我光荣等，都在一定程度上引导学生关心国家大事，并有自己的见解和主张，引导学生让自己的脉搏和着时代的进步一起跳动。六是让学生依据主题自己设计稿件，准备好主题发言。班级主题活动、班级主题论坛等，都离不开有组织、有目标、有计划地明确一个或几个主题性发言人，以引导整个活动的有序进行，主题发言要对学生产生教育作用，内容应当是正面、积极、健康向上、催人奋进的。七是倡导主题活动创新。任何主题活动都具有地域性和时代性，主题以学生自选为主，但辅导员要加以正确引导，班级主题活动相对于德育理论教学要灵活和活跃得多，因此，辅导员也好，班主任也罢，都不能像备课一样，多少年就确定几个固定的班级主题活动，要根据时代的变迁，结合学生的实际和心理需求不断总结班级工作管理经验，与时俱进、机智灵活地组织好主题班会活动，要让每一次主题班会都有焦点、热点、关注点，使学生回味无穷、终生难忘。

图 4-7　学院对 2008 年接收安置的 19 名汶川地震灾区的学生在进行心理疏导活动

图 4-8　来院就读的四川灾区学生发起的“文明以止，共创和谐”倡议活动

图 4-9　毕业生离校前的班级主题活动——“感恩母校，报效祖国”

三、高校丰富的社会生产实践为德育实践教学提供了广阔的社会舞台

高职教育走出校门、走向市场、走进社会生产第一线，是迫在眉睫、势在必行之举。纵观高校的发展，有的是在原高级技工教育基础上发展起来的，有的是通过中专或职业学校兼并后组建的，不少高校是校企并存的，客观上形成了产教结合、工学交替、半工半读的教学模式和重视实训、技能领先的优良办学传统。随着社会进步，新技术革命的层出不穷；随着办学规模的扩大、办学层次的提高，学校的实习实训条件逐渐跟不上社会经济建设发展的步伐，部分高校由于近年来办学规模的急剧扩张，尤其是建设新校区，造成了严重的资金短缺，实习实训设备逐渐落后。另外，一校两址办学，使学校的管理较为松散，即便是校中的企业与社会企业的竞争，其竞争能力、管理、经营都存在极大的差距，因此，要让师生切实感受到社会前进的脚步，与时代发展进步的脉搏合拍，学校需要与社会缩

短距离，开门办学，走出校门，走向市场，让师生与社会生产实践“零”距离接触。因此，不少职业院校近年来在校企合作办学方面进行了广泛、深入的探索。

通过校企合作，培育双元制人才培养模式，探索多元化的德育渠道。一些高校随着办学规模的扩张和办学层次的提升，伴随着社会技术的进步，师生需要在社会生产一线了解最先进的设备和设施的工艺和技术，接受社会经济组织最前沿的技能训练、生产管理和企业文化的熏陶，接受优质的企业管理模式的影响，通过专业课实践教学，一并完成学生职业道德和职业素质的培养。高校采取走出去，引进来的方法，突破由学校单方进行人才培养的模式，积极探索通过校企合作的方式，使学校与企业双方完成对学生教育的“双元制”人才培养模式，取得了一些经验和效益。目前在“双元制”人才培养方面已经运用的模式有投资合作式、引企入校式、进修提高式、定向双元式等。同时，高职院校还通过在企业设置实践教学基地、德育基地、毕业生就业基地等方式，在校企合作方面进行了广泛的探索。实践证明：校企合作作为高等职业教育的“双元制”人才培养模式，改变了传统的学院化、围墙式的办学模式，它寓产于学、寓学于教、寓教于工、工学交替、产教融合，“产”始终围绕“教”这个中心进行，产教的有机结合，促使学生德能双修，促进了“教”与“学”的自然融合，促进了专业课实践教学与德育实践教学的融合，在这种教学模式中培养的学生，在道德方面接受了劳动光荣的环境涵养和吃苦耐劳精神滋养，培育了良好的职业操守和职业素养，强化了理论与实践的有机结合，学生通过实习、实训、到企业顶岗实习，在毕业时已经具备了相应的职业能力。因此，校企合作办学的育人结果是：毕业能顶岗，职业素质强，就业渠道畅。

总之，通过走出去、引进来的方式，搭建了一座学校与企业、理论与实践、培养与成才的桥梁，开辟了一条利企、利校、利民的多赢之路，培育了一条直接、优质、先进、规模化的，利用社会力量，融合学校教学理论，培养高质量、高素质、高端技能人才的新途径，为高职教育开辟了广阔的社会发展空间。高校的专业建设面向市场，课堂教学与工厂实训有机融合，理论教学与实训教学相互交替，相关企业的生产线即是师生的实习、实训场地，灵活的教育方式，规范的专业实习管理方式，无论是理论还是德育实践的开放的办学模式，开辟了一条与企业携手，校企合作办学，满足实训教学需求，完善学生技能，完善学生职业道德培养和职业素质提升的“双元制”人才培养模式的道路。诚然，校企合作办学还有许多需要完善的方面，校企办学的深度合作、深层次探索的路还很长，但只要在“双元制”办学育人的道路上孜孜以求的深入探索，丰富的社会生产一线就是师生实习、实训的广阔天地，融合到这个广阔的空间，高校的德育大有可为，也大有作为。如图 4-10 所示为学院的产学研办学模式。

图 4-10　学院各专业产学研结合

四、开放的时代要建立全球化的德育实践教学模式

开放的时代要建立全球化的德育实践教学模式，其途径有以下几点。

一是加强家校沟通，形成对学生教育的合力。就高校办学传统而言，家校沟通似乎没有形成惯例，中小学的家校沟通还在进行，到大学阶段，这个链条突然就断裂了。从多年的德育实践经验分析，家校沟通有利于学生德育养成，但目前家校沟通很少进行，其原因有很多：一方面大部分是一个辅导员要带好几个班级，事务性工作多，家校沟通的精力是个问题；另一方面，高校的家校沟通往往是在学生违反了某项校规的情况下，如打架等事件，不得已才与学生家长沟通，目的是学院和家长一起加强对学生的教育；第三方面的原因是家长比较被动，只有等校方联系他们时，才与校方沟通，否则，极少与校方主动联系询问学生情况；最关键的是高校学生来自全省乃至全国各地，客观上给家访带来难度。于是，只能在学生发生了事件前提下不得不进行沟通，导致了家校合作育人的被动效果。因此，开放的时代，首先高校方面应该放下架子，或通过为辅导员减少管理的班级的方式，或通过问卷调研以及网络等方式，加强与家长的密切合作。在独生子女占绝大多数的客观情况下，只要校方有意和家长沟通，大部分家长是愿意合作的，本次家庭美德的问卷调研就得到家长乃至学生家庭邻居的密切合作。家校沟通或问卷、网络沟通的主要内容有以下几个方面：一般性沟通内容如学生学习情况、品德及习俗、身心健康情况、兴趣爱好等；也可通过学生是否孝顺长辈、是否做家务、与邻里是否友爱互助、和睦相处等调研问卷，了解学生的家庭美德的基本情况，调研问卷可以通过网络发送或收回；德育专项调研可由家长或邻居回答，以相互验证调研结果的客观性。

二是通过志愿者活动，拓展德育的社会活动空间。目前由于社会文化生活多，学生的志愿者活动也多，有高校与社会上的聋哑儿童幼儿园建立了志愿者服务协议，常年有组织、有计划地去为聋哑幼儿园提供无偿服务；有的与院校所在社区、博物馆、展览馆、优质的企业等社会经济组织建立稳定的合作关系，根据社会需要和课程安排许可，常年地为社会提供志愿者服务，在这些无偿服务的过程中，学生在职业道德和职业素质以及社会公德方面既做了宣传也接受到教育。

三是走出去、引进来，汲取社会优质德育资源，如道德模范、先模人物等；有的还邀请工作委员会的老同志到学校进行学院办学传统教育，在学生对学院的建设发展有历史性认识的基础上，再请各专业系的专家、教授进行专业建设的过去和未来的分析讲座，使学生建立起对所学专业发展的信心和好奇心，激发学生的学习热情。

四是高校在开门办学方面进行了大胆地探索，有利于德育实践教学的发展。如有的将优质企业的全国、全省技术高手聘请到学校，为之开设技能大师工作室。技能大师定期到学校实习场地现场为学生进行技术和职业道德、职业素质指导，或让学生到技能大师所在的企业进行专业或德育实践教学观摩，或向其他资质强的高校或本科院校学习，或开展对外开放的学术交流，师生可在开展学术交流和到企业的技术学习、技能交流中，吸收发达国家和优质企业优秀的、现代化的管理经验、技术技能和先进的德育思想等，在领略高科技、高素质、高端技能的展示演示风光的同时，建立对专业的学习兴趣，建立起崇尚职业道德、提升职业素质的主动性和自觉意识。

五、突破 985、211 的思维定势和管理模式，建立优质德育资源的共享互惠机制

毋庸质疑，我国目前最优质的教育资源相对集中在那些 211、985 高校里，即便是有一些会议交流，也大部分是本科层次和专科层次分开进行的。分开的好处

就是各自可以在同一平台上交流，但分开后，专科和高校的师生就很难享受到211、985 中优质的德育专家的指导或教育资源了。在开放的时代，应该让优质的教育资源向社会、向其他院校、高校放开。因为211、985 名校优质的德育资源，不仅仅属于某一所学校，应该是社会的整体资源，国家可以省或以专业、行业为单位，建立全国的或全省的优质德育教学资源库，并给这些优质的德育专家适当地安排一些巡回专题讲座，建立优质德育资源的共享互惠机制，让优质的德育教学资源惠及更多师生，甚至可以惠及整个社会。

Chapter 5

第五章 德育实践教学方法的探索和研究

教学方法是教师研究的永恒主题。德育教学方法需要大胆地改革，德育教学不完善德育实践教学，是没有根基的，因此德育教学的重要性和意义一直以来是摇摆不定的。高校因为专业实习的广泛性和社会性，德育实践教学的平台要比一般高校广阔、开阔得多，因此德育实践教学方法研究也应运而生。

从“文革”到今天，教育的功用一直是困惑人的一个迷局。直至今天，国家实施9年义务教育，相对封闭的大山里的娃还要经过老师一个个地做工作才能到学校读书，这不能简单地归咎于“落后”，所谓先进也无非是功利意识驱使。之所以这样说，绝非研究者的杜撰或猎奇，美国俄克拉何马大学的大卫・A・布尔文学会主席丹尼尔・科顿姆在《教育为何是无用的》专著中，从21个角度阐述了教育无用的原因，其中第一个原因就是：“教育的作用，是将‘简单的美德’改造成‘一门晦涩难懂的、难以捉摸的科学’。”之后，他历数了教育“让我们脱离实用性”“让我们脱离理想”“让我们丧失人性以外的东西”“让我们的心变得麻木”“因为思考得太多，而忘记了如何去感受”“让我们意志消沉”“让我们的身体变得虚弱”“让我们自命不凡，得意得昏了头”“让我们的个性变得沉闷”……正是这一系列认识“为教育无用论自古希腊时代一直到现在都盛行于西方文化史”这一事实做出了解释。[67]

圣雄・甘地有句名言：“简单是世界的精髓”，如家庭美德教育，如果在孩童时代完成，是在孩童成长过程中潜移默化、自然而然就形成的，无需长篇大论的阐述或整章节、整节课地专门论述，因此，如何让“简单的美德”回归生活，让德育回归生活和人性的本真，是德育实践教学的追求，课题组试图探询一条便于学生在日常生活或社会生产实践中掌握的德育方式。

第一节　关于德育教学改革的方法研究

如何让“看起来重要，说起来必要，干起来需要，忙起来不要”的道德建设回归高校教育的本真地位，让几乎边缘化的德育回归育人的本来面目？不是减少德育理论课程，而是要给师生说清论透的时间，但理必须经过实践的体验和检验，才能让理论真正指导实践。以下就德育教学改革的方法进行研究。

一、德育教学改革之一：让边缘化的德育课程回归大学教育全程

鉴于“人类的童年期（成长期）是动物界中最长的，这不只是由于生理成熟的需要，更重要的是社会化的需要，即人与人关系的成熟、道德成熟的需要。”[68]因此，德育培养不能操之过急，良好的道德需要有一个养成的过程。鉴于以下多个方面的原因，目前的大学生在道德方面的缺憾是很多的。一是独生子女成长过程中的娇纵，大人多、孩子少，“爱幼”的传统继承了，“敬老”的意识没有养成；二是独生子女从小大多在相对孤独的环境中长大，很多学生不太会和同学相处；三是自我意识强，合作和协作意识欠缺；四是自立和自理能力、独立生活能力相对欠缺；五是缺少吃苦耐劳的精神等，这些因素的形成有主观的也有客观的原因，因此，这些问题由于中、高考巨大的学习压力而没有在九年义务教育和高中阶段解决，育人压力直接到了大学。尽管高校主要是实用型或应用型的高技能人才的培养，但毕竟是高等教育系列，而且由于培养对象所面向的是社会生产一线，更需要培养完善的、能担当一线重任的人格和能力。

综上所述，高校德育任重道远。进行德育教学改革，高校管理层首先要真正认识到它的重要性，并能在人、财、物力上给予大力支持，积极而大胆地探索德育教学改革，尤其是德育实践教学改革的新方法和新途径。高校的管理者要对康德“有两样事物使我心中不断充满惊奇和畏惧：在我头上繁星密布的苍穹和在我心中的道德法则”的名言有所感悟和深刻的理解。经济再发展、社会再进步，在人类社会中，作为完整的人有两样东西是不可缺少的：“一个物质世界、一个精神世界，是我们生命绝对不可缺少、不可片刻离开的东西。只有我们心中的道德，能够引导我们做一个真正的人，过一种真正幸福的生活。我们应该敬畏它，学习它，理解它，拥有它。”[69]

在《曼哈顿的中国女人》一书中，作者周励总结了她的人生经验：“头脑是商人的，而灵魂绝不可以是商人的。”这一句话，从不同的角度启发我们：在当前这

个既是飞速发展、风光无限，又是沉渣泛起、泥沙俱下的时代，每个人必须稳稳地把握自己前进的方向，必须时时呵护自己心中的道德。因此，高等教育的德育不是一个学期或一个学年的问题，德育应该贯穿大学教育的全程，一来需要将以前缺失的内容进行补充；二来还要建立家校合作，对大学生有从家教到学校以及社会生产一线的实习全程关注、全程培养的意识和教学行为。这样，就给高等教育的德育提出了很多问题，一是高校家校合作不同于中小学，学生读书都是相对临近的学校，而高校学生来自全国各地，因此难度较大。在前面有所探讨，但可以通过手机短信或网络等现代化的通信手段进行合作，家长有参与学生管理的需要，也有和学校一起完成学生德育的责任。二是学校需要加强与学生专业实习单位的联系，制定周密的学生专业课实践教学中职业道德和职业素质培养计划和企事业单位考核、评议的办法，让企事业单位给出客观的评价，直到大学生毕业时，方能对其在大学期间的德行、德性盖棺定论，这个过程——德育实践教学过程，不仅仅是德育理论教师的责任和义务，还需要家长甚至邻居、辅导员、班主任、学生所在系、专业课教师、学生管理部门、党（团）组织、后勤管理、学生所在的社会生产经济组织或企事业单位等分别给出单项的鉴定，最后由德育理论课教师结合德育理论教学考核给出理论与实践结合的、主客观有机统一的德育结果和道德鉴定。如此一来，贯穿大学生全程的德育就形成了，也避免了大学生在第一、二学期（年）的德育知识“合格”或“优秀”，却依然在后期失范甚或走向极端而受到刑法处理的尴尬局面。因此，德育理论课程可阶段性完成，德育实践教学可贯穿大学全程。

二、德育教学改革之二：寻找德育理论教学与专业理论教学的契合点

在专业理论教学方面融和德育理论教学的思想，任何专业都与责任、担当、爱岗敬业、严谨、细致、规范等道德思想有关。“道德是在人的关系中产生的，源于人的生活，所以它应渗透于人的生活的方方面面。脱离活生生的人际交往，脱离生活世界的德育课，学生是很难对它产生兴趣的；也就很难形成道德体验，并进行道德判断、选择，进而产生道德行为。”[70] 没有道德体验和道德实践的德育，成了空中楼阁或虚无缥缈的海市蜃楼，这也是为什么目前高校德育受到社会批评和指责最多的原因。

在本次寻找德育理论教学与专业理论教学的契合点的教师访谈和调研中，很多优秀的、对教育事业负责任的专业课教师给出了他们的一些实践和探索体会，对本课题的研究很有指导意义。也正如朱小曼教授所说的：“道德教育在本质上是人格的、生命的、完整生活质量的教育，这种教育是不可能离开智育、美育等其他各育的。它必须依托其他各育而存在，以诸育为载体，而且诸育中也应该渗透

着道德教育。”[71] 高校的很多专业理论课教师也正是这一指导思想的积极实践者。如在《计算机应用技术》的教学中，教师首先讲述了一些由于没有网络道德自律意识，在网络中以讹传讹或制造网络谣言而锒铛入狱的案例，讲述一些由于不能建立良好的自律意识而成为网虫，从而荒废了学业、事业甚至家业的典型案例，从而引导同学们在学习计算机相关知识之前，首先要建立严谨的网络自律意识，树立良好的网络道德，才能在网络世界里汲取有益的知识，才能在海量的网络信息中提升辨析能力等方面的道德理念和道德自律思想。同时，专业课教师贯穿于整门课程的作业部署与日常教学中，引用道德教育的大量题材，用实际生活中的现实，教育和引导学生要在网络世界里辨别真伪，即便是“宅”在家里也要独慎。对于这样的专业课教师，学生的第一反应会认为他是一个恪守职业道德和专业道德知识的、负责任的好老师。

也有的专业课教师，结合专业理论发展的过去、现在与未来，讲述我国在该专业方面取得的辉煌成果，从而培养学生的爱国情操并建立专业学习的自信。也有的教师在进行专业理论教学或专业课实践教学中，对学生进行企业或行业的职业道德、职业素质和企业安全、生产安全以及国家安全的教育，教育学生恪守职业道德，从建立良好的职业素质入手，展开专业知识的理论与实践教学。有的引进现代企业生产和安全管理的措施，进行职业道德教育和职业素质的培育，使学生在学习本专业的同时，了解现代企业的管理和生产一线方面的信息，增强了学生学习专业的严肃性，也完善了一些企业生产管理和安全管理等方面的知识。也有的教师在讲述专业课时，注重对学生的法制意识进行教育和引导，比如在专业课教学过程中，结合专业特色联系社会实际，把在学校遵守校规校纪同在社会上遵守法规法纪进行比对教育，从而引导学生树立法律意识和用法律约束自我的自觉性。总之，在专业课教学中融合德育知识的教学，体现了教师德育与智育的自觉融通意识，能提升学生对本专业的学习自觉性，也倍受学生欢迎。还有一些内容，“比如勤劳、勇敢、诚实、守信、公正等基本德目。这些德目虽然具有历史的、民族的、文化的差异，但它们却包含着人类文明共同的、基本的价值取向”[72]，是不受地域、人种和时代影响而可以世代相传的，并在各专业中都可以通融和恪守的、最基本的道德准则。无论是德育理论教师还是专业理论课教师，需要思考的是如何建立德育理论教学与专业理论教学的相互融通的辩证关系，让二者统一于共同的道德认知上来。这种共同的道德认知，起源于任何职业都需要建立的道德共性，例如，忠于职守、认真专注、精益求精、勇于攻关、善于钻研等。德育理论和各专业理论之间有各自的学习研究方向，但又高度统一于高尚的道德情操支配下的专业建设与研究，而这种研究需要一种思维方式的转换。“正如人与环境的关系是辩证统一的一样，教育者的价值引导与德育对象的自主建构之间也是一种辩证统一关系。然而，正如要想理解人与环境之间的辨证关系需要超越直观思维并转而运用以实践论为基础的辩证思维一样，理解教育者的价值引导与德育对象的自主建构之间的辩证统一关系也需要这种思维方式上的转变。”[73] 这种思维方式的转变，有利于我们获得德育理论教学与专业理论教学的契合点，从而获得二者的辩证统一和相互融合。

三、德育教学改革之三：从单纯的德育理论考核到贯穿大学全程的德育实践教学考核

这里首先涉及的是考核主体，如由什么人参与考核的问题；其次涉及考核客体，如考核的对象，而考核对象恰恰又是考核主体的整个育人效果的真实反映；第三是考核的内容和考核方法的设计等。首先，就德育考核的主体而言，传统的德育考核大多数是由德育理论课教师完成的，教育职能所涉及的范围，就局限在德育理论教学、作业、考试等环节中。一门德育课程在一个学期或两个学期（除了德育专业的学生外，极少有一门德育课程上了两个学期的）授课后，经过理论考试，就宣告一门德育课程的结束，1～2 个学年后，德育在大学就不存在了，如果说有，也仅仅是第二课堂教育，接受第二课堂德育的学生可根据自己的兴趣做出选择，或者有的仅限于学生干部或入党积极分子，而其他的学生也就似乎与德育无缘了。那么德育教学改革之三的内容，就是革除这种“一次性”德育，而让德育贯穿大学乃至人的一生。在大学期间的德育除德育理论教学完成后，可根据学生的需要开展各类活动，例如学生参与院系活动、班级活动、社团活动、志愿者活动或寒暑假的家庭美德考核、社会调研和社会实践活动以及学生专业课实践教学等，所有这些活动都有组织者，这些活动的设计者或组织者，同时担负着对学生的德育实践教学考核，这些方面的考核可以是优秀、良好、合格、不合格，不一定需要量化赋分，但这些考核结果最终要汇总到德育理论教学的教师处，德育理论教学老师综合学生德育理论考核情况，在学生毕业离校前，给出学生贯穿大学全程的德育考核的最终成绩。

其次，就考核的客体而言，是学生，也是每一位教师自身。为什么这么说？因为德育不同于其他的课程，德育在教与学的过程中是互为人师的，相互是各自的镜子，看见别人，也照见自己。因此可以设计为师生相互考核的方式。大自然的运行有它的法则，比如：作用力与反作用力的原理，教与学、教与被教都是教学相长，相得益彰的。如果没有优秀的教师，何来优秀的学生？因此，德育教师与学生的关系是见仁见智、互为人师的。德育教师如果认识不到这一点而自以为是，仅会夸夸其谈，而没有优质的人格魅力，德育效果便也可想而知了。建立科学、公正、客观、现实的德育考核机制，也是一种有效的德育资源。教师的主导

功能应在这些方面发挥作用，学生的德育才能落到点子上。因此，学生的学有赖于教师的教。德育教师要善于自省，引导学生“三省吾身”。

第三，就是德育考核内容和考核方式的设计。考核内容要围绕学生在校期间的全过程，除以上提到的学生参与院系活动、班级活动、社团活动、志愿者活动或寒暑假的家庭美德考核、社会调研和社会实践活动以及学生专业课实践教学等活动外，还有一点不可忽略，即学生的宿舍和食堂这两个点的考核。在食堂，老生因就餐排队欺负新生的现象并不鲜见，学生浪费粮食的也不少见；在宿舍，因性格不和、起居时间不同、文化习俗不同等原因，出现恶意伤害的也常见于媒体。因此，教育学生如何适应大学生活和如何进行心理调试和准备十分重要。就宿舍就寝而言，在家里住惯了一人“标准间”的独生子女们，在高校期间是否与来自五湖四海的同学团结友爱、友好相处也是要考核的重要内容之一，设计了考核项目，就要关注考核内容；关注考核内容，就要在平时加强教育和引导，对于专业课实践教学过程中出现的安全问题，对于各类活动安排所涉及的安全防范措施、对于宿舍管理的安全问题和道德问题，对于学生在校期间出现的涉及纪律处分或治安行政乃至刑事处分的问题，都要依据情节和程度，通过定量或定性的方式设计出考核标准，给出科学、公开、公正和客观的考核结果。为了尊重和维护学生的利益，对于涉及学生个人隐私的问题，考核结果可以不公开。总之，高校的各项管理都应建立在依法治校和以德养校的前提下，师生的道德修养才能有法规和政策所依，才能做到既遵循优良的德育传统，又能结合时代进步的特征进行教育和管理。

四、德育教学改革之四：建立健全德育考评机制

如同高校教学做一体化的办学模式一样，应建立德育考核和评价一体化的考评机制，完善德育实践教学考评机制。建立从同学互评到辅导员、专业理论教师、实习指导教师、实习企业、家长、德育教师、管理层和后勤总务等人员在内的全员评价机制，从根本上实现德育的全员参与、全员管理的大德育观。在全员参与管理的过程中，也提升了管理和服务人员自身的职业道德和职业素质，因为良好的管理和服务原本也是一种德育资源。即便是食堂餐饮服务的工作人员，如果自身没有为学生提供卫生的餐饮环境和卫生可口的饭菜的话，引用“破窗理论”来说，就无怪乎学生在就餐过程中随地乱扔果皮纸屑或残汤剩羹了。因此，在学校无论是管理、教学还是服务，都应在建立或健全自身考核机制的基础上，建设对学生德育实践教学的考评机制。无论是管理人员还是服务人员，对于学生的不良道德表现，不再只是评论员，而是直接的管理者、考核者和科学、公正、客观、实际的评价者。所有考评方式的设计，都要考虑到便捷和客观，并注意在考评过

程中随着时代的变迁和考评工作的需要，做出动态调整，但要做到持之以恒，而非一时一刻的头脑发热或为了达到什么评估或考察目的而进行的“一过式”的管理或考评，道德修养是一门贯穿于人一生的课程，任何为评估或考察设计的“道德成果”都是不道德的。只有遵循道德养成的规律，坚持不懈的追求持之以恒的德育精神，才能修养出真正的成果。

目前，高校在全面提升大学生综合素质方面有着积极的探索，贯穿大学全程的人文素质教育体系也已形成雏形，期间，有着大量的与德育相关的内容，问题是如何将思想道德修养理论课教师与学生日常活动以及学生参与社会生产实践和社会活动的内容通过德育实践教学的途径，建立一套行之有效的考核评价体系，对于贯穿大学教育全程的德育评价是至关重要的。根据现有的德育实践教学的探索，可建立以下考评体系，附件二：关于学生在校期间德育考评系列鉴定表。分别为：关于学生家长对子女家庭美德现状的（　　）年度考核鉴定表；关于企、事业单位对实习学生职业道德（素质）现状考核鉴定表；学生在校期间德育实践活动现状（　　）年度考核鉴定表；学生在校期间德育考评鉴定总表。

五、教学方法——教师研究的永恒主题

教学方法，是教师教学研究的永恒主题。面对学生，面对教材文本，教师应该如何在教育实践中规范、科学、严谨、入情入理地履行教学义务，如何有效地实施教学，这是值得不断探索和深刻研究的。

教学过程首先是教师对教材文本知识的消化、展化（或深化）、内化过程，继而是教师通过学校教育的途径，按照教学计划和教学大纲的要求，将教材文本知识在教学过程中转化给学生，达到教化、同化，最后引导学生通过异化的手段走向理性升华，达到创新知识的目的。这是一个过程，是一个教师对教材文本的消化→展化→内化→转化→教化→同化→异化→升华的过程。在这个过程中，教师的教学方法对促进学生的知识吸收起着至关重要的作用。其中：

消化是教师吃透教材文本的过程。在这个过程中，教师的职责是认真备课。教师备课，要看的、要准备的首先是依据计划和教学大纲规定的教材文本，教师对教材文本的理解，要有一定的深度，要在吃透的基础上充分地吸收、消化，使教材文本的基本内容融入到教师的思想中。除此之外，教师备课的内容不只限于教材本身，还要涉及教材提及的许多边缘学科，深化教材文本内容，这就在无形中向教师提出了拓展知识视野的客观要求，所以教师的教就必须实现第二步——展化。

展化是教师博览群书，拓展视野的过程。教师要拓展的视野很多，包括知识视野、社会视野和生活视野。过去，我们说，要给学生一杯水，教师要有一桶水。

在知识经济日新月异飞速发展的今天，许多知识在迅速地提升着，知识成为动态的、变异的、游离的，在这样的状态下，教师的“一桶水”，如果不及时更新，可能成为过时的，甚至是可能对学生造成误导的、无意义的“水”。在这种情况下，教师要想站稳讲台，要想站在讲台上不心跳、不脸红，就要在教学实践中不断学习，增加“内存”，扩大“硬盘”，使自己的知识之水成为一眼不断更新、喷涌的泉水。别小看了这一潭水，在教学过程中，一潭清水为学生带来的益处有可能是终身的。教师拥有这一潭清水才能在讲台上自信的与学生展开沟通和交流，讲课才能做到游刃有余，当教师的课能够做到旁征博引、机智灵活、举一反三时，课堂上学生的思维就会活跃，教师就给学生种下了博学多才的印象，教师在日后的教学中也会因为受教育者的尊重而充满自信。

内化是教师将教材文本知识深化成自己的人本知识的过程。就是将教材文本知识在备课中学精、学深、学透，将教材文本知识内化到自己能够用语言形象地表述清楚的地步，而不是刻板地围绕教材谈教材，这样的话，容易导致学生的厌学情绪。当教材文本知识真正地内化成自己的知识时，当教师通过学习将某一理论提升到一定高度时，在教学过程中，教师的思维是极为活跃的，可以在课堂上根据学生的情绪，围绕学生的迷惑，联系并列举发生在社会中、生活中、学习中的事件或案例，通过“讲述老百姓自己的故事”的方式，厚积薄发，由浅入深地引导、启发和教育学生，有了直观的、形象的教学案例，有助于学生对教材的认识和理解，有助于使学生认识到所学的知识距离自己很近，很有用，以激发学生的学习兴趣。这种情况下就可以实现教学过程的第四步——转化。

转化是教师实施教学实践，贯彻教学计划的具体过程。这是教学过程的实质性的一步，是非常重要的一步。教师因为有了必要的、准备充分的备课，从而自信严谨地站在讲台上，将内化的知识，通过学校教学的途径以讲课的方式转化给学生。这种转化是教师教学实践的提升，是教师对教材文本知识的再认识，也是学生和教师一起完成教学任务的关键过程。转化中，教师面对不同学生使教学方法能够随机应变。现实教学情境中，教师有许多教法和教学经验是只能意会，不能言传的。不能言传并不是教师的教学语言和教学行为有什么忌讳和神秘的东西，而是取决于教师的教学经验和对学生的了解程度，当师生沟通，相互了解、理解时，就产生了“心有灵犀一点通”的教学效果，此时，教师的一个眼神，一个细小的动作提示，都可能对教学产生作用，都可能对学生产生一种意想不到的效应——“皮格马利翁”效应。在转化的过程中，教师可能在教学过程中即兴发挥，将教材文本提升到一个新的高度；此时的教师，也在教学过程中体验到教育职业的乐趣和高尚。教师在向学生转化教材文本知识的同时，站在讲台上，无论是站相、说相、教相，教师的每一个教学行为都成为成千上万双眼睛关注的对象，是教师修养的“亮相”。这就是太阳底下职业的高尚与光荣，但这种高尚与光荣是需要教师不断地“修炼”的，所谓“修炼”，就是教师要修炼到站在太阳下无论从哪个角度，都能做到基本完美，否则，一次课下来，你就成了当今过早通晓事理的学生们当天夜晚入睡前的笑柄了，这还是轻的，你能给学生带来点乐趣也不枉费站了一顿讲台；更可怕的是，如果你的不良教学行为，如漫骂了学生，回答不出学生围绕教材提出的问题的尴尬等，或者更加不严谨的行为，那将给教师形象蒙上一层重重的阴影，为学生所不耻。教师在教材文本转化中充满了教学的艺术性和科学性，是教师最值得探讨的、重要的教学环节。因此，格累哥利·那齐恩曾（Gregory Nazianzen）说：“教育人是艺术中的艺术，因为人是一切生物中最复杂和最神秘的。”[74]

教化是教师将教材文本知识传授给学生的过程。学校教育对人类的教化作用是巨大的。教育促进了人类的进化和发展，使人类远远摆脱了其他生物物种的进化速度，摆脱了原始人类的愚昧时期高速发展到今天的文明时代，教化作用是勿容质疑的。教化使人性得到开发，使人类走向文明。教化就是教师在自身吃透教材文本后，将教材内容按照教学计划和教学大纲的要求，将教材文本的知识传授给学生的过程，通过教师的“教”促进学生对知识的内化，这个“内化”不是教师的“内化”，而是教师通过“教”的途径，引导和教导学生对教材文本知识的“内化”，只有学生真正学会和理解了，教师的“教”才达到了目的。教化的内涵是十分广泛的，教师的教的观念和行为，不仅仅对学生产生影响，而且可对学校周边环境产生良性影响。从一百多年前美国哈佛大学对其南墙外落后的黑人区的文明教化和影响，到今天我国每一座城市，只要大学集中的地方、大学举办年限较长的地方对周边环境的人文影响，都是有目共睹的，产生了积极、文明、进步的教育意义。学校对人的教化和影响是潜移默化的，它在实现对学生教化的同时，默默地影响着学校周边的人文环境的变化和变迁，这种教化作用促进了社会精神文明建设和物质文明建设的同步发展。和谐社会也要在和谐的教化、和谐的理念引导下实现。

同化是教化目的实现的结果。教师在实现教材文本的转化和教化的过程中，与学生一起同化所教学的知识，同化得越彻底，学生掌握的知识越牢固，教师的“教”实现的越完美。教与学两个方面对同化的知识是各有所需、各有所取、各有所获的，教师在同化教材知识的过程中熟练和提升了教法以及教材知识，而学生则在教学过程后掌握了教材文本的知识。在同化过程中，教师和学生一起分析案例，剖析发生在师生工作、学习、生活中的事件，一起对教材文本进行学习、认识、消化、内化，对教师来说是提升，对学生来说是加深印象。同化过程不仅是师生对教材文本知识的内化；其实，在教学过程中，师生情感也在逐渐地同化。

后现代教育理念，使教师走下讲坛，与学生融为一体，实现着心与灵的交流和交融，将新知识通过教学的途径，同化到师生的心灵深处。走下讲坛，深入学生，理解学生，也是教师打破两千多年的师道尊严与现代文明同化的过程，是人类文明的进步。

异化是师生对人类知识的反思和创新。异化，就是在教学过程中，启发学生对知识的逆向思维能力。反对机械的学习，机械的学习充其量使学生成了人类现有知识的储存器，而教育的目的不是这样。人类的文化知识都是在反思和创新中逐渐发展起来的。异化教育，异化知识（或许是一个教育研究的悖论），倡导和培育的是学生逆向思维的意识和精神，培养学生敢于质疑、敢于打破常规的精神。自古英雄出少年，许多中学生，敢于挑战教材文本，在解题时，能开发多条思路，使知识得到丰富和提升，完善和发展。正如夸美纽斯在《大教学论》中所说的："苏格拉底得到古人的赞扬，因为他使得哲学离开了硗薄棘手的玄想，使它能在德行领域中产生结果。"[75] 可见，任何真理都要受到某一时段人的认识水平和认识能力的制约，真理应在实践的基础上得到进一步的检验和发展，也可以在学校教学中得到实践、验证和发展。而异化教育，是对已有真理的深刻反思，是对诠释真理的方式以及途径的挑战。

升华是通过异化和创新原有知识而上升到新的理论层次的过程。教学不仅仅是"传道"和传承人类原有的文化知识，而是要在"传"与"承"的同时，对变动不居的大千世界进行研究和探索。教师在"教"的同时，也是不断"学"的过程。尤其是在当今时代，高科技的发展促使学生的知识视野很开阔，后现代教育中，不能否认地存在着教师的"教"的主导作用和学生的"学"的主体功能。因此，教师要实现科学的"教"，就必须研究自己的教育对象——学生，才能实现因材施教的科学教学方略，才能在教学实践中与学生一起同化教材文本知识，并且使文本知识有一个探索、创新和升华的过程，也就是知识异化和升华的过程。古往今来，知识都是在传承中得到提升的，否则我们依然在"之乎者也"的迷宫里兜圈子，依然在"地心说"的理念下自以为是。

最后，教师还要开启学生的"三道门"。一是开启学生的"天门"——智慧之门。坐在我们面前的学生经过十年寒窗苦读，他们有的学累了，学厌了，有的面对新的知识科目无所适从。作为教师，首先要调动起学生对所学课程的积极性，引用一个典故或案例，激发学生探求新知识的兴趣，打开学生求知的智慧之门。二是引导学生"入门"。学生从小学到初中或高中，语文、数学、物理、化学乃至音乐、体育，似乎近十年的知识结构都有一定的连贯性，而进入专业学习，知识的关联性似乎不那么强了，学生需要换一种思维方式来思考和学习，教师就是引路人，将学生导入新的学习思维空间。老话说："师傅领进门，修行靠个人"，就是这个道理。三是启发学生“出门”。就是引导学生从书本中跳出来，走向社会实践和创新。知识是为人服务的，如果教师将所教的知识教死了，学生学呆了，学得只会考试，不会动手，不知怎么干，是不行的。尤其我们面对的是职业教育，是为社会经济服务进行的教育，因此教师必须具备引导学生走出书本，走向实践、走向社会的技能和技巧。

教学方法就如同教师的个性一样，丰富多彩，千姿百态，尤其是技工教育和职业教育注重实践的特性，更加赋予了教学方法的直观性和形象性，它集逻辑思维和形象思维于一体，集对事物的理性认识与感性认识于一身，为从事技工教育和职业教育的教师提供了更为广阔的研究空间，只有在教学实践中，不断学习提升自己的教学科研能力，才能自信和有意义地从事这“太阳底下最崇高的职业”。

这里要谈谈关于异化的教育与教育的异化的问题。教育原本是为了使人得到解放、人类得到发展，达到促使人性向着文明进步方向发展的目的，但现在的教育已经被日益增长的知识压得透不过气来。为了消化不同专业的巨大的知识群、知识库，学生的大脑似乎成了不断增长、无限扩大的硬盘。但在知识经济时代，知识日新月异的递增似乎到了储存知识都来不及的程度，计算机硬盘不够用的时候，产生了软盘——A 盘，很快又有了光盘，紧接着就用 U 盘，U 盘的存量不断地扩大，有了外接大容量硬盘……但人脑对知识的把握是循序渐进的，“填鸭式”的教育只会使成长中的青少年厌学甚或辍学。表现在现实中对人的教育就是不断地给中小学生增加学习科目，由原来的文化知识教育，发展到利用业余时间学习英语、计算机、乐器、声乐等各类“特长”。如此以来，教育失去了原有的意义，成为随着人类知识的增长而给人们带来的一张越织越密、越织结构越复杂的网，这张网将人性、人的智慧和人的灵感乃至天赋死死地网住，失去了人类所特有的灵性和活力，制约了创造和创新。这种教育产生的效果是异化的教育，教育中学生被异化成了“书柜”“书橱”或“知识储存器”。

异化的教育不是因材施教、循序渐进的教育。家庭、父母、学校、教师在同一阶段，对成长中的青少年采用“填鸭式”的教育方式，其结果是使原本求知欲很强的青少年，面对庞大而无际的知识体系，面对教师对所谓“标准答案”的枯燥、刻板的解析，渐渐地失去兴趣、望而生畏，直至厌学。对于部分一路“高分”进入知名中学的“好学生”，老师、家长包括其自身都对未来充满了过多的期待，在这高期望值的重荷之下，某初中毕业生高分考入某省重点高中后，仅仅因为第一学期期末考试个别课程名次没进入前三名，就无数次地质问自己：我怎么就不是第一呢？我应该是第一的……高处不胜寒，最终，学生精神崩溃。也有的中学生，仅仅因为上网速度慢，就一跃从 10 楼跳下去，结束了鲜活的生命……

与其他生物物种相比，人类之所以摆脱原始和愚昧，迅速发展到今天的现代文明，就是人类善于总结，善于在总结中进行文化传承和提升，善于在进步中发现和研究规律并进行理论提升的结果。这是一个实践—认识—再实践—再认识的过程，在扬弃中传承，在传承中创新的关系极大地促进了人类的进步与发展。优质的教育是构建在对现实社会所发生的一些不和谐现象的反思和认识基础之上。教育永远是为人类、为经济建设服务的。各类教育的迅速发展，极大地促进了社会经济的发展。发展经济的目的是满足人民群众不断增长的物质文化生活的需要，然而，为了发展经济，我们的粗放式的经营管理模式，无节制的开发和消耗有限的资源，导致了生态破坏。当沙漠化不断扩大，当沙尘暴对人类的生存造成伤害的时候，我们再反思和纠错，付出的代价也是很大的。“十年树木，百年树人”的道理告诫我们：教育出现的闪失，如“文革”对知识分子迫害造成的心灵创伤和对知识的践踏，不是再一个十年能挽回的。改革开放三十多年后的今天，人们要追求美好生活，优质的教育环境的确需要全社会的关注，应该从小抓起，重视教育是件好事，但其结果又怎样呢？孩子们面临着一个怎样的教育环境呢？在人本理念、人本管理的今天，社会为成人提供了充裕的休闲时间，成人和社会又为孩子们提供了什么呢？大人们用休闲时间为孩子们安排了这样那样的业余学习；为迎合大人的需要，社会为孩子们提供了这样那样的业余学习内容，从文体美、数理化到各种“特长”技能的完善等，使孩子们应接不暇，原本应该快乐成长的年龄，被过重的课业负担压的透不过气来，原本快乐的学习演绎成激烈的竞争，原本快乐的成长演绎为成长的烦恼。大人们将几代人由于种种社会原因或主观原因没有实现的大学梦，全部寄托在了孩子们稚嫩的肩上，这又是一种现实中普遍存在的教育的不和谐。进而，由于我国人口众多，经济尚不发达，满足人们的教育需求能力的有限性以及家长和孩子对优质的教育资源需求的剧烈竞争性，使孩子们成为激烈的中、高考的竞争对手，在这种竞争的催促中，鲜活的教育逐渐地变异，异化成重负、压力的代名词。这种异化的教育，像玫瑰陷阱一样，在“黄金屋”“颜如玉”的诱惑下，导致学生误入迷途。

如果说，优质的教育资源的有限性决定了教育需求的竞争性，那么，经过竞争取得高等教育入场券的、接受优质高等教育的学子们该是心满意足，身心和谐了，但事实并非如此。近年来，北大硕士毕业生因打骂亲生父母被曝光，清华大学机电系学生刘海洋在动物园泼洒火碱和硫酸溶液伤熊，复旦大学研究生虐猫事件，云南大学马加爵残杀 4 位同学等行为，即便是个案，也足以引起我们的反思。我们的教育缺失了什么？中国有句俗语：“知书达礼”。而异化的教育，即便是高等教育，对人的培养是围绕专业而专业，人被变异的教育物化成了某种专业制造的机器，成了专业工具。异化的教育也异化了人的本真善良，禁锢了人的创造性。

同时，人与其他生物物种的不和谐，人与人之间的不和谐，也说明了大学生道德素养与学识水平的极度不和谐。

有资料显示“近几年，各种传媒不断报道：我国人口约占世界人口的1/5，而自杀人数则占世界自杀人数的 1/4；或者说中国的自杀率是国际平均数的 2.3 倍。我国每年约有 28 万人自杀死亡（相当于每两分钟就有一人死于自杀）。自杀逐渐低龄化，已经成为我国 15 至 34 岁人口的第一死因，约占死亡总人数的 26.04%。”[76] 当中科院上海有机化学研究所 26 岁的衡阳籍在读博士生孟懿从研究所教学楼 7 楼纵身跃下时，人们已经不再震惊，更多的是反思，这是为什么？用孟懿的遗书来释义，是因为“厌世，想偷懒，精神抑郁”。在开放、文明、进步、发展的经济社会中，在中国最大的现代化城市上海，死者是否是开明的、进步的？在人本理念彰显的今天，他们的心理到底出现了怎样的不和谐？他们如此薄弱的意志品质、意志素质相对于社会发展和日趋激烈的竞争市场是何等的不和谐，我们不禁要再一次质问：我们的教育缺失了什么？

就学校的教育与社会的需求而言，似乎有一道屏障在阻隔着大学发展与社会进步的链接，使得一方面社会有效人才需求不足；另一方面，学校人才培养过剩，大学生就业困难。其实，只是学生的培养与社会的需求有一个距离，社会需要复合型的高端技能型人才，而学校培养的是学历型的知识人才，这是一种什么样的人才呢？“‘看看你的学生的知识和我的学生的无知之间的区别吧！你的学生学习地图，我的学生制作地图。’在学校中获得知识的真正目的是，当它需要的时候，寻求怎样获得知识，而不是知识本身。”[77] 这就是我们现在培养的人才与社会所需求的人才的差异所在，社会急需应用型人才，我们却在培养大量的、学非所用的“人才”。在教育方面，我们存在的问题不止这些，总之，我们的教育有必要进行深刻的反思，并采取行之有效的措施进行完善，这种完善需要一种人与人、人与社会发展、人与自然进化的生理和心理方面的协调与和谐。世界上的事物是普遍联系、相互制衡的。目前，异化的教育仍有其巨大的气场和环境。以上所列诸多问题，是教育问题，但人的教育是一个复杂的过程，亟待一个有机融合的社会大环境加以解决。

首先，人的教育从出生乃至更早（如胎教）就开始了，此时的教育叫做家庭教育。在我国经济不富裕的时候，也受我国四室同堂传统文化的影响，家庭老、中、青、幼呈现的是一个合理的、相互照应、相互关照、相互教育和相互影响的大环境，东西少，但有老有少，扶老携幼。敬老爱幼、友爱互助、勤劳节制的美德在成长过程中、在长者的循循善诱下自然而然地养成了。但是，三十多年后，经济富裕了，房子大了，家庭小了，物质丰富了，孩子满足了，只有爱小的氛围了，没有敬老的环境了，家庭教育也随之缺失了很多有意义的内容。教育过程中，我们特别关注了在不同的家庭环境中成长的学生，在三口之家成长起来的学生，明显地不及在四室同堂环境中成长的学生有礼节，能谦让。因此，以上问题的出现是教育环境、教育情境和教育环节的缺失，导致的教育意境的缺失。家庭教育失去了礼让、孝道和节制的教育环境，孩子从小就缺失了家庭美德的教育环节。在激烈的教育竞争中，经历了激烈岗位竞争和社会竞争的家长，将更多的精力放在了对子女的各类知识、技能或专长方面的教育上，异化的教育成了孩子接受教育的枷锁。但在经济富裕的前提下，孩子的物质需求没有节制，德育教育没有环境，德能双修，两条腿走路的教育，成了单一的知识和技能训练，教育被异化成限制孩子身心健康、和谐成长的桎梏，导致青少年道德意识断裂，精神分裂。有学历没能力，有学问不守本分。当知识丰富而道德意识贫乏的时候，兽性更一发地妄为，才有了人性丧失的行经。

其次，由于社会发展处于转型期，各种利益关系交织在一起，社会组织更多的关注经济效益和工作效率，在道德建设方面严重缺位，法治教育也是雷声大雨点小，效果甚微；有组织的人群还有个组织章程制约，没有组织和任何信仰的，没有了任何敬畏心，人则无法无天。社会组织对人的教育管理相对松懈，一个人步入社会后，更多的来自人的自律。就社会组织而言，有教育的要求，没有教育的义务。出了问题有公检法，没有问题各自有岗位和业务。但是，法治是无法替代道德建设和法制教育的，修德悟道、修身养性是人一生都要追求和关注的。由于社会教育的缺失，哪怕发展到一定层次受党教育多年的，也会有“59岁现象”，还有类似是北大硕士又是公务员的儿子打骂父母，人们却依然要追究“北大硕士”，已成公务员的从业者，其不道德习惯仍然要追溯到学校教育的结果。若说教育也是家庭教育和社会教育缺失的共同结果。如果不是电视台披露，其不道德行为是否还会延续下去？之后，北大招生提出了“对父母不孝顺的学生，学校不录取”的条件。真有些难为北大了，严格地说，莫说北大，我国宪法规定，任何社会组织等不能剥夺公民受教育的权利，对父母不孝顺、不道德，要受到社会舆论的谴责，剥夺学生接受高等教育的权利是否妥当，值得探索。但毕竟社会舆论和优秀的传统文化是我国的主流文化，对每个人都产生着潜移默化的影响，因此，无论是引导读书也好，弘扬孝顺传统也罢，我国的主流文化是健康向上的，尤其是我国面临社会文化大发展、大繁荣的今天，先进的文化必将对人产生好的影响。

第三，回到学校教育。目前，大部分学生是独生子女，谁也不让谁。独生子女的娇纵导致任性的学生多，个性强，但意志不强；以自我为中心，更多关注自己，我行我素，社会公德意识和关心他人、关怀集体的意识淡薄。问题还在于近年来各高校的急剧扩招，客观上造成了学生急剧膨胀，而管理人员相对紧缺的状况。随着社会经济结构的调整，社会贫富差距拉大，社会阶层日益复杂；另外，由于网络的高度发展，学生的视野开阔但心胸不开阔，学生的经济富足，但生活经历简单、经验贫乏，辅导员、班主任、专业老师面对的学生的教育和管理难度也日益增大。尤其是大学阶段的德育，政策上重视，专业上轻视，教育手段、考核手段单一，对大学生的德育考核也是以分量裁，德育尤其是学生早期的德育缺失。教材中虽然设置了家庭美德、职业道德和社会公德章节，但没有科学、有效的考核测评机制，类似药家鑫、马加爵这样的青年，或许在校期间的德育成绩是合格、优秀的，这种现象是德育的尴尬和悲哀。总之，大学期间的教育更多关注的是专业知识，从根本上忽略了思想道德修养教育。异化的教育没能兼顾德与能的全面发展，在道德修养和道德教育重视过程不重视效果的前提下，大学生从业后的道德失范，社会将之归咎于教育也是可以理解的。

严格地说，人的教育首先要完成的是使人成为人的教育，而使人成为人的教育，首先就是永不言弃的思想道德修养，这是在人的一生中都要随时研修的。但改革开放三十多年，我们的教育在这方面客观上严重地缺失了。出了“小悦悦”、“药家鑫”等事件，引发了社会道德大讨论，在教学案例中师生也一起讨论，但这毕竟有头痛治头、脚痛医脚之嫌，最根本的问题是：教育要进行根本的改革，到了非改不可的时候了。素质教育不能只喊不落实，落实过程中，要关注人的全面、健康、和谐发展的那些方面，必须有明确的考核体系。否则，异化的教育、缺失道德的教育、没有远大理想和社会责任的教育只会让钱学森的期待成为永久的期待。任何知识的开发和创新都是建立在崇高的理想信念和坚强的意志品质基础上的。

异化的教育的对立面是教育的异化。教育的异化是人类对原有知识的扬弃性继承和创新性发展，可起到传承知识、延续文明、文以化人、宏扬仁性、解放人性的作用。“教是为了不教”是教育结果的极致；“为不教而教”是教育工作者实现教育的终极目标。2003 年，“巧克力之父”弗斯·贝里公司获准登陆中国市场，并发出了招聘公告，只有一位学生因巧妙的回答得到应聘，他的回答是：“学校里有高分低分之分，但校门外没有，校门外总是把校门里的一切打乱重组。”以上案例说明：受教育者应在接受教育后通过自己的领悟、实践和理性升华，创造出新的文化，提出新的理论。知识在原有基础上根据社会进步和科技发展的需要发生变异，出现了新的异化，异化出无以数计的新知识，新的学科分支枝繁叶茂、不断扩张，直至今天的知识大爆炸和日新月异的高科技时代，这不仅仅是教育的成功，亦是教育的异化。异化是师生对人类知识的传承、反思和创新。教育的异化是教师在教学过程中，启发学生对原有知识的大胆质疑、研究，教育的异化培养的是学生辩证的逆向思维能力。异化，是人的能动性发挥作用的结果，是原有知识的变异、升华。

教育应尽量避免机械灌输下的机械学习，机械学习的学生成了人类现有知识的储存器，而教育的目的不是这些。人类的文化知识都是在反思和创新中逐渐发展起来的，没有网络的时代，相关互联网、局域网、网吧等一些网络概念和词组是不存在的，不仅这些，网络的发展，正在使用一些新的字，如“囧”。可见，如果人类在教育和知识的问题上循规蹈矩，或许今天我们还自以为是地在“地心说”的概念中津津乐道。因此，知识变异的前提就是学者在学习、研究基础上的广泛探索和大胆质疑，以及对原有“真理”不断产生的挑战，这是人类知识和文化发展的原动力，是创新的不竭源泉。

教育的异化，印证了“道，可道，非常道；名，可名，非常名”[78] 的哲理，是对已有真理的深刻理解、深入研究、深刻反思和创新、提升，也是对诠释真理的方式以及途径的勇敢挑战和积极探索。异化的教育桎梏人的智慧，教育的异化在发挥人的能动性的同时，将人类固有的知识、文化被质疑，被向纵深探索，从而得以创新和升华。

德育理论有统一的教材，一个群体的学生学习有相对统一的进度，但德育实践教学，则不能忽略学生的个性，山难改，性难移，说明了人的个性特征是难以泯灭的，德育实践教学应因材施教，要关注、尊重并适当地发展学生的个性，不能简单地采用以一概全的管理模式，面对“钱学森之问”，我们要说：任何抑制学生个性发展的管理措施和行为都是不道德的。如果完全用教师眼中的传统意义上的“好学生”来看待比尔·盖茨、爱迪生、爱因斯坦等，他们有的辍学；有的上课“胡思乱想”，不守纪律；有的就是老师眼中的“笨学生”，但正是这些“异想天开”，成就了他们的事业。《人民日报》中的文章《考试“绑架”了什么》中提到：首先考试“绑架”了学校的日常教学。教师为了学生通过考试，在复习中划定“1、2、3……”，学生备考按图索骥。“当教是为了考，学也是为了考，学英语自然是为了英语试卷满分，只要得了满分，哪怕是‘哑巴英语’也无妨，难怪外教看不懂！”“其次，考试‘绑架’了孩子的兴趣爱好。”“但从根本上来说，却在‘绑架’着孩子的创造力，绑架着国家、民族的未来”，这或许是对“钱学森之问”的回答之一吧。[79]

张烁感慨地说：“难忘诺贝尔奖颁奖仪式上莫言的演讲。他说：‘儿时辍学放牧牛羊，周围看不到一个人影，躺在草地上，望着天上的白云，脑海里浮现出许多莫名其妙的幻想，做梦也想不到，有朝一日，这些东西会成为我的写作素材’。躺在草坪上望天，在讲效率的现代人看来，可谓浪费时间之极。可是，有朝一日，这些‘无用之用’也许就会灿然生辉。因为它可能在不经意间，像鸡汤一样慢慢滋润着人的心灵。试想，如果莫言生活在今天，被家长拉着辗转于各类作文辅导班、提分班，把玩泥巴、看白云的时间都用在背重点、记要点上，诺贝尔文学奖还会与他有缘吗？”[80] 试想，当德育也被考试“绑架”，其结果又会如何呢？因此，探索德育实践教学是高等教育迫在眉睫之举，德育实践教学还有很大的拓展空间，德育实践教学应当回归德育本身，并在德育实践教学中回归美、发现美和丰富美，师生的人生才能完美。

第二节　德育实践教学需科学地向社会深度、广度延伸

“人的道德既是一种无限，同时又是一种有限。人的道德未来是无限的，但人所把握的道德经验是有限的。”[81] 德育实践教学应建立在立足当下、面向社会、面向未来的基础之上。立足当下，就是教育和引导学生在大学阶段通过贯穿整个大学过程的德育实践教学途径，努力把握与之年龄阶段相称的道德知识；面向社会、面向未来就是随着大学的后半程的学习，高校的学生大部分就在校外进行社会生产一线的实训和顶岗实习了，在这个过程中，德育实践教学不再局限于校园内的实习或各项活动等，而是客观地向社会延伸了。在这个过程中，如果学校根据德育课程所涉及的内容科学地设计好德育实践教学向社会延伸的教学科目和考核考评内容，如职业道德和职业素质相关内容，包括学生在社会顶岗实习过程中的道德、纪律、合作与协调能力，参与企业各项活动的积极性，将优质的校园文化向社会延伸的能力等，采取定性与定量密切结合的考评标准等，而非仅仅是专业课实习师傅带徒弟式的简单的实习评价，使学校的德育实践教学得以向社会的深度、广度延伸。此时，被评价的不仅仅是学生个体的德育实践能力，而是学校与实习基地和德育基地双元前提下，围绕人才培养和未来学生毕业就业而建立的必须完善的职业道德和职业素质考评标准，促使校园德育与企业职业道德交互性提高，使学生在校园建立的有限的德育经验在社会生产一线进行完善和提升，促使学生的德育知识向德育智能转化。

一、高校德育向社会深度、广度延伸的必然性

尤其是高校的德育，不能用半年界定一个学生在校3～5年的德性，学生无论是在寒暑假的社会调研和在后半程的校内实习、实训或走向社会的顶岗实习，虽离开学校但没有脱离学校，还是学校的一员，他们在社会生产一线的全部活动还是学校管理的范畴，这个阶段的德育侧重实践教学。但这个过程学生离开了德育理论教师的视线，大部分由专业课实习指导教师或辅导员带队，学生客观地、实质性地步入了教学实习基地，走向了社会生产一线。如果单单为了专业课的实习而实习，那么就是对社会德育资源的浪费。反之，如果学校与企业进行协商，科

学地安排企业资深的技师或劳模等道德先进人物为学生进行专题辅导，或让科技人员为学生讲解所学专业目前的国内国际发展趋势等专业前沿知识，既丰富了实习内容，也拓展了德育实践教学知识。一个管理有素的企业，是十分重视企业文化对员工的熏陶的，学生可在实习过程中，与企业员工一起感受这种文化的熏陶。同时高校是先进文化的发源地，大学生无形之中也将高校的文化、大学生的现代文明自觉性和文明行为渗透到企业文化中，因此，只要开放办学，高校德育向社会广度、深度发展是必然的结果。所以，才使得近年来，高校的学生毕业前的顶岗实习被企业热捧，学生在顶岗实习后，不少在毕业后就被企业选中留下，而学生的去与留则是要自己思想一番的。高校学生的吃苦耐劳精神是企业所公认和欣赏的。

二、德育理论走进专业理论教学为德育实践教学步入社会生产实践奠定了基础

近年来，高校的德育理论教师加强了与专业理论教师的育人沟通和交流，二者在如何找到德育理论与专业理论教学融合的切入点方面进行了积极的探讨，德育理论走进专业理论教学，为德育实践教学步入社会生产实践奠定了基础。例如在制图和机制工艺等专业，一方面有完善和细致的国家技术标准，为满足这些技术标准，又对专业技术人员有相应的技术素质和职业素质要求，在这种状况下，德育理论教学中的职业道德和职业素质培养部分的内容，就成为专业理论教学导入的契合点，专业课教师就可以从中找到教学和学习共性，而且专业课和德育课的师生可以共同设计专业与德育实践教学内容，确立实践教学科目，完成实践教学任务，带着问题或课题去完成德育实践教学任务，不断丰富德育教学内容。在德育实践教学中发现问题，师生共同研究给出解决办法，并尝试着在以后的社会生产或社会生活实践中加以解决或完善德育内容或考核形式。所以，德育理论走进专业理论教学，必然为德育实践教学步入社会生产实践奠定坚实的基础。而且二者是相互巩固，相互提高的。

三、偶然发源与必然，不忽略个案问题的研究

学生在校的3～5年，由于都处于青春期，在进行的部分家访中可以看出，当学生处于大学阶段时，往往其家长已进入更年期，深入家访，绝大部分家长对学校在问题处理方面是能给予积极配合的，因为教育学生是共同目标。但也偶有素质不高的家长，在问题尚没有处理时，青春期的遇到更年期的自己先脸红脖子粗地和自己的孩子吵起来。对于发生在校园里的师生之间、同学之间以及学生在社会活动中与社会成员之间的一些纠葛、冲突甚至是肢体摩擦，有偶发因素，在很多时候也是个案，但很多偶然深究其原因结果就是必然的。因此，不能忽略个案

问题的研究，要善于通过个案查找根源，个案的处理过程可体现教育者或教育管理者的素质和能力，妥善的处理方法，对任何事件的介入人都会产生深远的教育意义，并可纳入德育案例范畴；对于问题学生，纳入德育范畴，深入班级、学生，延伸到家长、家庭，进行调研，找出问题根源，建立案例研究机制，杜绝同类问题在其他地方、其他同学身上再度发生。在对这些问题的处理中，既锻炼了教师的管理能力，也提升了管理水平。世界是物质的，物质是运动的，富有灵性的人更是变化莫测的，因此，理智的人类社会总是在总结中，在不断地汲取别人的经验中成长、成熟和发展。但人的个体意识的成长需要一个自然成长的规律和过程，一个人从幼年到成年，青少年要探密和求知的过程不可能像成熟的老人一样，能借鉴别人的教训和经验使自己少走弯路，所以刘亚洲在其作品《李宗仁归来》中说："人若能从 80 岁倒着往回活，每个人都能成为伟人。"就是因为人的成长的规律性，教育者的使命才有了更重要的意义。

四、高校德育理论是学习过程，也是创新过程

高校德育不同于中小学德育，围绕书本建立学习计划，完成教学计划就是完成教学任务，高校是知识的传承地和新思想、新知识、新文化的发源地，高校承担着文化创新的责任和义务，文化创新若没有高尚道德的引领，就不能走出自己的通途大道。

第三节　德育实践教学与专业课实践教学的融合与探索

无法想象，阿基米德、牛顿、爱因斯坦、爱迪生等科学家、发明家的研发能力若掌握在希特勒手里会是怎样的结果？这里要说明的一个问题就是任何专业，若高端技术和高端技能掌握在一个无德的人手里会产生怎样的结果。因此，我国高等教育注重大学生的思想政治教育和德育是必然的趋势，是十分重要和必要的。高校要借助于专业课实践教学的纽带，搭建起一座德育实践教学与专业课实践教学融为一体的桥梁，为学生搭建一座通往德、智、体、美全面发展的通途大道。

一、专业课教学融合德育教学的探索

美国波士顿大学教授 K·瑞安（Kevin Ryan）在总结了二战后美国道德教育的得失后，提出了五个"E"的新道德教育模式，即"榜样"（example）、"解释"（explanation）、"劝诫"（exhortation）、"环境"（environment）和"体验"（experience）。[82] 这种新道德教育模式，不但明确了教师的"榜样"示范、检查

与纠正的作用、教师传授知识的方式方法，而且注重学生的学习环境和“体验”，充分体现了德育教学的职业性、实践性、针对性。

在专业或专业基础课程中，职业化的教学环境、教学内容、教学方法为学生提供了良好的德育“体验”平台，但如何将专业知识和技能的教学与德育教学有机结合，让德育知识自然而然地渗透到专业知识的教学中，则需要我们在不同的课程中进行探讨和研究。下面就“模具图样识读与绘制”课程的教学活动为例进行阐述。

（一）明确融入德育教学的内容

“模具图样识读与绘制”课程是模具设计与制造专业的专业基础课程，它贯穿于本专业的整个教学过程；又是从事模具制造业人员所应具备的岗位基本能力，具有较强的实践性和应用性，在机械加工中画错或读错图将会造成重大的损失。可见，图样在工程技术中的重要作用。因此，在学习专业知识的同时，应将以下的德育教育内容融入教学过程中：

（1）尊重科学、实事求是的认知观。如建立严格执行国家相关制图标准绘制图样的思想意识，培育严谨有序、循序渐进的学习方法和不耻下问的学习精神等素质。

（2）爱岗敬业，诚实守信的基本职业道德。如在进入专业课学习的前期，需要建立耐心细致的工作作风，严肃认真的工作态度和干一行、学一行、钻一行的“钉子”精神等。

（3）文明礼貌、助人为乐、爱护公物、保护环境、遵纪守法的社会公德教育。如尊敬师长（师傅）、遵守实训车间（室）的各项规章制度和学生守则，严守拆装时的安全操作规程，养成吃苦耐劳、积极主动完成训教场所环境的清理与整理等品格。

（4）集体主义思想的教育。如团队成员共同协作来完成学习任务，形成敬业乐群的学习氛围，开展互帮互助的学习活动等。

（5）乐观、进取的人生观。如自尊自信、勤奋学习、知难而进、勇于克服困难等。

（6）积极、健康的价值观。如独立完成学习任务的责任感和自豪感、培养对模具图样的审美能力等。

以上德育内容应在专业课中和谐地融合，对促使学生建立严谨的学风，培育与专业相关的职业精神非常有利，在完成专业课教学的同时，完成与专业建设相关的职业道德培养，避免了职业道德教育与专业课学习两张皮的被动而机械的局面。

（二）构建“教、学、做”一体化的知行合一的实习、实训场所

建立具有职业氛围的现代化教学环境，引入知名企业的文化元素和管理模式，

例如，海尔现场 6S 管理模式、企业加工产品所用的冲压模具等。同时，实习、实训场地要便于学生的“学和练”以及教师的“教和训（实习教学）”。

（1）方便教师利用多种手段进行授课。教室配备黑板、多媒体教学系统、专业教学的实物与教学模型等教具。

（2）方便学生讨论和完成项目。学生桌椅的排列以小组的形式布置，学生的书桌即为测绘的工作台，方便学生边学理论边操作，并配有测绘工具、通用量具、图板和丁字尺等。

（三）开展基于工作过程的教学活动

在教育家陶行知先生“教、学、做合一”的教学方法论中，曾指出“教的方法根据学的方法，学的方法根据做的方法。事情怎样做便怎样学，怎样学便怎样教。教而不做，不能算是教；学而不做，不能算是学。教与学都以做为中心，在做上教的是先生，在做上学的是学生。”[83] 在“模具图样识读与绘制”课程中，开展基于工作过程的教学活动，将职业岗位所需要的读图与绘图的知识和技能与相关的德育内容兼容并蓄，相互融合，贯穿于教学过程中。在整个教学活动中，教师是导演，学生是主角，学生在教师的引导、启发、示范、督查下，通过完成一系列的任务或项目，逐步理解和掌握了相关理论知识和技能；同时，学生也感受到获得成果的喜悦与自豪，学习的主动性和能动性就会得到发挥和提高。

另外，教师需要熟悉学生的学习状况，因材施教，合理分配学习任务，让学生达到力所能及的程度，调动各类学生的学习积极性，激励学生的创新能力和学习欲望。

二、核能源可以造福人类，也可以毁灭人类，要看什么德性的人掌握了它

当核能源被有德性的或道德高尚的人掌握，如钱学森等，就能造福人类；如果掌握在类似希特勒这样的人手中，对人类将是毁灭性的灾害。因此，可以断言：任何专业知识的习得，没有高尚的道德意识支撑，没有崇高的道德知识把握，没有规范的道德行为履职，知识把握得越多，残害人的手段越高，为社会带来的危害越大。复旦大学等一些著名高校同学因竞争而同室操戈就是一个警示。

如何为学生建立高尚的道德情操、道德认知并以此规范他们的道德行为？德育要引导师生站在一定的高度，开阔视野，面向未来。在这方面，有的高校的领导十分重视对学生的认识生命、珍惜生命、尊重生命的教育，学院的党委书记亲自为学生开设生命教育和孝文化的专题讲座。诚然，“考察生命的视野决定了对生命的最终理解，隔断与未来的道路，就难以看到更终极、更伟大的东西。只有在更高的境界中，才能与伟大、美好、纯洁、信仰和力量相遇。人如果只站在生命之中，的确会被生命体验的有限性所迷惑。人认识到自由属于自己时，人就会有

信心，当人离开自由，发现自己的意志无能为力时，就将失去目标与信心。”[84] 高校通过知行讲坛的形式培育学生对生命的尊重和理解，有助于开启学生对未来未知生命和人的自由的思想和探索。人的生命存在的有限性决定了人在社会发展过程中对很多道德认知是未知的，如近10年来网络世界的迅猛发展，真的像一只“老虎”，如果青少年能建立网络自律意识，就不会发生在网络上以讹传讹，导致被行政处罚乃至承担刑事责任的后果。因此，德育的意义在于通过对学生建立对生命的尊重基础上，增强自爱和爱人的觉悟。不要怕学生在某一领域“一窍不通”，尤其在道德方面，“道德上的无知即是一种‘未知’，未知即是一种‘未定’，而未定即是一种未来的可能性。”[85] 因此，德育教师要有足够的耐心去解析学生对道德世界“未知”的部分，然后自己首先解读清楚，如在飞速发展的网络时代，德育教师要对网络世界建立自身的道德认知，深刻地认识网络发展的时代特征、意义、作用以及不能加强网络自律可能产生的后果，才能将网络道德知识传递给学生，所以，在现代社会，师生的道德认知是通过教学的途径共同提高的，只讲专业而不讲道德的教师，不会是一个好的教师。在任何专业知识面前，如果没有良好的道德认识作为支撑，学生很难在专业的发展方面有所建树。

三、专业课实习教学与德育实践教学的“四同步”研究

“四同步”即同步设计、同步落实、同步提高、同步考核。目前专业课实习教学由专业实习指导教师或辅导员带队，有的关注了职业素质培养，但没有系统的德育实践教学设计，丧失了珍贵的职业道德和社会公德的德育实践教学机会。优秀的、道德情操高尚的教师，道德责任感驱使他在走进专业的同时，用崇高的精神引导专业建设和专业教学，学生也能在崇高道德情操的引导下，积极而认真地钻研专业业务。加强“双师型”师资队伍建设的同时，不能忽略建设德能双修的师资队伍。由于高等职业教育工学交替、产训结合的教学特征，基于工作过程的教学不仅要求教师有扎实的专业知识，丰富的教学经验，熟悉企业相关职业岗位所需的知识和技能，而且要有良好的沟通、组织和细致的观察能力。能与学生协调配合，积极调动学生的学习兴趣和想象力，及时了解学生的差异并认真分析原因，找到解决问题的方法。因此，要想成为一名高校的合格教育者，既要能从事专业理论教学，又要能指导学生的专业技能训练，还要具有一颗对学生的爱心、真心、精心和耐心。更要具有干一行、爱一行、钻一行的爱岗敬业精神。这样，才能开展行之有效的教学活动，才能淋漓尽致地将知识和技能传授给学生，才能恰到好处地将德育教育与专业课教学有机地融为一体，才能使学生的德育水平由“体验”转换成习惯，从而具有良好的职业道德素养。

常言道：强将手下无弱兵。要培养出合格的学生，就要有高素质的“双师型”

教师，而真正的“双师型”教师，不是在短时间内获得某工种的高级工证书、技师证书，或者高校教师资格证书的教师，而是在教学与企业生产的活动中日积月累，建立一颗淡定的心和理性的头脑，善于在喧嚣中保持沉静，善于在浩大的信息时代和爆炸的知识体系中去其糟粕，取其精华，善于学习，积极进取的教师。同时，学校要实施积极的、有针对性的和长远的师资队伍建设措施。

（1）加强教育理论与方法的研究，提高教学经验。从企业引进的工程师或高级工程师，虽然具有丰富的企业工作经历，熟悉机械加工的设备、工艺及相应职业岗位的知识与技能，但缺乏高校教育的理论与方法，需进行岗前培训与考核，获得高校教师的教学资格后，方可参与教学活动和课程建设，不断积累和提高教学经验。同时，要时刻关注社会经济、机械加工业的发展，以便获得知识新能源。

（2）加强企业研修，积累岗位技能的实践经验。对毕业于普通高校的教师，没有在企业工作的实践经验，对相应职业岗位的工作过程和职业道德内容不熟悉，需要深入到企业的生产、管理、技术等岗位进行研修。在竞争激烈的市场中，企业追求的是“质量”与“效益”，在各个工作岗位上，每个人要最大限度地发挥出自己的能量，为企业创造价值，为自己带来幸福。而企业为了生存，对所具有的设备、工艺、产品、管理等方面实行保密政策，所以，教师到企业一线研修的难度可想而知，这也是目前最棘手的问题，所以需要教师放下师道尊严的架子，潜心修行，获得真果。

（3）定期选派教学骨干或青年教师参加培训。学校要有计划、定期地组织教师参加国内外有关教学方法、课程建设、实训基地建设的研讨会；到其他职业院校参观学习；通过组织教师之间教学研讨活动和开展教学比武等方式来提升教师的素质和业务水平。

（4）引进校外“双师型”教师。充分利用社会资源，引进既有教学经验，又有企业工作经历的技术人员或管理人员作为兼职教师，尤其是一些知名企业，具有丰富的人才培养、技术、销售、管理等方面的经验，聘请该企业人员为校外兼职教师，可以将最前沿的科学技术、管理水平和最高尚的职业精神传播给学校的师生。

由此可见，德育教育不但属于公共基础课的教学内容，也属于专业课或专业基础课的教学内容。将德育教学有机地融入专业课的教学过程中，能起到事半功倍的作用，教师与学生也能相得益彰。

四、师德建设——学校教育的灵魂

师德建设已经不是什么新鲜的话题，在现实社会生活中，教师不是圣人，而是参与社会活动和社会研究的普通人，社会环境决定人的社会意识，生活在大千世界的凡人——教师，无外乎要受到社会各种思潮和各种生活方式、生活行为的影响，更要受到其教育管理者管理思想的影响和管理行为的制约，为什么一说教育就首先要将师德提到嘴边呢？因为，教师客观地站在教学工作第一线的位置，决定了教师的意识行为对学生的影响的直观性和重要性。在现实的教育教学活动中，学校高层管理者学生对是不甚了解的，就像校长书记不可能完全了解学校的每一个学生一样，学校越大，越是如此，而直接参与管理的辅导员、班主任、教师，则对学生的行为和意识产生直接的、重要的管理和影响。因此，今天不得不将师德建设的讨论放在第一位来研究，这是由教师的管理地位所决定的。教师强烈的示范作用提示我们：师德建设是教师的使命。

每一个人来到这个世界上，都与生俱来地担负着一定的使命。过去人们说，大千世界是三百六十行，当今飞速发展的世界经济，使得行业已经不止三百六十行，而可能是三千六百行和三万六千行，暂且不去讨论今天的工作有多少行，就说教育事业中教师这一行，自古以来，是说道最多的一行，如韩愈的："师者，所以传道、授业、解惑也。"[86] 告诉我们教师既是"经师"，也是"人师"。教育事业发展到今天，对教师职业的认识更是众说纷纭。但是，教育是从事教育职业人的一种使命，这个命题恐怕没有什么疑议。既然是一种使命，那么从事教师职业的人，就应当担任起使命赋予的责任，这是教师起码的师德。否则，误人子弟，是要贻害千秋的。

对于教师职业，从事教师职业的人也有颇多说法。有的说是迫于无奈而从事了教师职业，有的说是为了生存的需要，有的说是为了逃避……但无论当初是迫于无奈而从事教师职业，还是为了避开复杂的社会而选择了教师职业，我们做了、选择了，就要对得起所从事的职业。不然的话，在人才流动频繁的今天，如果你不热爱教师职业，完全可以到其他的行业去闯一闯，验证一下你的能力，没人阻拦。但是，如果你从事了教师职业，就应客观地面对现实，将今天的工作做好，否则，教师职业示范性的特点，将使你的不良意识转化成不良行为影响到你的教学质量、教学能力乃至学生的情绪、意识、行为等，由于教师不热爱自己的职业而给学生造成的负面影响是不可饶恕的。

现实社会中不乏教师由于对职业的不满，而将怨气撒向学生的。作为教师，出口污言秽语，是不自重、不文明的表现，是对教师职业的亵渎。这样的教师行为，将在学生心灵深处引起极大的震撼，严重伤害了教师形象。因此，为了承担起教师的责任，必须身体力行地完成一个教师应有的使命，不断学习，提升教学能力，提高理论水平，促使自己能够自信地站在讲台上，站在学生的面前；还要加强修养，不断完善自己的师德，完善自己的人格，完善自己的人生。

师德建设是教师的天职。在这里我赞美教师是人类的一种天职，不仅仅因为夸美纽斯将教师职业比做“太阳底下最崇高的职业”，也因为教师通常是人们所说的：是传播人类文明的专职人员，人类之所以在经过成千上万年之后，远离了刀耕火种的生存模式而发展到现代文明的今天，有别于其他生物物种脱颖而出，取决于人类教育事业的发展。或许有人认为，教育事业仅仅是近几百年的事情，但是，人类的教育以家庭教育、社会教育等不同的教育形式始终是连续不断地发展的，一直发展到今天，成为各个行业中一项最为高尚、神圣、文明的事业。在教育事业的发展中，教师成了“人类灵魂的工程师”，这是人类教育事业自然发展、快速发展的产物。教师成为人类智慧结晶的继承者和传播者，成为雕琢人类灵魂的工程师，这不是一种天职又是什么？既然作为万物之灵的物种——人，我们来到这个世界上，又承担起了教师的职业，我们就应热爱自己的职业，坚决地、义无反顾地履行自己的职责，不断地学习、给养，不断地充实自己，以承担起天职的使命。

师德建设是教师的自律。教师职业的自律性是极强的，如教师的自修、学习、提高，是一项与时俱进、不断发展变化的职业道德要求。否则，在当今的知识经济时代，知识的更新如此之快，我们已经习得的知识随时都可能过时，对现代社会发展无意义，将过时的知识教给学生是既无意义，也无价值的，其牺牲的价值倒是巨大的。所以，教师必须不断地在教学实践中补充营养，“书山有路勤为径，学海无涯苦做舟”，说明了学习任务的艰巨性，但是当教师将学习看作是自己事业和生活质量、精神世界提高之必须时，我们就能苦中作乐，从中体会到他人无法体会的乐趣。

我们以前常说，教师要给学生一杯水，自己要有一桶水；今天，我们要说，教师不仅仅要有一桶水，而是一潭水，一潭不断发自心灵深处的、不断向上涌动的活水。否则，就是死水一潭，可想而知带给学生的是什么后果。“问渠哪得清如许，为有源头活水来。”教师只有不断进修提高，才能使自己的知识源头成为活水，从而源源不断地向学者提供新鲜的、人类社会发展所需要的知识。而知识的习得，是人类意识形态的东西，有着深刻的内涵性，是一种极为严谨而深刻的自律行为，否则，学校花钱，走南闯北，看似培训了，进修了，而实际上深层次的知识结构得不到提高和调整，这种进修是毫无意义的。

教师的自律不仅仅体现在知识的补充上，还体现在社会行为和教学行为的方方面面。今天，当教师站在讲台上，如果学校的管理者用了监视教学行为的监视器，是对教师的不信任，教师会如芒刺在身，而使灵活的教学方式得不到即兴发挥；但是如果不采用现代的教学监控模式评价和管理教师的教学行为和教学质量，教师的教学行为和教学质量又是一种掺杂着一定主观意识、主观评价的行为。所以，在这种情况下，教师的自律意识表现的十分突出和重要。

师德是一种美德。良好的师德是一种美德。这种美德表现在教师的示范作用上，源自于教师对教育事业的热爱和对教育信念的确立和追求上。信念具有专一性、稳定性和执著性的特点，教师的信念是教师的精神追求和奋斗目标，是教师提升素质的关键所在，是教师在教育过程中评判自己行为善恶的内在力量。当教师感到自己的行为符合职业道德时，就会产生一种快乐、欣慰的情感，从而得到精神上的享受和满足。坚定的信念能够促使教师不断丰富自己的羽翼，时刻为知识经济时代知识的腾飞而做着准备。

一个好的教师，他站在讲台上就具有了自信的美，他不会因为学生的提问回答不出来而面红耳赤、恼羞成怒，甚至漫骂学生，他能够有足够的精神准备应对学生随时可能提出的任何课程涉及和学科边缘的问题，这样的教师是美的。

一个好的教师，拥有了自强的美。在讲台下，他刻苦学习，换取的是讲台上的举一反三、博古通今的知识之美，获得的是学生对其良好的教学形态和渊博知识的钦佩和崇敬，这种尊敬和对教师的爱，是学生发自内心深处的，不是教师人为树立的形象和美。

一个好的教师，他的行为特征散发着自爱的美，具有高度自尊而又不自负，这种自尊使学生尊重；这种自尊又是建立在对他人的尊重的基础上的，而不是矫揉造作、东施效颦般的矫情；这种自尊是通过自爱培养出来的，人懂得自爱，才能博得别人的爱，一个自暴自弃的人，何以能得到他人的尊敬和爱戴？自爱意味着首先要自尊，而自尊首先要有培育可尊的言行意识，这种意识在长期的培育中，又通过教师的言行在日常社会行为和生活行为中表现出来，是一种自然的气质流露，否则，“其善者伪也”。

总之，良好的师德是一种自然的美德，是发自于教育事业、教师职业所特有的美德。他（她）落落大方，知书达理，睿智幽默，优雅大气而又雍容大度，这是一种拥有深刻内涵的美，是一种深邃的、恬静的美。

师德建设是教师的修养。这种修养表现在，作为一个教师，在他的一生中要面对无以数计的、性情各异的学生。“桃李满天下”说明了教师的一生中带出的学生人数之多；而性情各异，则说明了教师要面对的不仅仅是一种生活模式、一种教育模式、一种成长环境下发展起来的学生，由于每个人所受的教育不同、所受的生活和社会影响不同，每个人都会有不同的性情和认识问题的方式方法，这必然给教师的教育带来一定的难度。

教师的教育事业不同于其他的行业，其他行业的从业人员，如企业的工作人员每天面对的几乎是同样的面孔、履行的是同样的操作；政府的管理每天履行的是同样的职能，面对的是几乎十几年乃至几十年不变的同事；医院的医生每天根据自己的医科研究范围解决的是同样一个部位的病情……唯有教师，年复一年，能真正地体会到“年年岁岁花相似，岁岁年年人不同”的诗韵。

不是吗？我们每一所学校，每年要送走一批学生，又要在相同的时间迎来许多新的面孔。在社会这个大家庭的熏陶和培育中，这些新的面孔，各自有着自己的人生履历和生活烙印，由不知到知，每每要经历一个相逢、相识、相知的过程，在这个过程中，教师站在讲台上“传道”“授业”，付出了无数的心血和汗水；在讲台下，教师穿梭在学生群体中，“解惑”“答疑”，处理学生发生的一切事情，付出了辛勤的劳作和智慧。

我们知道，教师的教无论是启发式还是注入式，都是要通过言教和身教的形式来实现的，因此，在言教和身教的教学过程中，教师始终要在教育过程中保持良好的修养，不断地克服人生弱点和自己的过激情绪，不断在教学实践中总结经验和教训，在完成这些的过程中，教师要付出很多，付出到回到家里该教育自己的孩子时竟然有“在外面把一天中要讲的话讲完了，回到家里后，一句话都不想讲了”的感觉。的确，教师很累，一个具有良好修养的教师，是社会共同期待的，是人民共同期待的，是国家和党的教育事业共同期待的。

案例：教师行为对家长和学生的心理影响。某日，正值学生报到期间。由于近年来教学规模急剧扩大，导致许多学校的教学设施跟不上，校舍建设跟不上，不得不举办校外班。所举办的校外班的管理参差不齐。某学校的学生家长领着学生报到时，来到一所大学的校外班报到，看到学校规模不是想象中的大学校园环境，于是领上孩子就想往回返。负责报到的班主任老师，看到这种情况，主动迎上前去，与家长和学生亲切交谈，最后，家长愉悦地说：“看在这个老师的份上，我把孩子留下。”

而有的学校也出现了类似的情况，由于报到时，负责报到的管理人员确实是很累，累得不愿多说一句话，遇到同样的情况，在讲不通的情况下，生气地说道：“就这么个条件，上就上，不上走人，腾出指标来，别人再来。”同样的情况，反映的是不同的修养，不同的修养又反映出不同的结果。

一个优秀的教师，要具备良好的修养和人文气质，这样不仅能够给学生带来快乐，也能给自己带来轻松。

案例：对大学生恋爱现象的人文处理。将一对搂腰挎背的男女当众或双双叫到办公室训斥的结果，远远不如通过和风细雨的、文化交流的形式能达到的教育效果。曾遇上述情况，在同他们擦肩而过的时候，轻轻地丢下一句：“两情若是久长时，又岂在朝朝暮暮？”学生怡然放开了对方，男生长叹一口气后回了一句：“多情总被无情恼”，老师和蔼可亲地看了两位学生一眼，说：“差矣！‘东边日出西边雨，道是无晴却有晴’现在不是时候。”学生心悦诚服地说了声“谢谢”走开了。

事实上，一个具有良好修养的教师，会为你的家庭带来益处，更会为你的终生带来益处。

师德是一种博爱。师德是一种特殊环境下的特殊表现形式，所谓特殊环境指的是通过学校教育渠道这一特殊环境。实际上，教师对学生的爱已经不仅仅限于学校这一特定的环境，已经延伸到学生的未来发展；所谓特殊表现形式指的是处于师生意义上的爱，是一种纯洁的师生之间的爱。教师对学生的爱就像园丁培育小苗一样，是用心血来浇注的，这种爱的形式表现在以下几个方面：爱心、耐心、热心、恒心、忠心。

爱心可以感人，爱心是做好教师的前提和基础。没有爱心，就没有对学生的耐心，有了爱心，我们才能有耐心做好一切学生的管理和教学工作，现实社会中有许多教师为了自己的教学生涯奉献出了毕生的精力，这是教师爱心的具体展现。

耐心使人能遇事三思而后行，能使我们无论面临什么样的学生，什么样的事态，都会冷静地面对而不失态，都会像关爱自己的孩子一样地倾注心血，去说服、去包容。海纳百川，包容为大。包容使教师豁达、大度、大气。

热心可以暖人心，教师热心的表现形式是充分地尊重学生，热心能使我们全身心地投入教育事业而乐此不疲。教师在热心教育的基础上，能用爱化解一切学生偶然的恶作剧。

案例：一个冬季的上午，上课的铃声响过之后，一位女教师夹着讲义，缓缓地向教室走去，轻轻地把门推开，一个雪球正中教师前胸，毫无防备的教师顿时一楞，原本热闹的教室里突然静下来，几十双眼睛对着女教师，女教师看到了一位女生满脸通红，并怯懦地轻声说：“老师，对不起，我以为是同学”。老师则像什么也没有发生似的，莞尔一笑说：“命中率很高啊，没什么，我也是从你们这个年龄过来的。打雪仗是大自然的恩赐。”这一节课，学生学得格外认真，教师对学生的热心涵养着教师的事业，滋养着教师的人格，也包容着学生的一切行为，教而化之，传递的是爱和包容的育人能量。

恒心给人以勇气、韧性。可以使教师渡过所面临的一切艰难险阻，坚持学习，坚持修养，坚持以教学工作为己任，努力实践，在教学生涯中展示自己的才华，还可以增强教师抵御社会腐朽思潮侵袭的韧性和意志。师德既是教师自我能力的培育，也是教师自觉调节、控制自己思想与行为的能力，是教师进行自我教育的重要机制。其实，人在许多时候，需要战胜的不是对手，而是自己，正如霍姆林斯基所说的“战胜自己是最不容易的胜利”。

忠心可以育人。教师对党的教育事业的忠心体现在教学行为和教学管理过程中，体现在教师言行的每一个环节。教师是“太阳底下最崇高的职业”，这既反映了教师职业的高尚之处，也提示教师：在太阳底下，教师的职业是被曝光的，教师的行为要接受无数的纯洁眼睛的监督，在太阳下的每一个不道德的行为都会为人们所不耻。只要你选择了教师职业，你就要忠于自己的职业，这就是教师的道德。教师的道德是有延续性的，教师优秀的道德品质影响的是一批人、一代人；反之，教师的不良行为和德行，影响的不仅仅是自己，还影响了一批人，甚至是几代人。教师的行为，不仅仅是一所学校管理工作的缩影，也是教师个人德行在太阳下的亮相。

教师的爱是多方位的，除此之外还应有良心，一颗对得起祖国人民的重托，对得起党的教育事业的重托的良心。夸美纽斯在《大教学论》中说："一颗善良的心，就是一席永恒的宴席。"[87] 因此，教师的"一颗善良的心"，够学生享用一生一世。所以，教师无论在何时何地都会时刻地提醒自己要独慎，要律己。教师还要安心，安心自己所从事的教育事业，安心才能专心，才能潜心研究自己的教育事业和教学工作。教师还要能静心，"静以修身，俭以养德"，宁静致远，教师的职业性质决定了教师的自律和自学要贯穿其一生，做不到这一点，就经不起花花世界的诱惑，经不起诱惑，就可能不专心，不安心，静不下心来，就研究不了学问，就当不好教师。

总之，师德的含义是十分广泛而又深刻的，这种爱不仅仅是职业的爱的本身，更体现在教师的行为上，融化在教师的血液中，批一篇作业，可以耐心、细心、经心，也可以心浮气躁。工作是完成了，但效果是绝对不同的，好的教师将学生的作业看作是连接师生的纽带、桥梁，在作业上教师与学生交流思想，交流学习心得，加深了师生之间的了解，加深了学生对所学课程的认识，激发了学生对所学课程的热心和信心；敷衍了事的教师，时常是一个"阅"字了得，面对学生精心完成的作业，这作业是教师满意也罢，不满意也好，都包含了学生对教师的尊重和对教师评价的期待，怎一个"阅"字了得？这就是教师行为在教学过程中的具体体现。教师行为不是"灯下黑"，而是在"太阳底下"，所以要经常教育和提醒我们的教师，不良的教师行为随时可能被曝光。

师德建设是学校教育的灵魂。以德治国是治理国家的方略，以德治校、加强师德教育，是学校教育的灵魂，只有加强了师德教育，加强了师才培育，才能完成教育法赋予我们的"人才培养"使命。否则，无法想象，没有德才兼备的教师，怎能培育出德才兼备的社会主义人才，岂不成了"种瓜得豆"了吗？这种教育思维方式显然不符合客观的教育发展规律。

之所以说师德是学校教育的灵魂，是因为教师是学校教育中最贴近学生的直接教育管理者，党的一切教育思想、教育路线、方针、政策的贯彻落实都是要通过教师这一途径实施下去的；还因为国家的一切教育目的和教育方针，都要靠教师在教学实践中贯彻下去；此外，每所学校的特定的管理模式，也要依赖教师的教学管理行为得到有效的落实和保障。没有教师主动的教学实践，任何教学目标也不可能实现。所以，教师拥有专业教学能力只是完成教学任务的一部分，就像一个完整的人应该具有骨架一样，而教师的教育精神是教师的魂，它体现在教师的师德方面。一名教师如果没有尊崇教师职业的德行，永远也不可能成为一个好的教师，一名合格的教师，一名人民的教师。

师德还体现在教师的真心上，我国教育家陶行知说，“教师是捧着一颗心来，不带半根草去。”多么真切的比喻，教师职业是清贫的，但教师职业是纯洁而高尚的，一生的教学生涯结束后，“不带半根草去”。市场经济繁荣的今天，每一个教育者的头上，都拥有自己的一方蓝天；每一个教育者的身边，都有自己的一个社会圈子，当这些教育者“捧着一颗心来”的时候，他可以是一片爱心、一颗忠心，也可以是一颗浮躁的心乃至一颗贪心。尤其是在现代社会中，教育者无时无刻不受到社会政治、经济、文化等形形色色思潮的影响，当他们捧着一颗爱心来时，带给学生的是温暖和温馨；当他们捧着一颗忠心来时，带给人民的是安心，带给党的教育事业的是放心；当他们捧着一颗贪心（贪财、贪色）来时，带给人类教育的将是灭顶之灾。另外，教育不仅仅是教育者的行为，教育者的行为在一定程度上受到教育管理者的影响甚至左右，受到社会变革进程中形形色色的思想的影响，也受到受教育者的影响。可见，师德培育在一定程度上还要依靠学校管理层的倡导、教育乃至人格影响和教育感召力等。除此之外，还受到校风的影响，可以说，校风影响教风，教风影响学风，学风反作用于校风和教风。在学校教育中，教师的师德建设是至关重要、不可忽略的。

第四节 校企合作过程中的德育实践教学研究

德育实践教学让高校的德育教学充满了希望，高校丰富的校企合作办学资源也令德育教师对德育实践教学走向社会生产一线充满了热切的期待，并对德育实践教学最终回归系列化的课程体系而重返课堂这个人类经典的教育舞台充满了希望和自信。“从这个意义上看，道德教育不是要走出课堂，而恰恰相反，是要让生活走进课堂，走进课程之中。在德育的课程设计中，关键不是讨论道德教育能不能课程化的问题，而是讨论如何课程化的问题。”[88]

一、校企合作的结晶——“技能大师”工作室对德育实践教学的启迪

在高校异军突起的时代，有的高校开创了“技能大师”工作室的办学模式，这是一个大胆的尝试，在“技能大师”工作室里，每一位技能大师不再仅仅是优

质企业的财富，他们在用自己的勤劳、智慧和技能为人类社会、为社会生产组织创造着源源不断的物质财富，而他们在创造物质价值的同时，创造了人间最为美好和最为高尚的道德价值、精神价值。每一位技能大师自身就是一份难得的德育实践教学资源，他们敬业爱岗、脚踏实地、勤奋质朴、勤于钻研等精神都是高校学生的榜样。

技能大师工作室的创立，不仅为专业建设和专业教学带来了实践教学的勃勃生机，注入了生命的活力，也给德育实践教学的研究带来新的希望，新的期待，并为德育实践教学开辟了新的舞台。“希望是道德的可能，绝望是道德的边界。”[89]“希望以非常断然的力量来对待焦虑，甚至绝望的虚无，以至于可以说，希望是对焦虑的消解，希望最终是一种实践的、好战的情感，它摇旗呐喊。如果从希望产生出信心，那么这种绝对积极的期待效果无论如何都是同绝望截然相对的。”[90] 人类只要还有希望就能拥有未来。“技能大师”工作室将社会生产组织各专业的高端技能精英吸引到学校来，为专业实践教学服务，他们一流的技能不仅满足了专业课实践教学的需要，让师生领略到每个专业的社会发展最前沿的技术与技能，也能让师生见识到技能大师工作的高素质、高涵养、高品质和高端技术与技能，就德育实践教学而言，师生耳闻目睹这些高贵的品质，此时的德育是“此时无声胜有声”，因为职业道德中的精益求精、勤于思考、刻苦钻研、勤奋工作等一系列良好的职业素质和职业道德，都以技能大师工作中自然流露出的职业操守展示在师生眼前，从而实现了为“不教”而“教”的为师之道。

二、卓越技师教育：立足高端，培育德能双修的高端技能人才

卓越技师教育是近年来部分高校和技工院校正在积极探索和实践着的办学模式。卓越技师教育源自社会进步和现代化的企业对高端技能人才的需求，高校在广泛的人才市场调研中，根据市场发展的需要，针对某些未来发展有着巨大空间的专业，从现有的高等职业院校的学生中，在自愿报名的基础上，经过笔试、面试等途径优中选优，组成“卓越技师班”，“卓越技师班”的管理也是根据高素质、高等学历、高端技能（“新三高”）人才培养的目标精心设计的，没有卓越的教师，何来卓越的学生，因此，在“卓越技师班”中，师资配备也同样达到“新三高”要求。教师能被配置到“卓越技师班”上课，是学校的信任，也是一种责任和荣誉。因此，能在“卓越技师班”上课的德育教师必然是一名在日常的教学行为中一以贯之地严格要求自己，努力追求卓越的教师。而对那些经过十年寒窗苦读，对刚升入高校的学生们来说，要经过一番角逐才进入“卓越技师班”，他们会倍加珍惜在“卓越技师班”的学习。因为他们是抱着希望而选择了卓越的教育。

“希望首先是信心，包括对道德生活自身的信心，这种信心在本质上是对人

的美德的信心。”[91] 通过德育教师设计的德育作业——在“卓越技师班”里感受卓越、追求卓越。了解到学生的看法，有的学生说，卓越技师班的班风好，带动了我的学习，在这样的学习环境里，你不学习也没有人跟你说没用的话。有的学生认为，很明显，学校对卓越技师班的管理是特别严格的，比如每天早上的早自习和跑早操，在其他班进行一段时间就渐渐地弱化、淡出了，而在“卓越技师班”则不然，在“卓越技师班”，每当我们迎着晨曦跑早操的时候，辅导员和专业老师与我们一起跑，每当我们迎着晨曦进入教室早读或披着夜晚的繁星在教室上晚自习的时候，都能看到辅导员和有关老师的身影，不再顾盼其他班同学的“悠闲”，反倒为自己所在班而感到自豪，反倒能努力地约束自己……看到学生的作业，德育教师对德育教学、对“卓越技师班”的学生充满了自信，更加努力地探索和研究“卓越技师班”的教学方法，在丰富教学内容和教学经验的同时，也在涵养着道德知识和修养着个人的德性。因为教师深刻地理解了“道德教育是在奇迹的期盼中领悟真理。道德不是线性的积累，而是意义的闪现和敞亮。奇迹不能被规律化，它不是客观真理的偶然发现，奇迹实际指心灵的觉悟。”[92] 面对学生的觉悟，教师也在醒悟，立足高端教育，才能培养出德能双修的高端技能人才。

三、校企合作过程中设计好德育实践教学内容

在校企合作过程中要完成专业课实践教学和德育实践教学的融合，前提是必须设计好德育实践教学的内容。如了解专业课理论知识与相关德育理论知识之间是一种怎样的关系；专业课实践教学与相关的德育实践教学内容又是一种怎样的依附关系。德与能往往是相互依托、相互转化、共同发展的。再如，为学生设计好德育实践教学需要关注的问题：企业的文化管理和日常管理，与专业发展相关的企业的技术能力和发展前景，企业员工在企业生产中所要遵守的纪律和必须遵守的职业道德，企业文化对企业员工产生了制约作用还是发展作用，企业员工之间的人际关系，企业的竞争压力，企业的生产环境与人文环境是否有利于员工全面发展，企业管理和在企业实习过程中师傅对自己的影响，感受社会生产组织的管理和技术进步对学生未来发展和专业的启发，学生在企业实习中感受生存的不易等。有的学生通过到企业顶岗实习，身有感触地说，原来经常抱怨母校的管理和食堂的饭菜，到了企业参与一线的生产后，倍加感受到母校对学生的关爱，也觉得学校食堂的饭菜好了；有的同学则说，以前花父母的钱大手大脚，经过几个月的企业锻炼，深深地认识到父母所挣的每一分钱都是来之不易的，深深地感谢他们为我提供的教育，以后要把他们投入的培养成本“赚”回来，以实际行动报答父母的爱。“教育的过程必须将情感作为个人教育的整体构思的一部分，只有这样教育才能在最理想的形式下培养出为绝大多数人争取最大幸福的事业的支持

者。”[93] 因此，在校企合作办学过程中，要将德育实践教学入情入理，并进行科学、合理的设计，让学生既有切实的道德情感体验，也有与专业相关的职业道德和职业素养以及企业文化、企业人际关系等方方面面的内容，才能引起学生的道德情感学习和体验，才能丰富学生的道德认知和带动学生关注社会公德的主观能动性。

四、完善“一体两翼”的社会生产实践活动

深入企业实习不仅要配置专业课实习指导教师，还要配置德育实践教学的指导教师。在教学资源紧张的情况下，德育实践教师也可以设计好德育实践教学任务书，与辅导员进行深入的沟通后，由辅导员或班主任代为执行。在实习过程中，带队教师既能解决专业实习问题，也可解决深入企业实习或顶岗实践教学过程中的学生共性和个性的思想问题和在短期内不适应企业管理的问题，同时可协调学生实习过程中与企业、与企业员工的矛盾的问题，引导学生向企业优秀员工学习和引导学生的文明行为。在学生实习过程中，带队教师要建立工作日志，内容涉及学生出勤率，职业操守，职业行为表现，与企业员工的协调能力及合作意识、是否热爱劳动、吃苦耐劳、热爱专业、善于思考和钻研。与专业课实践教师一起给出学生实习过程中的客观评价。要建立调研机制，形成调研报告，一方面是学生的德育实践调研报告；一方面是带队德育实践教师的大学生德育实践教学研究的调研报告，以持续不断地推进德育实践教学的研究和实践。

深化校企合作，培育职业精神。高校培育的学生始终面向社会生产第一线，因此，在学生深入企业进行专业课实践教学的同时，必须始终关注学生的职业道德教育和职业素质培养，建立“一体两翼”的大学生社会生产实践活动，坚持培育学生的“四种气度”，即热爱劳动，尊重劳动，树立正气；重视实训，增强技能，涵养才气；到社会上去，到生产一线去，滋养大气；德能双修，知行合一，培养志气。山东劳动职业技术学院先后与山东平安建设集团、山东机械设计研究院、武汉华中数控、奥博汽修厂、富士康等 160 余家企事业单位进行了校企合作方面的洽谈，2009 年与天津天感数码影像产业孵化器有限公司签订了联合开发研制感光材料试验涂布机的协议。该项目全部由相关系的教师设计、实习老师和学生共同加工、装配、调试而成，已于 2012 研制成功交付用户投入生产。校企合作的研发项目，激发了教师进行科研活动的积极性，调动了教师掌握新技能、探索新技术的主动性，与企业的合作项目的严谨性和激烈的竞争性，也使教师体验到市场规律的严酷性，认识到自己知识和经验的欠缺，对师资队伍是很大的历练。更大的收获是学生，学生在教师的带领下参与产品研发，在产品的研制过程中，边实习、边加工、边研究、边探索，掌握了各种不同材料的加工工艺和方法，在精确

把握应知应会的基本技能的同时，开发了新技术，掌握了新技能。

高校在校企合作中关于培养职业道德和职业素质的具体探索：将企业科研项目和经费引入学院，在深化校企合作办学进程的同时，开发了教师的创新性思维和创造性劳动，满足了学生的创新意识，学生自己动手将零件一个个加工出来，装配起来，最后形成一个完整的设备，激发了学习兴趣，满足了成就感。更为重要的是：深化校企合作，培育了师生的敬业精神和职业素养。面对80后师生优越的生长环境，为了全面加强职业素养教育，有的高校与企业达成校企合作协议，在充分做好师生安全教育、心理疏导后，安排学生在专业教师和辅导员的带领下，进行了为期数月的职业素养教育。学生返校后在座谈会上诚恳地说："通过两个月的职业素质教育，填补了人生的关键一课，作为学生到企业去体验现代企业的管理和运作模式，亲身体验到企业严格的管理和制度的规范作用，体验到工作的艰辛和挣钱的不易，深切感受到父母的付出和不易，体验到社会人际关系的复杂，完成实习、实训任务后，再返回学校，感到母校的师生竟然是这样的亲切和温暖，吃着学校的饭菜也有滋味了……这些都是学校教育不能实现的。"经过职业素质教育的学生，纪律性增强了，学习主动性提高了，吃苦耐劳的精神养成了，更加珍惜学习，懂得感恩父母和师长，懂得回报社会。

这里就加强校企合作，探索多元化人才培养模式简略叙述一下。多年来，职业院校在多元化人才培养方面进行了广泛的探索。一是引进来，积极探索以公有制为主导、产权明晰、多种所有制并存的办学体制，山东劳动职业技术学院将奥博汽修厂引进校园，成为学院汽车工程系的实习、实训基地；学院的实习工厂积极引进加工项目，保障了实习、实训教学任务的完成。二是走出去，与企业签订合作办学协议书，在企业建立校外实践教学基地和德育基地，届时由教师带队到企业实习，在完成实习教学任务的同时，接受先进的企业文化的熏陶，与企业员工同吃、同住、同劳动，接受师傅的教导，接受企业主人翁意识的培育，接受企业员工爱岗敬业精神的影响。师生通过直接参与社会生产，感受企业市场营销、技术研发、售后服务、营运保障等岗位的职责特点和企业营运系统全过程，完善了知识结构，积累了社会经验，丰富了教学内容，对学生提早规划好自己的发展方向起到了积极作用。三是伴随着校企合作办学的深化，职业院校的专业建设、教学内容、教学模式日趋与社会经济进步接轨，教学质量评价也得到社会的直接检验，促进了评价主体的社会化进程。社会经济发展需要的，就是高等职业院校需要建设发展的，由于契合了社会经济发展的客观需求，高等职业院校的毕业生就业率大部分达到90%以上，为我国社会经济的建设发展培育了大量高技能人才。

近年来，高等职业院校的管理层在校企合作方面都有着系统、深入、理性的研究，教师围绕各自的专业也有着积极、深刻、实质性的社会实践和理论研究。

校企合作办学，极大地拓展了职业院校的办学空间，社会经济进步为办好高等职业教育提供了广阔的舞台。校企合作办学走到今天，需要深层次研究的是：怎样更加有效地拓展办学空间，怎样将教师的智慧通过校企合作的途径，通过项目开发、科研发明等形式，转化成物化的专利、发明，为师生、为学校带来更大的办学效益，实现更大的社会价值，让师生切实感受到与社会进步共舞带来的乐趣、进步与发展，让师生更加深切地认识到职业教育的价值，体验到人生的价值以及教育对人类社会进步所做的贡献。

校企合作办学过程中，企业追求的是利润，学校追求的是育人效果，双方追求的目标固然是不同的，但任何新产品都是人来开发和完成的，任何新技术都需要人来把握和发展。企业拥有先进的设备，拥有适应社会进步的、先进的经营管理模式和效益意识；而高等职业院校的教师队伍则具有系统的基础理论知识，完整的知识结构，完善的技术研发力量，认识到这一点，才促使企业在校企合作办学过程中，充分挖掘和利用学校教师的研发力量支持企业的技术开发。同时，高校的学生产学交替、半工半读的教学模式，促使学生在进入社会生产一线实习时，大部分已经具备了基本的操作技能，稍加引导，就能顶岗实习，完成相应的工作任务，学生的实习无外乎是对企业生产的得力补充力量。因此，学校的育人和企业的利润二者是不矛盾的，是容易寻到双赢契合点的。但高校需要探索的是：如何在校企合作办学过程中，更深层次挖掘师生的思想与智慧，激发他们的创新意识，提高他们的创新能力；怎样促进企业先进的设备与学校先进的教学思想和师生的创新意识的有机融合，实现真正意义上的资源共享、优势互补。社会经济组织的设备再先进，没有师生教育思想的融合，也仅仅是物化的、冷硬的、没有思想和灵气的机器，唯有校企合作，融合师生的智慧，物化的设备才能融合师生的思想光辉，创造出新产品和新技术，企业的人、财、物才能得到更加可观、更加合理、更加深入的开发和利用。校企合作过程中，企业可以借助于学校的人力资源和技术服务进行新项目的开发，学校亦可有机地利用企业的设备和先进的管理理念、先进的技术等，完成学生实习、实训乃至顶岗实习的教学任务。因此，校企合作是一条知行合一、校企和谐发展的互利共赢之路。

五、校企合作过程中设计好德育实践教学的考核内容

校企合作过程中的德育实践教学考核内容，主要分公共职业道德和与所学专业相关的职业道德两个部分。企业员工或带实习学生的师傅、生产车间主管或企业人事主管参与的考核内容，主要围绕学生实习过程中的态度和表现，依据企业职工日常管理和考核办法、企业职工道德规范和企业职工必备的素质等进行考核。该类考核，企业可与学院事先就考核内容进行设计，确定后，考核结果由企业方

面给出。企业的带队师傅或车间主管等可在学生实习结束时，根据学生在企业实习的具体表现，以优、良、合格、不合格的考核方式，给出企业方面对学生的专业课实践教学考核成绩和德育实践教学考核成绩相结合的最终成绩，德育实践教学的考核原则以定性为主、定量为辅。

专业课实践教学教师的考核内容：主要考核学生在实习过程中是否能积极开动脑筋；在对待专业课实习的态度上，是否严肃认真、精益求精、尊敬师傅、虚心好学、善于用脑、勤奋俭朴、吃苦耐劳、团结协作、积极合作；在实习教学方面是否能积极地将理论知识运用到实践中，并有积极的钻研和探索精神；在实习过程中，是否能严守劳动纪律，严格要求自己，服从带队老师或企业师傅的管理等。

带队辅导员或德育实践教学教师的考核内容：主要结合教材职业道德部分的教学内容，结合企业职业道德规范等内容，依据职场就公共部分的职业道德等公序良俗，事先规划好考核内容，对学生进行考核。主要考核学生日常道德行为和文明行为，随时解答学生在社会生产实践中的一些心理和思想方面的问题，并对学生适应社会的能力进行关注、考核和引导。与专业课实践教学的带队教师一起，及时发现和处理学生在实习过程中出现的各类问题，并积极做好善后工作，要在完善学生人格方面进行全面的观察、研究和探索。在客观因素允许的情况下，积极与企业协调，通过开展丰富多彩的文化活动，积极引导学生在实习过程中将校园文化向企业传播，将企业文化与专业文化、校园文化科学地融合。所有考核内容，应包含以上三个方面的内容，需要在带队实习前进行策划，并将三个方面的考核内容事先对学生进行短期培训，在实习过程中让学生知道，在哪些环节应注意哪些内容。学生一直在学校学习有着多年的作息时间和规律养成，到企业实习需要建立与企业管理运行机制接轨的作息时间和工作规律，需要学生事先有着良好的心理上的准备。另外，学校生活和企业生活也存在着差异，学校老师和企业师傅在教学方式等方面也存在差异，这一切都需要事先对学生进行培训，调适好学生心态，为学生在社会生产实践中尽快适应，少走弯路做好充分的思想和心理准备。考核不是目的，只是手段，但严谨、规范、科学、合理的考核利于促进学生的学习自觉性，并完善学生人格。

六、校企合作过程中设计好德育实践教学的评价机制

校企合作过程中德育实践教学的评价机制分宏观评价和微观评价两个部分。宏观评价指学院和企业对学生德育实践教学的重视度、科学安排和全程关注等方面的评价；微观评价主要是针对学生在社会生产实践单位的表现，企业员工或带学生实习的师傅、生产车间主管或企业人事主管参与的评价，以及专

业课实践教学带队教师或德育实践教学指导教师的评价。宏观评价是对学校与办学基地的评价。作为双元制人才培养办学模式而进行的互评，需要根据人才成长和人才培养的规律、根据企业用人需求进行充分的规划，如企业所能承受的、学校所能输送的拟培养人数的规划，即在不影响企业生产的情况下，企业师傅所能带的人数。学生在实习一个阶段后，就进入企业顶岗实习，顶岗实习能在一定程度上解决企业高技能人才短缺的问题，企业和学校应就下一届学生实习与上一届学生实习的时间衔接，学生在实习过程中必须完成的专业实践内容等事先进行洽谈。本着人才培养的宗旨，双方在经过充分地酝酿和考察的基础上，达成人才培养基地的协议，并围绕协议内容开展工作，做到考核有标准，评价有依据。届时，校企双方应定期对人才培养情况给出客观的评价，以对校企合作的效果进行科学的鉴定和评价。微观评价主要由具体的带队老师和企业带学生的师傅或车间主管等具体的学生管理人员给出。评价的依据可以是考核的标准，但评价需要将学生在社会生产实践中与企业、与企业员工、与企业管理者或同学之间发生的一些冲突或矛盾的处理情况有机地融合起来，以对学生的人格做出全面的考核，在出现以上问题时，带队教师要全面了解情况，耐心地找出事发的原因，解决好学生的思想问题是德育的根本。否则，“就像我们可以把马引到水边，却不能迫使它饮水；虽然我们能把一个人关在教养所，却不能使他悔过。仅仅是身体上的服从是缺乏道德上的意义的，这只能叫做‘训练’而不能叫做‘教育’。”[94]

第五节　得时如水、水到渠成的德育实践教学探究

教师或辅导员在对学生的管理中，常身有体会地说，德育工作要把握“火候”，这“火候”就是时机，得时如水，因势利导，则水到渠成。因此，德育工作渗透在我们工作、学习、生活和社会实践活动的每时每刻每一个角落，如影随形，历久弥新，与时俱进。

一、遵循教育规律，把握教育时机，注重教育时效

教育规律是教育内部各因素之间、教育与其他事物之间的具体的本质的联系，也是教育发展变化的必然趋势。遵循教育规律能促使德育工作富有时效性和针对性，从而起到事半功倍的作用。

首先，高校学生有自己的特点。由于不少高校是从高级技工学校过渡过来的，仍然保存了技工教育，客观上实行的是高职教育和技工教育“两条腿走路”的模

式。对于高职教育而言，学生中有对口招生的、有统考普招的，技工教育部分有初中毕业的，因而学生年龄小且参差不齐；对口的不少是初中毕业后通过中、高级技工学习考上的，文化基础知识偏低，学得还不扎实；活跃好动，头脑简单，动手能力强，自制能力弱；面对新的教育环境，好奇心强，可塑性也强……把握这些特点，德育工作就有了针对性。但是，现实中，学生工作经常被这些“调皮的孩子”牵着鼻子走，两眼一睁，忙到熄灯，晚上还担心接到学生电话，不是事故就是打架。为了全天候、全方位的控制这种局面，不少高校采取了两种管理模式：对高职部分学生配置了辅导员，对技工学生则每个班都安排了班主任，却收效甚微。重要原因之一是忽略了教育的时效性。比如，在新生刚入学怀着忐忑不安的心理，胆怯、好奇的审视新的教学环境的时候，如果能够在军训的同时，将入学教育安排得及时、科学，使学生明确在新的学习和生活环境中，有哪些“规矩”，能做什么，不能做什么，能做的事通过什么渠道做，不能做的事做了将要受到什么样的制裁和处理；如何适应新的教学环境和生活情境，如何友好地与同学相处，如何在新的环境中完成新的学习任务等。这需要学校总结多年来的管理经验和办学特色，精选有德育工作经验和一定教学管理水平的管理人员或教师，通过开设专题讲座的形式，在军训的同时有针对性进行入学教育，对新生有着极为强烈的教育、收敛乃至震慑作用（这最后的“震慑”作用主要对年龄偏小的技工教育部分的学生）。“有德育工作经验”的意义是知道新生此时在想什么，能够一把钥匙开一把锁的开展入学教育；“有教学管理水平”则让新生切身体验到高校教育教学管理的新理念、新内容和新形式，激发他们的学习兴趣。同时，还应密切关注新生的军训，帮助他们尽快适应新环境、新生活。再如每所学校都会面临考试，学生考试作弊后，根据学校规章及时公布处分决定，对下一场有作弊动机的学生就产生了震慑和制约作用，这样的处理和处分是适时且有教育意义的。反之则不然，时过境迁，同样的处分层次，教育效果甚微，这便是由教育的时效性决定的。因此，“有时候严肃处理是很好的教育，一个案例教育一批人。没有惩罚的教育不会是成功的教育。”[95] 惩罚的目的在于教育学生建立规则和法治意识，为人处世，要有法律意识，要有一点道德约束，要知道害怕。要有敬畏之心，懂得自己作为人世间的一份子，做人处事要在规则的基础上运行，才能走得更远。“在文明社会，真正聪明的人应该是守规则的人，即使要打破规则制订新规则，也是要在守规则的基础上”。[96] 我们中的任何一个人，无论是教师还是学生，违背了规则和法律，都应受到应有的惩罚。正如夸美纽斯所言，在道德教育方面，惩罚是必要的，并且“永远应该当场执行，使邪恶刚一出现就受到遏制，或在可能的范围以内连根拔除。”[97]

所谓遵循教育规律，就是学校的教育有清晰的时间界定：一个学年两个学期，一年两个假期；学生的教育根据教学计划，三年也好，四年也罢，要有明确的时间规定。生源无论是高职教育或是技工教育对口的，都有着相似或近似的学习过程和经历；生源的主流是积极向上的、单纯的学生。明确的教育周期性，朝气蓬勃的青年人，形成了学校教育特有的规律，遵循这一规律，便于德育工作总结经验教训，把握教育时机，注重教育时效，有针对性的分时段做好思想政治工作。

二、遵从教育目的，重疏导轻批评，重教育轻处分

教育的目的是社会对教育所要造就的社会个体质量规格的总设想。学校教育以人才培养为中心，就学生德育工作而言，教育就是实现对学生道德认知和德行的主导、引导、指导、调节作用；对于学生而言，接受教育的目的是成人、成才，这是一个顺理成章的逻辑关系。

遵从教育目的，德育实践教学就要建立在教师忠于党的教育事业、敬业爱岗、甘于奉献的前提之上；建立在关注学生、科学地认识和解读学生、爱护学生、尊重学生的基础之上。有了爱，就有了宽容和包容；有了爱，就能对学生的过错在处理过程中，首先进行无过错推定。这种推定十分重要，能使教师冷静、和蔼地面对学生，深入调研、探究问题的起因和实质，从而找出妥善解决问题的办法，切实做好思想政治工作的同时，实现德育育人的目的。

案例：某校一位学生一念之差窃取了同宿舍女生留宿女友的四百余元人民币，引起了同宿舍学生相互猜疑，甚至出现了同宿舍同学之间搜身搜查物品的现象。学生管理负责人找有关人员和学生了解情况，目标集中后，找该学生进行了和颜悦色、推心置腹的两次长谈，弄清了该学生窃取他人钱财的动因，并进行了严肃的批评，妥善归还了钱款。鉴于该学生平时表现好、学习成绩好，没有对其进行处分。对于这种结果，曾经有异议。但是在该学生工作3年后，当其已经成为某省会报社颇有成绩的记者后，给当时处理这件事情的管理人员写了一封信：一是表示感谢，感谢当时的妥善处理，没有将此事公布，为她日后做人留了出路；二是深表忏悔，认为那是“自己一生中的一个黑幕”，什么时候想起来都“无地自容”，但因老师的教导和宽容，使她走向了今天的阳光和自信。

无可争议，家庭教育、学校教育、社会教育乃至监狱的教育，同是教育，教育的途径、方法、目的、意义、作用是不同的。学校教育是最为崇高的、最为纯粹教育，教育的对象是学生。针对学生的过错，我们需要有这样的思想准备：“人非圣贤，孰能无过？”对于学生的过错，尤其是尚处在青春萌动期的青年人的过错，那是“上帝也会谅解的”。因此教育的手段是循循善诱，因势利导，在他们出现错误或“跌倒”后，德育工作就是将他们扶起来，帮助他们弹去身上的灰尘、

卸下思想包袱；让他们干干净净、轻轻松松地重新启程，自信、勇敢、健康地走向社会。

因此，学校教育不同于主要以舆论为导向的社会教育，也不同于建立在惩罚基础上的监狱教育。学校教育，教育的目的是促使学生成人、成才，德育工作必须紧紧围绕学生成人、成才这个中心转。学校教育，是建立在重疏导、轻批评，重教育、轻处分基础上的。而教育者则“必须集中更多的时间和精力去从事那些有效果的和有创造性的活动。在解决和处理问题的过程中，师生之间互相影响、讨论、激励、了解、鼓舞”。[98]

三、教育把握尺度，管理张弛有度，处理宽严适度

学生正值风华正茂的年龄，活力四射，脾气也大，打架事件屡屡发生，轻则拳脚相加，重则头破血流。这些事情，如果德育工作不到位，或者采取“各打50大板”的简单方式处理，其结果是“以励再战”。因为，受委屈的学生不服气，寻衅滋事的学生则会助长气焰。对这类事件，要重视调研，弄清事情发生的来龙去脉，做出正确判断，不冤枉不误解学生；要有耐心、有思想、全面地倾听，杜绝单向度的偏听偏信。“耐心倾听”能避免错误的判断，再次重申，教师的“真正智慧在于具有健全的判断”，“人生最不幸的事情无过于缺乏判断，以致对事实做出错误的评价，估计错了。”[99] 一旦出现估计错误，必然会对事物做出错误的判断，随后的一切将是错上加错的，无论对事物的处理和对教育的危害都是很大的。“有思想的倾听”则能在听的过程中，通过事物发展的时空观，听出叙述者不符合逻辑思维的辩术，找出事件发生的症结，有的放矢地提出质疑，许多看似凌乱的情节就能环环相扣，思路清晰，得出科学的、真实的、客观的判断了。

案例：某校山东籍学生和新疆籍学生之间因球场摩擦在校外“开战”，因山东籍学生将两位劝架的新疆籍学生眼镜打碎，引起赔偿纠纷，反映到各自的班主任，班主任听说自己的学生受了委屈，在相互指责对方学生的情况下，将问题反映到学生管理负责人，该负责人将双方当事学生请到现场，要求各自叙述事件的起因和过程，并提出：“在你们各自叙述完后，我提出三个问题，如果你们能自圆其说，我就承认你们说的是合乎实际的。”在双方学生陈述后，该负责人围绕时间、地点对山东籍学生提出两个问题，学生就支支吾吾无以应对，追问下去，事件的起因很快明晰了。任何事物都是由主体所能顾及的时间和空间以符合逻辑关系的形式发生、发展的。在了解清楚事情的起因后，依据学院规定责成滋事学生赔偿受损学生两副眼镜钱，并分别给予滋事学生相应的处分。对以上处理，在场的两位班主任均无反对意见，当事学生也表示服从处理，双方学生握手言和。

似乎事情圆满完结，但从张弛有度的角度看，这只是事物处理的“张”的阶段。在班主任和学生退去后，该负责人将受记过处分的学生留下来，找出一幅中国地图，和他一起把三位新疆籍学生家庭所在的位置从地图上找出来，并告诉他，新疆同学的家离山东这么遥远，喀什、塔城、霍城就在我国的西北边陲，他们远道而来，成为我们的同学，人生何处不相逢，相遇、相聚、相知这是难得的缘分，有一首歌唱得好：“我们都有一个家，名字叫中国，兄弟姐妹都很多，景色也不错……”在这个大家庭里，你们应该像兄弟一样手足情长，况且，山东人素有“有朋自远方来，不亦乐乎”的豪放、热情和大度，为何要彼此大动干戈？经过一段时间的沟通和交流后，学生放松了处分带来的思想压力，满怀愧疚的离去了。此时的工作是“弛”。所谓一张一弛，张弛有度，就是对具体问题的处理宽严适度，这个“度”是把握在实现教育目的的基础上。由此可见，德育实践教学是建立在学生日常管理实践的基础上，从个案研究到学生认识的总体提升，事事都有鲜活的例子，而非课堂教育一隅。

几天后，这位学生在教学楼的走廊里给了该负责人一方自制石印，清晰地用篆书镌刻着该负责人的名字，并将该方石印印在一张宣纸上，问他效果如何？是否喜欢？该负责人回忆说，我相信，这方石印不仅深深地镌刻在我的心里，它也随着几天前的那次谈话一起，也深深地印在那位学生的心灵深处，那既是一次他与同学之间身体的冲撞，更是一次他与我之间心灵世界的交流，我们都会珍惜各自的“收获”。后来，学生班主任对该负责人说：“学生表示对学校的处理不后悔。”该负责人回忆说，这“不后悔”的真正寓意我明白。我相信，那次如果我只做了处分，不交流思想，后悔的不是学生，可能是我；我更坚信，当德育工作做到“家”的时候，彼此都是一次思想的交流和情感的融洽，各有所获。

四、突破思维定势，不戴有色眼镜看人

“突破思维定势”就是不凭经验办事；“不戴有色眼镜看人”就是学会在色彩斑斓、变幻莫测的大千世界，透过现象看本质，不断自修自省，净化思想，以去除杂念，提高信息分辨能力，完善判断问题和解决问题的能力。

案例：某校校长清晨上班时发现，教学楼的茶色玻璃和部分毛玻璃被人为的砸坏了六块。顿时，教职工议论纷纷，时值该校实行奖勤工资改革，个别领导怀疑是个别职工因对改革不满所为。如果不查清事实真相，将会造成干群矛盾。经了解：事发前日傍晚 6 点以后，师生都下班、放学了，排查十分困难。排查老师按照惯例、习以为常的将目标首先锁定在几个经常滋事的“捣蛋鬼”身上。但事实并非如此，这种判断极有可能是错的。在排查人员迷惑不解的时候，一位挂了号的“捣蛋鬼”暗示说，“这种事儿，你查得越紧，藏得越深，别急。接受了学生

的提示，采取了避实就虚的办法暗查。事发16天后，摸清了事实真相。还是那些所谓的“捣蛋鬼”，出于对排查老师的信任，去找一个个线索“单线联系”，把事端发生的一点点细节东拼西凑地告诉了排查老师，校方经过冷静地梳理和逻辑推理后，找到当事人，当事人对排查人员的一连串提问无以言对，承认了错误，叙述了事情的经过，接受了处分。

在该事件中，被校方看成灰色调的一帮“捣蛋鬼”恰恰以白色调出现。他们是一张白纸，由于管理者戴着有色眼镜去审视他们，把他们看成了灰色。该案例的启发是：①不能戴有色眼镜看待任何事物，特别是无定性、无定型思维的、可塑性强的青年人，处在成长的过程中，由于种种主客观方面的原因，他们可能会有这样或那样的小毛病，但思想相对单纯，在学习、生活中能不断地修正自己，他们是有是非观念的，不能因为出了几件事，就把他们的色调定下来，在人的一生中，他们是最具色彩变幻的阶段；②德育实践教学者要不断修正、调整自己的“屈光度”，不断提高自己判断和辨别是非、处理事物的能力，同时要把根深深地扎在师生中间，充分信任他们。信任能促使彼此敞开心扉，使问题发现在萌芽时期。要发现学生的长处和闪光点，解放他们的个性，引导他们的德性。把根扎在泥土中，德育才能做到“化作春泥更护花”，浸润学生的心田，影响他们的一生。

五、生活即教育，校园文化生活涵养着德育

德育属于意识形态范畴，课堂教学是德育工作的理论阵地之一，但它所能解决的是理论认识问题，即便是学生在书面上考了满分，也无法证明他就是一个道德优秀，对社会、对人类负责的人。值得注意的是：学生在校期间有大量的业余时间，许多事件发生在业余时间，必须重视学生的业余活动，通过第二课堂教育、组织社会实践活动或师生喜闻乐见的各类活动将这些业余时间丰富、充实起来。人的精力是有限的，在积极、文明、健康的业余活动引导下，消极因素对他们的影响相对弱化，使道德建设不再处于亡羊补牢的被动局面。况且，高职教育和技工教育较之普通本（专）科学生有着质的差异，造成这种现象的原因很多。一是由他们长期形成的不良学习和生活习惯决定的；二是他们年龄普遍比本（专）科院校的学生小，且有不定性；三是由家长疏于管理或过分宠爱娇惯决定的；四是由长期的自我放纵，学生从本质上自制力、自控力不强决定的；五是由喧嚣、浮躁的社会影响和网络诱惑所定的……总之，主客观因素都有，欲将这些活力四射，又缺乏自制力的，不定性的学生培育成人、成才有一定的难度，因此，高校思想道德建设任重道远。

所以，高校和技工教育均要增强学生的第二课堂教育和业余生活管理。通过

专题讲座，完善工科学生的人文类知识，提升学生人文素养；开展丰富多彩的业余文化生活，培养学生的组织能力、协调能力和活动能力；通过影视网络或参观游览，进行爱国主义教育和集体主义熏陶，坚定学生的社会主义信念；通过技能大赛和技能比武，强化学生勤学苦练的意志，激发学生的专业学习兴趣等，都能在一定程度上解决问题。总之，德育实践教学所产生的教育影响是无形的，如春风化雨，“随风潜入夜，润物细无声”，它渗透在德育教育者的一言一行，一抬手一投足之间。

真正意义上的德育就在师生的日常生活和工作中，包括组织文体活动的意义，应该说是“醉翁之意不在酒”，在于通过活动观察学生在集体活动中在友爱互助、卫生文明、组织纪律等方面存在的问题；活动的目的是发现问题，设身处地解决问题，通过班会讨论、现场指导、个别交流、总结经验，找出问题出现的症结，对症下药地解决问题。所以，德育实践教学又是无声的，如同大千世界有规则地运行一样，大象无形，大言无声，大爱无语，寓教于乐，寓教于爱，寓教于笃行。

六、意识形态教育无真空，高校德育工作须加强

多年来，教育伴随着国家经济建设的进程得到长远发展，最为显著的标志就是几乎每所学校都在扩招，办学规模急剧膨胀，导致教师和管理人员短缺，辅导员、班主任人手紧张、难聘；在教学资源紧张的情况下，班级规模越办越大，百余人的合堂课司空见惯；班主任多为兼职，有的教学任务重，有的行政工作量大，对学生的道德建设忙于应付，疏于管理……总之，几乎每所学校的学生管理人员紧缺是普遍存在的共性问题。如此一来，导致情绪焦虑、人心浮躁，管理缺乏恒心和精心。体现在对学生的德育建设中，就是遇事缺乏耐心，判断缺乏思考，思考缺乏冷静，对发生在学生意识形态或言行方面的事件陷入头痛医头、脚痛医脚的被动应对局面。

德育工作还应未雨绸缪，根据学生入学后每个阶段的成长和活动规律，预设好教育的内容和形式。党和国家领导人十分重视对大学生的思想政治工作和德育建设，反复强调党和国家在发展进程中的路线、方针、政策、法规等方面内容的“三进”（进教材、进课堂、进师生头脑）工作；反复强调“两课”教育。尤其是在《中共中央、国务院关于进一步加强和改进大学生思想政治教育的意见》中，对大学生的思想政治教育工作，对高校的人才培养和道德建设等，从辅导员队伍建设到“两课”教育，都做了明确规定和界定，引起各高校从领导到基层的高度重视，大学生德育建设从硬件到软件都得到前所未有的强化。相比之下，高校中的技工教育部分学生队伍同样在急剧扩大（不少高校采取的是高职教育和技工教

育“两条腿走路”的办学模式），学生素质、道德素质却没有引起高度重视，道德建设没有硬性规定，对于文化知识、对事物的认识能力、自制力、世界观、方法论都比较薄弱的技工学生，却相对的忽略了德育建设在育人方面的积极作用。追求技能训练无可争议，但不能将技工学生看作社会生产建设的“经济人”或“机器人”。他们同样是富有发展潜力的社会人，他们将伴随世界经济一体化的发展进程，不断更新知识和技能，以适应产业结构的重组和调整，在生产实践中为社会服务。技能开发是建立在活跃思维和人文素养基础上的，缺乏了人文素养，学生认识世界就缺乏宏观性；缺乏道德素养，学生学习目标则不明确，做事缺乏明确的目的性；缺乏信念教育，学生没有远大理想，何来创新性和学习自觉性？不是危言耸听，仅以一个学习成绩和技能均佳的钳工为例，如果思想道德意识堕落，非但不能为社会提供基本的服务，反之会将其所学用于非法的撬门破锁的盗窃行为。技工学生在思想道德修养、崇高信念建立、高尚情操培养方面的缺失，十分不利于学生良好思维方式和行为方式的养成。应当引起高校的高度重视，采取措施，修正和补充德育这门课程。

还应注意的是，“工欲善其事，必先利其器”。要带好日益壮大的高校学生和技工学生队伍，必须着重加强对高校德育师资队伍的培训和培养，从师德建设、教育管理水平和教学业务能力等多方面，全方位加强教职工队伍建设。在这些方面，本科院校的德育师资队伍建设、德育硬环境尤其是德育软环境建设，无论从哪个角度都远远高于高校，即便这样，他们仍然感到现代教育教学管理中德育工作的难处和难度，而高校在诸多方面是望尘莫及的，就更要充分意识到德育工作的难度和压力，因此要加强队伍建设，加强责任感和使命感。万涓溪流汇成千条江河，波澜不惊，奔流入海方能汹涌澎湃，掀起惊涛骇浪之势。德育建设，尤其是德育实践教学就是要形成自下而上的组织健全、人人重视、齐抓共管局面，这种局面是做好德育工作的力量源泉。

最后必须强调，无论是来自学校的或在社会上获聘的德育工作者、技能大师等，都须加强以下修养：

一是加强教师德性修养，坚定道德信念，这是凝聚道德力量的源泉。强烈的道德意识，高素质的德性修养，也是思想道德建设的基本保证。尤其是德育教师和辅导员以及工作于学生管理一线的管理人员，甚至包括学生中的入党积极分子，师生的模范带头作用是一样的，都应在各自的岗位上发挥先锋模范作用，德育工作就能星火燎原。在高校，优质的德育环境对学生的成长十分重要。

二是加强终身学习引导，提高教职工自身素质，这是做好德育工作的基础。夸美纽斯说：“假如人能活到一千岁，在这一千岁当中一件、一件事情去学，他仍旧可以不断地学到新鲜的事物，仍旧可以找到一些地方，使他的悟性从那里获得新鲜的知识对象”。[100] 建设“学习型团队”是德育工作队伍今后努力的方向。

三是加强管理，向管理要质量，这是做好德育实践教学的关键。课堂教学要保证质量，但学生在校的几年里，更多的时间是在课外，德育实践教学要切实把工夫放到学生课余时间去研究、去实践、去拓展。在教职员工的一举一动、学生的一言一行中，此亦谓“汝果欲学诗，工夫在诗外”。

四是加强高校德育队伍的组织建设，筑牢教育工作的每一个链条，这是德育工作的重要环节。从系、部的党总支到班级，从党员干部到群众，从系、部处的领导干部到学生，是一个相互关联的环节，每个环节、每个岗位、每个主体作用有大小，能量有大小，但如同一辆轿车发动机的一枚螺丝钉，松动了、掉了，都会在关键时候“掉链子”、出问题。所以，营造和谐文化，共建道德精神家园，应视为德育实践教学研究或追求的主要内容之一。

五是加强和谐校园文化建设，向学生的道德灵魂深处进军，这是管理的核心，是秘密武器。人非草木，喜怒哀乐、七情六欲乃人之常情，在成千上万人的交往、交流中必然会产生各种思想碰撞的火花、各种思潮激荡的浪花，德育工作就是要不失时机地将这些火花和浪花加以引导，使之进入正确的运行轨道，是火花，就要在人类历史的进程中燃烧自己，照亮别人；是浪花，就要在人类社会的文明与进步中涤荡污浊，推波助澜，不断前进。

霍姆林斯基说：“战胜自己是最不容易的胜利”，德育工作者的共识是：引导教职员工，克服几千年的师道尊严，在人类知识的海洋里，与学生一起徜徉，一起成长，用为师的一颗善良的心，为莘莘学子奉献一道永恒的、进步的、文明的道德文化建设大餐。

第六节　建设无盲区德育环境，铸造道德精神，塑造德育文化

无论是德育教育还是德育教学，“任何教学都应当是有教育性的，任何教育都需要把教学作为其主要手段。”[101] 课堂德育理论教育是德育的主渠道，建立德育实践教学是对德育教学的完善，在学校建设无盲区的德育环境，对健全师生道德精神，塑造高尚而全面的人格，塑造高校的德育文化环境，具有重要意义。

一、大学之大，在于它的教育无处不在

大学之大，在于“明明德”，校园再大，德育育人环境、意境和情境不能出现盲区。大学德育，一块石头、一棵树、一片草地、一面墙壁、一处空地……物物有灵性，处处皆教育，大学之大，在于它的教育无处不在。或许这里没有了“花

儿好看我不摘，大家都说我真乖”的醒目提示，但每一处事物都被有教育思想的师生赋予了生命和文化的气息，生态文明思想应最早在大学建立。这种原生态的文化，教给师生的是付出，是给予和奉献。特别是一些新建的、新开辟的高校，由于办学经费紧张，常常为筹措学院建设发展的经费而一筹莫展。因此，如何珍惜、认识原生态的自然环境，并进行充分的开发和利用，是很值得思考的一个新课题。

在高校，大师比大楼更为重要，大师有学术大师、技能大师，也有名不见经传的思想大师和道德大师。尤其是德育大师，他、她或许就在我们的生活中，我们的学习中，我们的工作中。只要是能培育我们高尚的道德情操的人，他或许是一名勤杂工，或许是一名高校的普通管理者或是普通的教师，但在人生的路途中，在大学的这个阶段，他的行为、他的思想等只要对学生的成长过程起到良好的引导和塑造作用，他就是对人类社会的发展和进步有用的人。因此，德育实践教学应建设大气大方、卫生文明、简约节俭、充满生机和活力的“四化”、“四育（教书育人、管理育人、服务育人、环境育人）”、和谐、知行合一的学校德育文化环境，以道德的思想、和谐的理念育人，让师生的德育实践无盲区。

这里所说的“四化”，即净化、绿化、美化、亮化。“四育”即教书育人、管理育人、服务育人、环境育人。其中，净化、绿化是生态文明校园建设的基础，是绿色校园建设的前提，是和谐校园建设的根本；美化、亮化是生态校园、绿色校园、和谐校园建设的高级递进形态。亮化不仅仅是夜幕降临时学校该亮的灯应亮起来，更为重要的是要用道德的火把照亮师生的内心深处和未来人生旅途。同时要建立完善的“四育”人思想，无论如何不能忽略或省略了环境育人的重要性。在新校区建设资金紧张的客观前提下，以生态校园建设、节约型生态校园建设为基础的德育，就是一把切实有效的德育亮剑。我们将怎么认识它？首先，如前所述：净化是一所高等院校的必然状态，一所大学的校园，师生员工在净化校园、净化环境的同时，也在净化着自己的心灵。如果连净化都做不到，垃圾遍地，环境肮脏，污染严重，满目疮痍，谈何文明与卫生？而作为大学生，一屋不扫何以扫天下？因此，净化既是一所高等院校的必然状态，也体现了一所高等职业院校的先进文化理念的本质特征。因为，高等职业院校的“职业”特征标志着师生的动手能力“强”，劳动光荣的意识在热爱劳动、劳动光荣的教育理念影响下得到新的、物化的升华，也充分地体现了职业院校半个世纪优良的办学传统。

就目前的大学校园文化环境建设而言，更要强化建设生态校园意识。一是由于高校规模扩张后兴建新校的资金严重紧缺，没有更多的财力投到校园环境文化建设中去；二是由于我国虽是一个资源大国，但人均资源占有量小。高校作为一个社会构成的要素，它所拥有的校园是城市生态系统的一个子系统，一个特殊的环境单元，大学生有周期的进出，展示了学院较强的开放性，生源、资源、能源从校园系统外频频输入，人才则向社会年年输出。所以，我们强调节约型生态校园建设，需要师生员工的共同努力。首先要实现观念形态的三大转变：一是必须从节约可有可无的观念形态，彻底转变到必须节约的思想意识上来，要把紧钱袋子，并将有限的资源、能源有效利用，从节约一度电、一滴水、一个小螺丝帽或一个螺钉做起，将节约、节俭的理念放在事关人才培养和一所高校发展的大局位置来认识；二是必须从等、靠、要或过度依赖、过度向自然索取、片面强调征服自然的教育思想，转变到人与自然和谐相处、学校与社会进步协调发展、生态文明建设的理念上来，实现学校师生员工与自然、与社会的良性互动，转变到增强学校可持续发展能力方面来；三是必须从粗放型发展模式向集约型模式转变，切实做好资金预算，将有限的资金用在学校建设发展的刀刃上，真正把学校建设成集人才培养、资源节约、环境优美、生态良性循环为一体的和谐校园。

目前，对正在建设中的新校区校园文化环境建设，需探索依照现有生态圈而建的整体思路。比如很多高校所征用的大片土地上绿色作物多，如此一来，可以在有计划移植的基础上，充分利用好原有的苗圃，在合理做好新校区未来建设规划的基础上，将能到位的绿化带及时规划到位，让所有的绿化建设疏密有度、错落有致、和谐自然；在切实做好绿化、美化详细计划的同时，合理调动师生员工参与校园的绿化、美化建设的积极性，但要注意做到组织严谨、指挥有序地落实，尽量不破坏原生态的生态圈，不能今天种上，明天挖出，使管理处于无序的盲目和混乱状态。在从事绿化的规划和落实中，始终要坚持不返工或少返工，避免重复投入，即便是极少量的资金投入，都要设计妥当。这样，既维护了原生态的文化，也在师生参与的校园环境建设中，确立和落实了立德树人的思想基础和人文培养计划。

净化是绿化的基础，绿化是美化的前提，没有绿化就谈不上美化，没有净化，绿化也凸显不出它的壮美。依托生态文化圈建设，合理规划绿化，投入必要的资金进行美化，新校区的校园文化环境建设就能勾勒出基本的雏形，可在一定意义上减少不必要的投入。至于亮化，则需要一定的资金投入。就拿济南这样一个古老的文化名城来说，在没有承接全国十一届运动会的时候，众所周知，亮化工程也是不尽如人意的，是十一届全运会这一重大项目，推动了这座古老泉城和省会城市的亮化工程。因此，亮化是校园文化环境的后续工程。需要依托全体师生员工的不懈努力来逐步完成。但净化、绿化和美化，师生员工可以发扬高校动手能力强的优势，勤劳净化、全面绿化、合理美化，及至亮化，这样长此以往地努力下去，高校的明天必然能实现“四化”。在“四化”建设进程中，“四育”人工程也应得到同步的完善和提升，其中环境育人是不可或缺的。

因此，维护新校区的校园生态文化圈，也是营造绿色校园，培育和谐校园的具体的德育行为。每年不少高校的师生都在三月的植树节发起植树活动。可以说，植树也是育人的过程，十年树木，百年树人，树木、树德与树人是在种植树木的过程中一并完成的。在树木的同时，在营造绿色校园、生态校园的同时，营造一种德育环境，师生在设计绿色植被的基础上，建立起天地、时节、气节、人气于一体的天人合一、知行合一的校园独有的德育文化、和谐文化，营造了自然与人、校园教师与学生的和谐。在校园文化建设方面，加强德育建设，营造和谐氛围，建设和谐校园十分必要。因为，平和淡定的心态，必然有利于师生员工建立宁静致远的学风，也只有在这样的状态下，师生员工的聪明才智才能得到最大限度的发挥。

因此，大学之大，不在于校园的面积有多大，也不在于我们的学生已是年满18周岁的大人，而在于它能容纳各路英才的先进思想和先进文化的能量很大，在于它的大度大气和浩然正气，在于它教育人的能量之大。

二、高校之高，在于它的道德水准无尚崇高

21世纪，知识改变命运的呼声一浪高过一浪，高校的发展一潮高过一潮，但知识真的改变了人的命运了吗？未必。目前，一方面高技能人才在市场上极度短缺；而另一方面，很多大学本科毕业生就业难，两个问题、两个矛盾并存，当北京大学毕业生陆步轩应北京大学之邀，站在“北大职业素养大讲堂”上谈自己的创业经历时，几乎哽咽地说：“我给母校丢了脸、抹了黑，我是反面教材。”一度引起媒体关注，新浪微博评论员王攀说：“北大有出国的，有当官的，有发财的，可也有关监狱进大牢，在背后捅人一刀的，光明正大卖猪肉有什么丢人的？达则兼济，穷则独善。做好自己，总比祸害百姓要好。擦干你的泪，骄傲地说，北大生卖肉又如何？卖猪肉，又没有卖良心！”话说得有些重，但在情在理。知识就是客观知识本身，当人为地披上了“学历”层次的外衣，反倒失去其原有的意义——不是用来为社会服务，而是用来作为仕途的敲门砖，当用错了地方，也就成了一块砖而已。北大毕业生卖猪肉被炒作，说明了社会上对劳动的偏见和对技能人才的歧视。体现着一种意识领域和思想境界对劳动和技能的认识上的偏差。

在世界经济迅速发展的今天，过去的360行已经演变为成千上万行，而成千上万行的行当也在经历着大浪淘沙的裂变，对社会经济和社会进步没有意义、没有存在价值的行当随时都被淘汰出局，剩下来的行业，行行都是人类发展和

人类文化延续的结晶和成果，在人类社会经济发展进程中有其存在的价值和特殊的意义。北大毕业生卖猪肉被炒作，认为北大学生卖猪肉是高学历者从事了低端劳动。不仅反映了当今社会“学而优则仕”的传统观念，也折射出社会对技能型人才，对劳动的轻视和忽略。[102] 诚想：这是社会的进步还是社会的倒退？这是道德的提升，还是道德的退化？人的职业能力或许有高低之分，但人类的职业没有高低贵贱之分，职业的等级是人为因素造成的。如果我们的公务员队伍能建立起完善的服务意识，或许就不会有成千上万的人挤考一个公务员岗位的怪现象了。如果我们的企业技术人员或高端技能人才能获得相应的社会关注或应有的激励机制，我国的科技或许能激发出更大的潜力，科技人员也能释放出巨大的科研能量。

尽管社会有一些对高校的偏见，国家在用人上也是重视学历而非重视能力。但社会毕竟在进步中生存，在生存中进步。2012 年，被麦可思公司调查的 2009 届高职毕业生，月收入为 4160 元，比毕业半年时的月收入增加了 2270 元，涨幅为 120%，整体上在毕业三年后实现了收入倍增。有 56%的毕业生三年内发生过职位晋升，略高于本科毕业生职位晋升的比例 52%，有 28%的高职毕业生三年内晋升 1 次，有 28%的晋升 2 次及以上。毕业三年后自主创业的比例为 5.3%，比毕业半年后自主创业的比例增加了 2.3 倍，本科毕业生该比例增长倍数为 2.0。”[103] 从金融危机发生以来，尤其是近年来，高校毕业生屡屡遭遇“最难就业季”，可很多企业对高校的毕业生却是客观实在地一生难求。因此，北大前校长许智宏指出：“并非所有的哈佛毕业生都当了科学家、政治家。”北大毕业生卖的不仅仅是猪肉，而在于他冲破了世俗观念的束缚，卖出了健全的人格和健康的心理。劳动创造了人类，劳动人民永远是最具智慧和最高尚、最光荣的。因此，十八大报告指出“劳动光荣，创造伟大”，从牛顿发现万有引力到苹果之父乔布斯的成功，任何创造都出于人类艰辛的劳动，劳动蕴涵着创造，创造的价值体现着劳动的意义。

北大作为全国最高学府，能将以卖猪肉创业的毕业生邀请回校进行讲座，既体现了北大破除“学而优则仕”的世俗观念的姿态，也体现了北大对劳动和技能的尊重，对人的尊重。因此，高校之高，也不在于它校园内的楼层有多少、有多高，而在于它的育人思想境界和道德境界有多高。

三、铸造道德精神，加强道德自律

道德的习得从知性到理性再到德性然后上升到一种崇高的道德境界——道德精神，这是一个艰难而漫长的过程。因为社会环境的诱惑太多，而人的思想的变动不居随时都会受到各类环境的诱惑、蛊惑和影响。人只有经历长时间的德育修养，经过漫长过程的道德思考，自主地建立起道德自律意识，人的道德精神才能在纷繁的社会中经历凤凰涅槃、浴火重生般的历练和提升。人的道德精神一旦建立起来，就会自觉的加强道德自律，道德自律是德育的期待和终极目标。一个有道德自律意识的人，一个有着坚定道德自省和自觉意识的人，在任何物质诱惑、任何社会环境的诱惑面前都能建立自觉的抵抗意识，能自觉地增强“肌体”免疫力。所以，德育过程中如何塑造道德精神，如何引导学生始终如一、坚定不移地加强道德修养，使这种道德修养在面对社会上形形色色的道德困惑、物欲诱惑等问题时，都能在道德理性的基础上建立独立的思考，而非人云亦云，对于坚定一个人一生的道德意志是有百利而无一害的。因此，德育一在育，二在养，三在思，四在行，五知性，六合一，七自省，八固神而后自律。德育由他律走向自律则实现了德育的最高意境。唯有“理性自律的人，才是一位具有坚强意志的人。他不仅选择自己的准则，而且在许多非理性或他律的因素压力下，也能坚持自己的准则。意志坚强的人，一如有主见的人，面对嘲笑、排斥、惩罚和贿赂仍然坚持原则不动摇。”“自律的意志常常与自制、勇敢、执著、正直、坚持不懈等美德相关。”[104] 尤其是在“当今社会既有社会危机又有道德危机，同时暴力和犯罪行为也在增多”[105]的情况下，应为师生建立系统的、整体的德育环境、意境和情境，为德育主体建立自然的、和谐的育人氛围，如家庭美德的培育氛围表现的尤为重要。其次要在日常生活中注意孩子或学生良好的生活、学习习惯的养成，要时时刻刻地关注学生的心理和身心的和谐，持之以恒地引导他们建立良好的生活、学习习惯，化民成俗，建立良好的公序良俗。第三是德育要培养学生的学习能力，使其想学习，会学习，会独立地思考，会在思考中建立自己对德育的认知，使德育成果转化为学生自身的自觉思想。第四是将所学的德育知识运用到社会生活中去，用自己的行为来体验道德的意境和情境。第五是在道德体验中使自己原始的道德认知得到知性的建立和理性的提升，进而巩固所学的德育知识。第六是建立知行合一的道德观，建立德育理论与德育实践紧密结合的逻辑思维和行为能力。第七是在纷繁的社会生活或社会事务中，能做到“吾日三省吾身”，自省而后省人。第八是将建立的道德认知和道德行为经过反复的体验和思考上升为一种相对稳定的道德精神，并在道德实践中不断巩固，在稳固的道德精神引导下，人的道德自律意识便稳定地形成。遵循这一道德成长规律，使学生在德育理论课上建立道德认知，在德育实践教学方面建立道德体验，在二者之间引导学生的道德修养和道德思考，学生在学校几年，就坚持几年，良好的道德认知和道德判断能力就逐渐地建立起来了。关键的是要建立学生在社会生活以及社会生产实践中的道德修养能力，这种能力的培养不是一两个学期可以培植起来的。因此，需要建立大学期间全程关注的德育实践教学意识和模式。

四、塑造德育文化，引领校园文化

“文化是一个生生不息的运动过程，任何一种民族的文化，都有它发生、发展的历史，都有它的昨天、今天和明天。”[106] 我国正处在一个社会文化大发展、大繁荣的时期，高校也正处于这样一个大发展和大繁荣的时期。因此，社会文化大发展必将为高校的德育文化及校园文化发展带来生机和活力。高校德育文化培育的是一个育人氛围和育人环境。每所高校从历史中走来，几经兼并重组而存在着的，都有其鲜明的办学传统和特征。而高校的共性文化特征是：师生能正确对待劳动。首先，就师德建设而言，高校有这样一种思想认识：孔融让梨成为千古绝唱，纵行华夏数千年，代代传诵，妇孺皆知。它说明一个问题：在德育方面，“教”与“学”两个主体之间是相辅相成、相互依存、相互促进、相互勉励的。其次是生长在各类媒体高度透明、高度开放、高速运行的今天，学生通过互联网掌握的信息或许不比教师少，这是一个上下五千年，弹指一挥间的时代；是一个各类知识空前丰富、各行业新知识产生空前快速、各种旧知识淘汰空前迅速的知识经济时代，在这个时代中，教师的头脑中所固有的知识，甚至书本上的知识在客观上都随时受到挑战。因此，学生在校期间，学校教职工的言行必然对他们产生一定的影响，好的言行产生好的互动，反之，不然。因此，为人师表，率先垂范，教师应该是学生树立崇高道德品质的先导，做到“己所不欲，勿施于人”。

与研究型大学教师相比，普通高校的教师、尤其是高职院校的教师无论是在教学还是在管理方面参与的业务要宽泛得多，既要确保理论教学适应高等职业教育的要求，又要保证实践教学理论联系实际，并具备一定的动手能力。在近几年的一体化教学改革中，老师必须做到拿起粉笔能讲理论，拿起零部件能操作实践，在实践教学中，教师的关注点就更多了，一要关注学生是否接受了“应知”的理论教学内容；二要关注学生是否弄懂了“应会”的实践操作方法，关注他们把握的准确性和精确度；三要关注学生的安全、卫生、文明上岗，亦即学生的言行是否规范，若不符合规范，必然存在不安全隐患；四要关注学生彼此之间的友爱互助等方方面面的内容。同时要随时答复学生在实习中提出的一系列问题。老师要眼观六路、耳听八方。高校的老师做到了，他们和同学们一起拆装新进的设备，和同学们一起清理实践教学的卫生环境，唯一和学生不同的是，他们要随时回答学生围绕眼前的设备提出的一系列技术问题。因此，用一句非常直白、非常朴素也非常坚定的话描述高校的教师就是：真刀真枪的干！情感朴素，情真意切，面对着环绕在机械设备周围的学生，教师不再有三尺讲坛高高在上的神圣与神秘，磨床、铣床和数控机床等，是师生面对的共同工具，在有形的实物教具面前，师生面对着同样的问题，即教师怎样教懂学生，学生怎样理解教师的意图。师生共同面对的是同一个命题：如何完成一门专业知识由理性到感性的再认识。

总之，教师走下讲坛，融入到车间里，融入到学生中，理论与实践紧密结合，是高校教师的一大特色，霎那间缩短了师生距离，一瞬间感受到师生情谊，教师少了些说教，学生少了些枯燥；教师多了些示范，学生多了些模拟；教师的职业道德、言行举止一览无余地展示在学生面前，双师型教师是什么？言传身教、身体力行，言行一致、知行合一是他们的特点。教师在承担教书这一任务的同时，其言行在客观上形成了育人导向。因此，师德建设在高校尤为重要，师德不是一时一刻做作出来的，在讲坛上、车间里都是自然的人性流露，教师言行是其世界观方法论高度统一的外在表现形式，因此，塑造高尚教师道德是加强德育建设的关键，是加强学生道德建设的直接保障；而塑造德育文化，必须从教师开始，从全体教职工的示范行动开始，教书育人、管理育人、学校里的餐饮服务等也育人，在文明有序的工作中，在卫生礼貌的服务中，在这些育人的人所构成的工作环境中，学生能感受到全体教职工的敬业精神和文明素质，从而形成惠及学生成长的良好德育氛围，德育文化就孕育在这浓厚的、可感、可知、可体验、可效仿的示范效果中。

“在文化上，这是一个眼界不断开阔的时期。整个地球上，一些民族正注意到其他民族和文化”。[107] 围绕德育实践教学的研究，我们密切关注德育文化建设，是因为“‘文化上的每一个进步，都是迈向自由的进步’。文化是国家的根脉。文化兴则国兴，文化强则国强。”[108] 德育文化建设是校园文化的载体。它的硬环境通过校园建筑、园林绿化、人文景观、自然生态等形式体现出来；它的软环境是围绕“四德”内容而建立起来的一系列制度文化和管理理念。校园德育文化是一个系统工程，体现了学院管理者独具匠心的办学理念。学生进入一所大学，很快建立起来的是先入为主的感性认识。因此，高校德育文化环境的建设至关重要。

高校的一砖一石都饱含寓意，一草一木都赋予文章，一山一水也浸润思想。它一方面浸透着学校教职工的办学理念和文化传统，构成德育文化的多种教育元素，是校园文化的物质表现形式；另一方面它通过拟人化的思维，使精美的石头会说话（高校为了防止学生毁坏警示设施，将巨大的石头上镌刻上各类警句），赋予草木以人性化的理念，幽雅、宁静、文明、有序的校园环境为师生员工的学习和工作提供惬意的、和谐的氛围，使师生长期浸润在优良的德育文化氛围中，从中感悟校园文化殿堂般的圣洁、文明、典雅，从中感悟校园人生生不息，传承和创造文化、文明的使命的高尚。在这种环境中，师生员工的心灵得到净化，知行得到教化，精神得到升华，文化品位得到全面提升。正如丘吉尔所言，先是人创造了建筑，建筑反过来创造人。因此校园德育文化环境的营造十分重要。“德育文化就是要创设一种文化氛围，形成一种文化机制。要使学生在这样一种文化氛围中健康成长，就必须创设有利于学生育德自觉、选择自主的条件，使学生在这样的文化环境中受到感染、受到教育。”[109] 首先应加强人本理念的德育文化环境建设。今天的规划和建设，都是为明天服务的，站在这个角度上，校园文化环境规划必须具有前瞻性，研究自身文化史、立足今天，为明天设计，面向世界、面向未来、面向现代化规划和建设。对于路，要做到路畅、路宽、路平、路净、路明、道路两旁绿树成荫，以便为教职工日后购车，出入校园提供道路畅通的保障，为师生员工的学习、工作、生活提供能遮阳蔽日的场所。校园德育文化环境建设要具备人本性的理念，建设使师生员工赏心悦目、起居便捷的校园文化环境，满足师生不同层次的需求，校园的一切环境建设都要充分考虑为师生员工提供最满意的服务，还要考虑未来的维护和养护的适切性，所谓“物为人所用，人不能为物所累”，强调的是人本性的理念。此外，要具备教育功能。校园里的每一处环境规划，都应予以教育意义，树要有树名乃至树的解说，草要有草的寓意，花要有花的内涵，开辟一处“百花苑”，“百花齐放”寓意着学术的“百家争鸣”，寓意着学术自由，体现的是学术的氛围和思想；种上一大片稀疏的树林，绿树成荫处，布置上坚固的、散落有序的石头座椅（不怕风、不怕雨、还不易被学生损坏），供师生员工小憩或休读，校园文化环境一定要具备与师生员工身份相一致的教育适切性。

其次，要加强人文理念的德育文化环境建设。校园环境建设，不同于小区开发，也不同于公益性的或为社会服务的公共园林，校园环境的一切投入既要满足校园文化主体的学习、生活、工作需要，还应具备人文理念，这种人文理念不是给某座建筑或某条路、某座山提出一个名字即可产生的，而是在校园环境建设过程中，就赋予了人文精神的蕴意。要真正体现出七个意境来，即品位高雅的文化环境，简约凝练的工作环境，严谨有序的治学环境，催人奋进的学习环境，舒适宜人的生活环境，宁静典雅的人文环境，和谐统一的生态环境。在这种意境中，方能有效发挥校园文化的“润物细无声”和春风化雨、滴水穿石的潜移默化的教化功能，从而通过校园文化环境建设形成良好的育人环境。

三要加强特色理念的德育文化环境建设。一是要体现高校鲜明的办学特色，比如以工科为主的高校，学生动手能力强，技能领先，某些雕塑群可以凸显特色的直观性，凸显刚性的力量；二是要体现校区周边的地域特色，学校是整个社区文化的一个组成部分，校园德育文化环境的建设在保持学校优良传统的同时，应与学校所在地的社区文化对接，与周边的生态环境融合，如果是在群山环绕中，则环境文化重点突出“山”的厚重，蕴涵办学人的厚道，与教师的教学方法、学术积累和“厚积薄发”相呼应，与师生员工的厚德载物相呼应。

四是应加强绿化理念的德育文化环境建设。首先，对依山或依水而建的新校区，校园的绿化树种，应与环山周围的苍松翠柏遥相呼应，自然和谐的连成一体，方显浑然天成之美；其次，校园绿化还应有追随自然的意义，如有的树种已经在规划的新校区内生长多年，所谓十年树木，十年以前师生共同栽植的树苗，十年后已形成成片的树林，它们见证了十年间或几十年乃至上百年的高校师生共同成长的历程，能不移植的尽量保留，必须腾地方的以移植为主，既节省开支，还维护树种，培育的是一种生态文明和生态节约的意识；最后绿化要考虑植物物种的平衡和生长环境的适应性，考虑绿化的植物物种对师生员工身心健康的有益性，还应考虑避免建筑设施光辐射和光污染，空气的流通性等，因此。绿化是个广义的含义。绿化的是客观实在的环境，涵养和滋润的是师生的德育文化环境，培育的是大度大气、和谐自然的校园文化。

五是加强生态文明理念的德育文化环境建设。从清华大学学生刘海洋用火碱和硫酸溶液伤熊到复旦大学研究生的虐猫事件，都说明了人们生态意识的淡薄，说明了当代大学生道德素质滑坡，也说明了一些著名高校的学生的知行、知性和德性的分离。因此，在校园德育文化环境建设中，应将生态环境与人文景观有机融合，旨在潜移默化中培育师生员工的生态文明意识。使校园环境实现“四季长绿，三季开花，两季结果”的植物物种繁殖效果；形成蜂鸣蝶飞，鸟语花香，人与动植物和谐相处的生态文明的校园德育文化环境。在济南植物园东南门的石碑上镌刻着这样的警示：“现在每年都有1～2万个植物物种灭绝，物种灭绝的速度是形成速度的100万倍，每个物种丧失都恶化着人类的生存环境，减少着人类适应变化条件的选择余地。据说现在这个速度还在加快！”类似这样的提示语，对青年学生来说，有着重要的生态文明教育意义，这类内容的德育效果就在游玩中体现。21世纪的大学生必须建立生态文明意识，类似的警句如果镌刻在大学校园里，必然对学生的生态文明意识产生积极的教育和引导作用。

六是加强安全理念的德育文化环境建设。21世纪，我们进入了以人为本、全面尊重和发展人的时代，建立安全理念，为学生提供安全稳定的学习生活环境成为高校新时期的管理课题。高校每年对新生进行军训的同时，进行入学教育，其中最为主要的内容就是安全教育。安全教育也是营造高校德育文化氛围的一个重要内容。办学主体要加强安全方面的教育和引导。师生既是学校学习、生活的主体，也是学校德育安全文化环境塑造的主体，建立安全稳定的校园秩序是师生共同承担的责任和义务。尤其是在开放的自媒体时代，需要师生的共同努力，加强网络道德建设，规范网络行为，强化网络自律意识，师生既是安全文化环境的建设者也是受益者，建设安全稳定的校园文化秩序是加强德育文化环境建设的重要内容。

七是加强开放理念下的德育文化环境建设。高职教育的特点之一就是开放的办学模式，学生需要一定的时间到企业等相关单位实习，强调的是校企结合与合作，工学交替，产训结合，“教、学、做一体化”等，理论与实践的紧密结合，促使高校成为一个开放的办学系统。另外，近年来大学园区的建设，也为校际之间师生的学习交流提供了便捷的条件，尤其是高校学生之间的交流和节假日的互访，使校园逐渐成为一个文化思想和人际交往开放的地方。在这个开放的客观情境下，校园文化环境建设需要考虑人的独处和对话的空间。在师生宿舍区、体育娱乐等区域，需要建设一定的人性化的活动场地，为师生员工的对话与交流提供安全、安宁、优雅的场所。另外，校园德育文化环境还包括组织管理环境，如学校的形态、组织类型、管理体制、领导、教师构成、班级、社团等；包括文化和社会环境，如校园内外的风气氛围、传统习俗、学校所处的社会环境中人们的价值观、信仰、思维准则与思维方式、社会民俗、宗教和社会风气等；人际关系环境，如学校的领导、教师、教学管理人员和各类教辅人员之间的关系以及他们与学生之间的人际交往和相互影响等。改善教育环境主要应从教育理念、教育管理、教育资源投入与分配和具体的管理措施等方面入手，统一组织和管理，努力构建完善的、具有浓厚人文气息与科学精神和德育氛围的校园文化环境。

总之，德育文化环境建设与校园文化建设是相辅相成、相互促进、共同提升的，没有良好的德育文化环境作为支撑，良好的校园文化环境和情境也难以营造；没有浓厚的校园文化环境为德育环境营造育人氛围，德育也难以形成自己的文化环境。在文化环境的建设中，人孕育和创造了文化环境，环境也滋养和涵养着人。正如经济学家蔡昉所说：“制度让想犯错的人犯不了错；文化让有机会犯错的人不愿意犯错。”制度管人，文化洗脑。因为，文化是渗透在一个民族血液中的DNA，有着显著的延续性和传递性的特征。多年来，由于片面追求经济增长而忽视人的心灵建设，造成社会戾气的增加，“要化解戾气，除了要坚持使经济社会在公平正义的轨道上前进之外，也要重视文化的特殊作用，用文化来抚慰心灵、调节心理、滋养灵魂，进而化解社会戾气。物质财富的增加是有上限的，而精神的提升是无限的。越是追求经济增长，就越应加强文化建设。”[110]

五、将优质的传统文化、时代文化融入德育实践教学的全过程

古往今来，中国文化博大精深，中华文明源远流长，中国精神生生不息，中华民族的优秀传统文化是中国民族生生不息的力量源泉。这种力量通过德育文化的形式，一代代地传承到今天，成为照耀我们民族奋起和前进的永不磨灭的灯塔。时代的发展，将我们带入了机遇与挑战并存的岁月，带到了日新月异的现代文明。

但人类从远古走来，走出了原始，走出了愚昧，在这个过程中，每个国家都在漫长的进化和发展中形成了各自的文化，“文化的发展不能割断历史，中华民族有几千年的文明史，在人类历史发展的长河中形成了自己独特的光辉灿烂的传统文化。”[111] 在改革开放的时代，社会经济的迅猛发展促进了社会生活的多样化，也促进了文化思想的多元性，但我国传统文化中仍有许多具有强大生命力的道德价值观被传承、被发扬光大。例如家庭美德方面的孝文化，敬老爱幼；如社会公德方面的舍己为人、助人为乐的价值观依然存在；如职业道德方面的忠于职守，敬业爱岗，脚踏实地，勤奋工作的价值观依然在指导着我们的社会生产和社会实践。因此，我国许多优秀的传统文化是我们民族进步和发展的道德根基，文化是人的灵魂，我国优质的传统道德文化是我们民族前进的灵魂，是民魂。正如鲁迅所说的：“唯有民魂是值得宝贵的，唯有它发扬起来，中国才有真进步。”在德育实践教学研究和实践过程中，我们必须牢牢把握我国优秀的传统德育文化的脉搏，才能邀请学生家长配合学校使学生树立家庭美德的价值取向，学校应全面培养学生，使之建立完整的人格，在社会生产实习和专业课实践教学中学习职业道德，培养职业素质，在志愿者活动或各类社会生活活动中培养社会公德意识，在学生整个成长过程中完善个人品德修养。

在开放的时代，面对开放的国际环境，在整个德育实践教学过程中，必然打上时代发展和时代进步的烙印，才能完成德育文化的超越。一味地停留在自己的传统文化中，再优秀的文化也会衰竭，优秀的传统文化是包容和发展的文化，只有包容，我们才能不断完善自己的文化；只有发展，我们才能创新和提升传统的文化。千百年来，“由于学校的存在，使得年轻一代能够站在前人的肩膀上不断走向更新的远方，追寻属于自己的梦想，也正是由于学校的存在，人类社会避免了由于历史的交替更迭而导致的人类文化在其发展过程中出现的流失、断裂的现象，才有了文化的进一步繁荣和发展，才有了光辉灿烂的古代文明和日新月异的现代文明。”[112] 在我国高等教育领域，高校是一支异军突起的，拥有强大后发优势和力量的队伍，之所以这样认为，是社会经济建设发展，对高端技能人才的大量需求使然，目前是供不应求，有着很大的缺口。由于我国的高校起步晚，在建设发展的同时没有过多的历史羁绊，利于创新和发展。而高校的引厂入校、开门办学，在德育实践教学中有着广泛的社会生产实践的摸索，德育实践教学有所积累。与此同时，德育实践教学不仅仅要关注传统文化的发扬，也需要关注发展进步中的时代文化，大胆地将世界上优秀的、富含时代特征的、先进的文化吸收到德育实践教学的研究和建设中。比如赫尔巴特的训育思想：一是陶冶；二是感染；三是赞许和责备。[113] 如杜威的“教育即生活”理论，“教育是生活的过程，而不是为将来生活的预备。”[114] 杜威认为德育目的就是为了培养“为增进国家秩序的稳定”

的“良好公民”。[115] 学校德育只有完成这样的任务，才能更好地适应目前社会的需要，使德育在当前的社会背景下产生效益。这些思想符合年轻人德育养成的路径。德育实践教学就需要研究德育文化背景下的德育工作，脱离了当下的时代背景和文化环境，从知识到理论，从课堂到大讲堂的学而优则仕的说教，很难实现预期的德育效果。因此，德育实践教学无论是研究还是在实践中探索，都必须吸收传统文化和时代文化的德育精髓，从而实现教育目的。

Chapter 6

第六章 高校德育实践教学研究的预期

孔融让梨的典故传承了几千年，教育和影响了无数代人，说明道德源于生活，德育理论高于生活。德育回归社会生活、社会生产实践，建设德育实践教学模式，让全社会都来关注德育，让优秀的社会生产者和社会工作者参与学校德育，必将为德育教学拓展极大的办学空间，必将为德育带来良好的效果和预期，必将极大地提高德育教学的实效性。

尽管德育实践教学研究处于刚起步的阶段，但在研究和实践的过程中，让我们感觉到了来自学生家庭和社会力量的重要性，如果学生家长能积极配合学校的德育工作，如果整个社会对学校在德育实践教学中给予积极的支持，德育实践教学将有良好的预期，能取得令人满意的效果。这样说是因为在以往的德育实践教学研究中，从个案的处理到广泛地调研，就家庭美德教育而言，我们得到了学生家长的积极配合，方能成就本课题的研究；就社会力量对德育实践教学而言，主要来自高校学生的专业课实践教学的社会生产实践，在校企合作办学过程中，企业不仅仅给安排了良好的师傅带学生进行专业实习，而且对学生在职业道德和职业素质方面的培养也给予了极大的关注；还有来自社会媒体的正面引导的德育力量和社会各界对高校学生培养的关注，学校在军队、省党史馆等建立了学生德育基地，这些德育环境的营造都为高校的德育拓展了实践教学的空间。“蓬生麻中，不扶自直；白沙在涅，与之偕黑。”[116] 为学生的健康成长营造一个圣洁的校园德育文化环境是学校教育的天职，为青年的成长营造一个健康向上的、富含正能量的社会环境也是需要全社会关注的课题。在社会经济发展和社会进步中，我们有信心，也有良好的预期。

第一节 非学术性德育，从家庭美德开始的基础德育得到关注

“环境塑造人，同一个人经历不同的社会环境，接受不同的制度和文化制约，其行为可能发生重要变化。”[117] 每位学生的第一位德育教师必然是他们的父母或在幼年时期养育他们的人，在同一时代，学生的成长既打下时代的烙印，也反映着不同成长环境的印记。我们探索德育实践教学研究，就是将学校的德育向社会延伸，和学生家长一起完成对学生道德的培育。

一、儿童学前德育，应引起家长重视

在本课题的问卷调研中，我们感受到绝大多数家长在学生德育培养方面目标是一致的。在涉及“您希望倡导孝道吗？（多选题）”的家访问卷中，64%的家长选择“希望学校积极倡导”，65%的家长选择“希望整个社会积极倡导”，49%的家长选择“自己做给孩子看”。更多的家长将我国传统文化——“孝”寄希望于社会和学校，学校德育从理论上有家庭美德教育内容，从实践上也应加以引导，但良好的家庭美德培养首先应当从学生幼年抓起。目前，存在着学前德育，被家长和社会忽略的现象。

案例：20 世纪 90 年代初的一个冬季，一个四室同堂的家庭按惯例在星期天喜庆地相聚，一个大家庭衍生出三个小家庭，其中一个小家庭平日是独自生活的。三个小家庭分别有 3 岁、5 岁、9 岁三个孩子。是日，大人切开了一个西瓜，三个孩子围在大人的身边，第一瓣西瓜切下来后，大人问孩子：“第一块西瓜该给谁吃啊？”最小的孩子使劲地伸着脖子迫不及待地说：“给我。”其他两个孩子几乎异口同声地说：“给老奶奶”。其中的一个孩子接过西瓜送到老人嘴边。第二瓣西瓜切下来后，大人又问：“第二块西瓜该给谁啦？”最小的孩子更加使劲地伸长脖子急切地说：“给我。”其他两个孩子又是异口同声地说：“给爷爷。”其中的一个孩子把西瓜送到了爷爷嘴边。当第三块西瓜切下来后，大人再问：“第三块西瓜该给谁啦？”最小的孩子此时眼里噙满了泪水，带着哭腔说：“给我。”而另外两个孩子则坚定地说：“给奶奶。”

以上案例给我们一个启示，同样的一个四室同堂的大家庭，为什么其他的两个孩子能有敬老的想法和行为，而最小的那个孩子没有呢？因为前两个孩子在成长过程中从小与老人一起生活了很多年，在一个四室同堂的家庭，耳濡目染、潜移默化地受到来自父母和祖父母对长辈孝顺行为的影响，逐渐形成了敬老的意识和行为。而最小的那个孩子，由于随着家庭成员的扩张，父母结婚就开始了独立

生活，而后有了自己的小宝宝，在小宝宝成长的过程中，虽然在节假日也经常到祖父母或外祖父母家探亲，甚至还有一段相当长的时间跟着姥姥一起生活，但因为在其成长过程中，主流的家庭文化熏陶是爱幼，因为她父母在家庭兄弟姐妹中是最小的，她又是最小的，得到的爱护最多，以致她认为这都是应该的，因为我最小。她的父母目睹了这个场景后，加强了孝敬长辈方面的教育，目前这个孩子成为医德医术都有追求的成人。从这个案例中我们得到一个启示："道德不是在真空中形成和发展的。"[118] 德育就孕育在我们日常生活的时时刻刻，方方面面，我们成人的思想和行为无不对孩子产生影响，正能量传递正效应，负能量产生负效应。在家庭美德方面，种瓜得瓜，种豆得豆，家长永远是孩子的第一任教师。

在德育实践教学的研究和实践中，我们通过问卷调研或在处理学生问题时积极与家长沟通，了解学生的成长经历，在取得家长的积极认同和协助下，能够有针对性地依据学生的个性发展进行心理调适，可对引导和培育学生积极、健康向上的人格起到很好的效果，这些方法促使学校德育向社会延伸，调动一切社会的积极力量配合学校、支持学校做好德育工作。德育实践教学重在实践和探索，目前，由于家长对家庭美德教育问卷的介入，在与学生的访谈中，学生家长认为学校这样做对学生的全面成长很有意义。今天的学生是未来的家长，今天的家庭美德教育必将对他们未来的家庭生活产生良好的效果。因此，家庭美德教育建立学校与家长的互动机制，对学生的成长是很有利的，在这方面，高校的德育实践教学向社会辐射和延伸，也向社会输送了弘扬优秀传统文化的正能量，必将对学校的德育赢得好的预期，同时也能带动学生家长对发扬我国优秀传统文化的积极关注。此为德育实践教学研究的预期之一。

二、创设德育意境，教育影响儿童

从以上的案例可以得出：目前缺乏家庭美德的教育环境、情境和意境。尤其对独立生活的"小家庭"更甚，如果家长注意在节假日与老人团聚时，有意地设计或安排一些教育场景，对孩子的成长是有利的；如果没有创设适当的德育意境和情景，对于儿童的家庭美德教育将是一个空白，家庭美德教育以理论形式让学校来补这一课，有亡羊补牢之感，而且，若没有家长的配合，效果依然不佳。

古往今来，承欢膝下是我国优良的文化传统和我们共同的福利。今天，当"常回家看看"的精神赡养方式，从道德自律上升为法律义务，需要引起这一代人的反思。人是社会人，但人的成长过程是一个不可逾越的自然过程，今天的成人，就是明天的老人，今天的儿童将是明天的成人。成人不加强儿童的家庭美德教育，当老来后再诉诸法律，父子或母女对簿公堂，这不仅仅是一个社会问题、法律问题或伦理问题，更应当是父母对子女教育的悲哀，为了不给自己酿出恶果，父母应关注家庭教育，在现实的敬老和孝道情境缺失的客观情况下，不要一味地履行爱幼的义务，也要对敬老有特别的关注和有意识的培养。如在节假日与老人欢聚的时刻，不能仅仅让“隔代亲”的爱的光环笼罩着孩子，要在难得的敬老教育情境中，特别注意展示自身对长辈的爱和敬，也要有意识地引导孩子对长辈的敬爱和孝顺，不要等到老来徒伤悲。学校德育实践教学的调研，与家长的沟通，提示了学生家长，也对学生自己的未来成人、成家和育人有所启示，也能赢得好的德育预期。

三、用古今中外的优质德育思想影响和教育儿童

儿时的每个夜晚多是在大人讲的故事中甜美入睡的。但在当下这个社会经济飞速发展的时代，又出现了很多“留守儿童”，当“常回家看看”——对老人的关注提升到法律层面时，与之并存的“留守儿童”也是个客观存在的现象。这些儿童在最需要父母关爱的时候，在人的一生无论是知性还是德性成长的最关键时期，有的只是吃饱穿暖，而没有精神方面的引导，这是个社会问题，也是家长的责任问题。儿童是祖国的未来，少年强则国强，少年智则国智。当今社会，由于经济生活水平普遍提高，成人对孩子的教育是给予很大投资的。但问题在于，正是由于社会的飞速发展，导致社会竞争激烈，孩子从中考、高考到就业考试，一路考来，从家长到学生，更多地将原本快乐学习、快活成长的孩子带入了功利主义的歧途。各项艺能、技能和特长培养几乎占据了孩子的业余时间，儿童德育被严重忽略。现在，即便是讲故事，也是一些励志的故事，趋于功利性的教育，在某些时候不是教育孩子，而是毁了孩子，各类学习压力导致孩子成长中的烦恼、压抑和忧郁。

因此，应当用古今中外的一些优质的德育思想教育和影响儿童。既让他们在故事中获得乐趣，也让他们在故事中领悟道理，还能让他们伴随这些故事健康成长。尤其是在网络时代，客观上儿童是无法对海量信息做出正确判断的，更难以从热火朝天的游戏中自觉抽身，成人对儿童必须给予更多的关注。当下，为中小学生减压的呼声依存，但只有将良好的、健康向上的文化或育人氛围提供给孩子们，才能真正促进儿童健康成长。德育实践教学将推进人们关注对儿童的家庭美德和社会公德的培养，有利于儿童形成健全和健康的人格。

四、家长是儿童的第一任教师得到普遍认同

“美国心理学家布鲁姆经过二十多年对1000多人的跟踪研究，得出了一个让教育界震惊的结论：假设一个人在17岁时智力为100%的话，那么4岁前获得50%，4～8岁获得30%，其余在8～17岁获得。”[119] 在儿童的成长过程中，家长是他

们的第一任教师，在本次的问卷调研和对学生的访谈中，得到普遍认同。家长的言谈举止对儿童最早期的智育开发和德育教育有最为直接的影响。家长与邻里之间友善相处，邻里之间的孩子们就能玩得热火朝天，反之则不然；父母之间相亲相爱，家庭氛围和睦温馨，孩子就心态平和，从容淡定；父母对长辈孝顺事亲，体恤有加，就能引导和教育孩子善待父母；父母能热爱生活、热爱大自然，善待其他植物或生物物种，孩子就会学习效仿，孝孙原毂就是一个典型的例子。家长是儿童的第一任教师，家长只有身先士卒，做好表率，才能引导孩子健康成长。即便是上了大学，处于青春期的学生还有很强的可塑性，家长要始终关注孩子的成长，促进学生的生理和心理趋于统一的成长和成熟。德育实践教学将学校德育向家长延伸，引导家长一起来关注学生德育教育，也得到家长的积极呼应，必然产生良好的育人预期。

五、学生日常德育情境的创设引起家长重视

高校的学生来自全省乃至全国各地，与家长的沟通不如中小学阶段方便，但网络时代给我们提供了家校交流和对学生教育互动的平台，让德育实践教学得以向家长延伸，在学校是一个老师带一个甚至几个班级，但对于个体的学生而言，一旦教师与家长建立了对学生教育的网络互动，就是一个学生几个人在教育，德育实践教学使德育教学更有针对性、互动性和个体性，对关注学生个性培养有重要的意义。每个学生的身上都不同程度地带着家庭德育的缩影，那些在正能量气场强大的家庭中长大的学生，无论是学习还是做事，都更主动、更自信、更阳光；而那些受负面问题影响多的学生，则缺乏主动精神，较易消沉。并非家庭经济状况优越的学生、学习成绩好的学生就是正能量、气场大的学生。不少家长以为只要孩子学习成绩上去了，就没有问题了，从而一味地关注孩子的学习成绩而忽略了其他，这样的结果也不令人满意的。某实验中学学生，就因为自己在初中时考试几乎一直是级部第一，但到高中后，有几次考试在班级第三、第五就不能接受了，直至精神崩溃。因此，教育不是为了考试而考试，不是为了升学而升学，不是为了教育而教育。教是为了不教，不教不是不去教育，而是引导学生能够自己教育自己。因此，即便是进入高校，学校德育教师或辅导员遇事也应尽量与家长多沟通，在教育学生健康成长方面家长与学校的目标是一致的。家长也是社会人，即便是在社会上遇到不公，也尽可能地少将负面情绪带到家中以免感染孩子，或者即便是孩子知道了，也要加以正面引导，成长中的孩子的正能量的扶持需要家长和学校的共同努力，家长在家庭培育正能量气场，将利于孩子健康成长。家长要尽可能地对孩子加强正面引导，少守着孩子发牢骚，孩子的德育过程，也是家长道德自觉、自省、自律、自我提高的过程。更为重要的是，家长要有配合学校

做好学生德育工作的意识。要建立起全面培育人和发展人的主动性，与学校一起培养心态和谐、全面发展的人。苏霍姆林斯基指出：“培养全面发展的、和谐的个性的过程就在于：教育者在关心人的每一个特征的完善的同时，任何情况也不能忽视这样一种情况，即人的所有各个方面的特征的和谐都是由某种主导的、首要的东西所决定的……在这个和谐里起主导作用的成分就是道德。”“道德是照亮全面发展的一切方面的光源，而同时它又是人的个性的一个个别的、特殊的方面。”[120] 德育实践教学就是要有的放矢地针对学生个别的、特殊的方面进行因材施教。学校德育实践教学因符合学生个性发展而与家长对接，因此能引起家长的配合，德育便有了良好的预期。

第二节　非专业性德育向社会辐射引起社会重视

道德意识的确立需要一个从教养、教育到教化的过程，古往今来，从孔融到当代的雷锋等，说明我国的德育有着广泛的群众基础。德育不仅仅是学校学生的必修课，也是从家长到社会始终普遍关注的问题。德育内容涉及学习、生活、工作的方方面面，从家庭在哺育孩子过程的德育教养，到学校的德育教育，再到毕业生奔赴工作岗位后的职业道德和职业素质培养，再到社会媒体，尤其是自媒体时代发达的网络对社会公德方面的广泛的舆论监督，都在一定程度上起到了教化的作用。由此可见，德育不仅仅是学校的职能，它蕴涵在人们社会生活的方方面面，在我们的生活、学习和工作中，随处都展示着人们的道德素质，而健康向上的道德价值观和行为也在耳濡目染地影响和教育着每一个人，德育实践教学研究关注了学生整个大学期间的成长，包含着寒暑假或节假日的家庭活动，使学校与学生家长、与学生的社会生活活动和社会生产实践单位建立了广泛而深入的联系，促使学校的非专业性德育向社会辐射，引起社会的广泛重视和积极配合，为学校德育建设带来良好的预期。

一、家庭、学校、社会的三重德育环境建设引起社会重视

德育从家庭的教养开始培育，到学校的德育专业课的教育，再到社会舆论等的监督和引导，三重德育环境经历了一个教养、教育和教化的过程，德育的终极目标就是为社会培养人格全面完善和全面发展的人。德育实践教学改变了原有的说教式的课堂教育，也改变了原来的考核评价体系，同时也改变了原来的一个学期或一个学年的德育时限，让德育走出课堂，走进学生丰富的业余生活，让教育转化成教育感化，教而育之，教而化之，化育成人，从而使德育不仅仅引起了学

校的重视，也引起了家庭和社会的广泛关注。无论是社会现实生活还是学生的业余生活，除了学校的专业德育课程外，更多的是学生在课外的家庭生活、社会生活的非专业性德育，这种非专业性德育来自同学、家庭、学校活动、社会活动对他们的影响，如班有班风，校有校风，一个单位还有一个单位的风气，一个地方还有一个地方的民风和民俗。"一个特定地方老百姓的公德水平是与当地的物质和文化发展水平成正比的。"[121] 所谓"近朱者赤，近墨者黑"就是这个道理。三重德育环境的建设，必然对学校的德育产生积极的影响。

二、高校的非专业性德育——第二课堂教育得以加强

高校结合学生好动和动手能力强的特点，开设了内容丰富、形式多样、动静相宜的第二课堂教育。丰富的第二课堂教育对学生的人格完善和健康成长产生着重要的影响和积极的意义，无论德智体美都是弥足珍贵的，学生会根据自己的兴趣爱好有选择地开展活动，因此，这些非专业性德育影响是不容忽略的，它对学生的一生是能产生积极影响的，也是值得留恋和回忆的。以高校每年一度的科技文化艺术节为例，在几乎贯穿全年的科技文化艺术节上，学生从活动的组织、协调到具体的文艺演出、科技小发明、书法、绘画等艺术品制作和展出，需要经过系统周密的安排，这些活动极大地锻炼了学生的协调与合作能力，锻炼了学生全面思考问题的统观全局的能力，锻炼了学生将严谨的工作态度和饱满的工作热情相结合的能力，锻炼了学生大处着眼，小处着手，脚踏实地的实干精神。在活动中，尽管会出现这样那样的闪失或错误，但是没有历练就不能成长和成熟，学生正是在这些闪失和错误中，在教师的引导下不断地总结和提高。

这里要着重提到的是，学生通过第二课堂教育获得知识的同时，教师之间也加深了沟通交流，如有的教师提出无为而治的思想并阐述了所取得的效果。有 6 位学生在上课铃声响过、教师进入课堂后，仍然在意犹未尽地打游戏，教师没有严厉的制止，而是淡淡地说："给你们开辟一个角落，你们 6 个人继续打，但是不能出声，别影响了其他同学听课。"学生反而不好意思地收场了。面对这样的局面，如果教师将学生批评一通，教师的教学情绪和学生的学习情绪都会受到影响。该教师传递给其他教师的是一种良好的修养和由此而产生的温文尔雅的教育和管理行为。

高校还有另一个特色——从学院到系部每年数次的技能大赛或技能比武。从技能大赛前的学习准备，到技能比武和大赛，学生不断地提升着热爱劳动和劳动光荣的自觉意识，为了在技能比武或技能大赛中取得好的成绩，学生无以数计的反复训练和操作，既培养了他们吃苦耐劳的精神，也培养了他们严谨规范和精益求精的职业素质。

三、学生顶岗实习的非专业性德育得到重视

高校学生到社会生产组织顶岗实习，将专业课理论知识与专业课实践知识紧密结合，主要提高专业技能操作能力。但以往学生的顶岗实习就是单纯的专业课社会实践和专业技能实习，虽然有职业素质提高的导向，但是没有系统的、规范的考核评价要求，没有引起足够的重视。“爱因斯坦说，仅仅用专业知识教育人是不够的，通过专业教育，一个人可以成为一台有用的机器，但是不能成为和谐发展的人。”[122] 在专业实践教学中，将德育实践教学与之结合，将职业道德和社会公德的内容作为学生专业课实践教学的内容之一，学生在专业课实践中，必须全面学习所在企、事业单位的安全管理规范和专业实习操作规范，必须全面了解所在实习单位的基本文化和职业道德规范，培养职业素质。如此一来，专业课实践教学与德育课实践教学的内容相互融合，成为健全学生知性和健全学生人格“一体两翼”的完整的顶岗实习体系，对德、智、体、美全面育人有着重要的意义。

近年来，高职院校的学生为什么供不应求？一是他们从入学之日起，就接受了劳动光荣的意识引导；二是在学校的学习过程中，实践教学贯穿于整个学习过程，勤学苦练始终伴随着整个专业课实践教学，而德育的关键不是德育大纲化、课程化或系统化，德育的关键是培养德性，“德性的养成跟知性的养成不一样，而我们常常用培养知性的方法来养成德性。”朱永新教授认为，人的德性养成，至少有三个基本规律。一是要活动。二是要读书。三是要培养才艺。[123] 过去我们过多地把才艺看成是一种技能，吹拉弹唱，琴棋书画，如此而已。其实，才艺对一个人的精神的丰富非常有好处，而丰富的精神生活自然对德性发展有好处。一个绝大部分时间被健康生活情趣占领的孩子，就没有时间沉迷于电子游戏，没有兴趣沉迷于网上聊天，没有精力沉迷于不良网站，可现在的青年学生却大多远离了才艺。高职教育恰恰适应了学生好动、动手能力强的特点，在专业学习的安排上，采用“教、学、做一体化”的，工学交替、产训结合的办学模式，从而使学生从知性教育的传统氛围中解放出来，既培育了学生热爱劳动的意识，还培养了学生吃苦耐劳的素质，以及在社会生产一线敢于担当的责任意识，顺应了当今社会经济发展的需要，因此倍受企业热捧。如此一来，既解决了大学生“最难就业季”的问题，也培养了高校学生的全面的人格。

四、社会正能量和优质道德资源对学生产生影响

德育教师应当善于运用社会正能量引导学生，如果学生通过网络或媒体受到负面影响，教师可以借用案例教学的方式，引导学生深入思考，从社会的、现实的、心理的、法律的等多个角度，了解负面效果是怎么形成的，而非一股脑地归

罪于德育。教师自身要加强学习，除了扎实的德育理论功底外，大要关注全球教育趋势，小要关注发生在身边的道德实例，进而能同学生一起进行分析，解决学生的思想认识问题。近年来，我国进行的国家和地方的十大道德标兵、十大孝星、最美乡村教师、最美乡村医生等社会评选活动所产生的正能量也对树立道德新风和学生的道德观和价值观的形成产生积极的影响。一定的道德行为是在一定的情境和环境中发生的，效果良好的德育需要教师通过讲述老百姓的“故事”，选择学生关注并熟悉的案例，进行情境交融的解析。“教学生并不仅仅是告之正当的理由并让他们重复这些理由，否则我们也许只能得到鹦鹉学舌般的答案。我们必须向他们展示这些理由在不同环境和事例中存在及恰当运用的情况，环境和事例越‘真实’越好。只要可能，我们必须使教学环境贴近实际生活，必须乐于使用任何能做到这一点的办法。我们不仅可以考虑使用当代时髦的榜样，而且也可以考虑使用诸如行动、角色扮演、模拟情境、录音、录像之类的方法。把学生带出课堂，进入外部世界的道德情境，或让他们真实地参与学校的管理，或进入他们自己家的道德情境也许都是可取的。”[124] 德育教师要在社会生产实践中自觉关注学生的道德修养并积极、及时地加以引导，让整个社会的正能量滋养学生的道德世界，并让优秀学生带着他们优秀的品德走向社会生产实践，而社会经济组织优质的职业素质和职业道德也会对学生良好品质的形成产生积极的影响。

第三节　社会德育环境得以改善

一则公益广告感人至深：得了老年痴呆症的父亲，将餐桌上剩下的饺子装进衣袋，说：“这是留给我儿子的，我儿子爱吃这个。”画外音提示：他忘记了很多事情，但从未忘记爱你。是的，我们可以忘记很多事情，但却时刻能体会到父母温暖的爱。关爱白发苍苍的父母并回报父母的爱，这是伦理道德，更是我们内心永恒的需求；既是子女的义务，也是社会文明的大义和大道。[125] 一则公益广告引起无数人的唏嘘和反思，也成为学校教育学生为什么要孝顺的教育视频。反复地看，反复地让学生体验失去记忆的老人的爱心，今天的青年是未来的老人，今天我们的所作所为将奠定老来幸福的基础。一则广告就能产生这样的教育意义，可见，社会德育环境的改善必将对学校的德育产生重大而积极的影响。

一、社会德育环境改善对家庭美德教育产生积极影响

某单位工会发动了评选和谐家庭的活动，引发很多职工的正面评价，整个工作顺利而有序地进行，为什么？因为，家庭和谐，承欢膝下是我国优秀的传统文

化。德育建设要始终做到以人为本，充分地尊重人和关注人。“关注人，关注人的生活，是人类一切活动领域的根本目的和出发点。生产实践、科学实验、政治生活、文化艺术、体育、宗教以及教育等各种实践领域无不与人的生存、人的生活直接有关。人类实践活动的终极目的无不指向使人成为人，使人过人的生活，过更好的生活，使人的生命有价值，即实现人的生命价值”。[126] 近年来，我国社会因“小悦悦事件”、老人倒地后的帮扶等引发了道德建设大讨论，在一定程度上不是形成了道德发展的阻力，而是引发了人们对社会生活的冷静关注，比如帮扶倒地的老人反被诬陷，促使人们建立了法治思维和法治意识，法治理念得到提升，人们对道德评判的科学性有所提高，而非盲目地将一些社会问题或法律问题当成道德问题来质疑。这无疑为高校学生的德育实践教学研究提供了丰富的素材。

同时，近期社会和媒体广泛关注全国道德模范的评选，促使我国的德育走向广泛的民主，这是时代发展进步的声音。总之，整个社会德育环境的改善，必将对每一个家庭的和谐和家庭美德教育方面产生积极的促进作用。家庭是一个小社会，社会生活中，每一个家庭和谐是促成社会和谐的基础，而家庭成员之间的和谐需要建立在敬老爱幼，长幼有序和相互尊重、相互包容、相互帮助等的基础上。社会大环境的德育境况改善，必然引起每个社区德育环境的改善，每个社区德育环境的改善必然惠及社区每个家庭和成员的德育环境的改善，因此，有的社区评选和谐家庭的活动，也能带动一个社区的家庭德育环境的改善。因此家庭是社会的一个细胞，每个家庭健康了，这个社会就能和谐健康，优质的德育环境就能建立起来。

二、社会德育环境改善对学校德育产生促进作用

社会道德环境改善，也必然对学校的德育产生促进作用。人生活在社会中，作为社会的一个分子是无法脱离社会生活的。因此，德育应适应社会发展，不能脱离多元化的、丰富多彩的社会生活，反之，要将社会生活看作学校德育的一个部分。只有这样，学校的德育舞台才能搭建得越来越大，德育教师的教学素材才能随手拈来。因为有很多德育内容是在我们的生活情境中随时随地体现的，比如社会用法律的形式规范人们“常回家看看”，为什么以前没有这样的法律规定而现在出现了呢？因为我国社会在近年来的城市化和快节奏的生活、岗位竞争的压力，促使人们关注工作、岗位竞争，促使人们关注房子、车子和票子，有的没有精力和时间，有的是关注点的转移，也确有娶了媳妇忘了爹娘的逆子。这些都成为学校德育的反面典型和教案，如果教师能加以正确的引导，就能对学生产生现实的德育意义。所以，“德育作为一种情境化的教育，其存在必须以日常生活作为前提。丰富多彩的现实生活为德育提供了鲜活的材料和发展的不竭动力。因此，德育只

有根植于生活世界，才能具有深厚的基础和强大的生命力。”“德育回归生活世界的实质在于，把道德的发展、道德教育的过程转变为一个自主的、实践的而非被动的、机械的过程，在于把道德的发展变成受教育者自身生活的一部分，使其自身内在的德性在生活中不断得到提高和升华。”[127] 德育回归社会生活，社会德育环境改善，必然促进学校德育环境的改善。

三、学校德育环境改善使学生日常德育修养得到加强

相对于社会德育大环境，学校德育是个小环境；相对于学校德育环境，家庭德育又是一个更小的环境。但对于所有学生的家庭德育而言，学校又是一个大的德育环境，因此，德育从家庭、学校到社会是一个不能割断的连续的过程，社会德育环境改善，必将惠及学校和家庭德育环境的改善。在社会德育大环境完善起来的时候，从现实生活到虚拟世界的网络领域，都为学校的德育提供了丰富的教育素材。高校的德育建设回归社会生活，与社会生产劳动相结合，全面地“关注人，关注人的现实生活，关注人的生活意义和生命价值，是人类社会发展的永恒主题，也是教育的出发点和归宿。”[128] 我们通常强调德育为先，但德育如何为先，怎样为先？德育是一个将德、智、体、美全面、协调、可持续发展的有机过程，背离了这个协调统一的过程，任何单一的发展对人的全面发展、和谐发展都是不利的。鉴于“道德不是生活中一个孤立存在的领域，它广泛地存在于生活的许多场景中。同样，人的道德学习也不只是在特定的某些时候才发生，而是广泛地存在于生活中，学生每天的学习活动、人际交往以及所处的环境、气氛等都会对他们道德品质的形成产生这样或那样的影响。”[129] 高校的德育不再仅仅限制在德育课程的学习，从而在专业课教学和专业课实践教学中融合、综合了诸如热爱专业学习、职业道德和职业安全等方面的德育内容。实践证明，高校德育若没有课堂教育的主渠道，无论怎么重视也是徒有虚名；但德育的课堂教学，若离开了学生的校园文化生活或社会生产、社会生活，也会成为无源之水，无本之木，因此，广泛而深入的社会生活是学校德育取之不尽、用之不竭的德育实践教学源泉。

四、学校德育向社会辐射，与社会公德融合发生双向良性互动

高校的学生因教学性质的需要，有着广泛而深入的社会生产和社会生活实践活动。学生无论是以专业课实践教学的身份还是以大学生志愿者等身份参与社会生活的过程中，在学校引导下，大学生的良好精神风貌和文明素质都将向社会传递正能量，同时，学生在社会生产以及社会生活中产生的非教学性德育，比如良好的职业道德的学习与体验、良好的社会公德以及公序良俗的实践与体验，都将与社会公德融合，发生双向良性互动，促使社会公德建设得以深化和加强。新时

代的大学生带着现代文明的精神风貌走向社会，良好的社会公德意识的建立和行为的良性互动，无论对学生自身的德育建设还是对社会大环境的公德建设都是有利的。从莫言获得诺贝尔文学奖，可以见得：不光是高校，我国社会生活中有着大量的各类教育资源，足以滋养和孕育高校的校园文化建设，经济基础决定上层建筑的马克思主义基本原理，也告诫我们，迅速发展的社会经济生活，有大量的社会德育资源，等待我们去挖掘、去开发、去研究，使之成为高校的德育教学资源。而高校也有传承和向社会传播我国优质的道德思想和道德文化的责任和义务。二者的良性互动，必将惠及高校德育建设和社会德育环境的进一步改善。

第四节　多（自）媒体时代的道德自觉、自省与自律得到加强

“20 年前，人们研究微机；5 年前，人们开通微博；现在，微信又走进了千家万户。”[130] 当下，建立在互联网、移动终端、点对群影响基础上的微传播，凡拥有以上移动设施者，几乎人人成了记者和评论员，我们无可争议地进入了自媒体时代。尤其是高校师生，面对自媒体时代承担着自律和律他的双重义务。就自律而言，教师是人类灵魂的工程师，首先要加强自身的网络自律，为学生做出典范；同时，也要教育和引导学生加强网络纪律的自觉、自省和自律，师生都要承担起网络自律的责任担当，用先进的媒体设施为社会传递正能量，为社会传播正效应，为人类社会的进步营造科学、进步、文明、和谐的良好氛围。

一、多媒体时代开拓了人的视野，网络监管和自律得到加强

在多媒体时代，高科技的通信和传播手段极大地丰富着，也在潜移默化地改变着人们的生活。当下真的成了“秀才不出门，便知天下事”的时代。尤其是近年来的微信时代，真的成了“上下五千年，弹指一挥间”，毋庸质疑，多媒体时代极大地开拓了人们的视野。但在进入微信的人人自“微”的时期，也不乏有人为微时代的无序进展而烦恼，比如，莫名其妙的要求把钱发到××账号的短信，低俗劣质的信息骚扰，甚至假证、假发票的短信频频袭扰我们的生活，也不知发信者是从什么渠道获知手机信息的，但这一切都在干扰着我们的生活秩序。在微时代的微空间里，海量的信息里既有微言大义，也有危言耸听，既可帮助我们防微杜渐，也令人难辨真假，莫衷一是。若人云亦云，以讹传讹，无形之中就落入了助纣为虐的陷阱。因此，教育和提高学生对真假信息的分辨能力，成为高校学生自主学习、加强个人道德修养的必修课，一涉及分辨和分析能力；二学会取其精华，去其糟粕，科学筛选，去伪存真。

二、社会对自媒体行为的规范，促进了学生的道德自觉、自省与自律

“网络社会，身份虚拟，使一些人毫无忌惮，常常铤而走险。侵权行为，为者众多，使一些人怀着法不责众的侥幸心理，屡屡以身试法。”[131] 导致网络上一时谣言四起，令人难辨真伪。2012 年底全国人大常委会通过了关于加强网络信息保护的决定，2013 年以来，又接连对制造网络谣言和以讹传讹的网民进行了打击和严惩，尽管目前网络管理的法治环境还需要进一步完善，但这毕竟在人人自“微”的时代，对规范整个社会成员的网络行为和网络言论提出了警示。高校教师，可以以此教育学生，在微时代下，尽管人人可以通过微博等虚拟场所畅所欲言，但也一定要防止为造谣者提供可乘之机，大学生是文明和健康信息的传递者，而不是网络谣言的传话筒。如果人云亦云，对谣言不负责任的传播，必然会伤及无辜。在法治时代，任何人的自由都应当建立在法治和规约的范围内，否则，你的自由必然限制了他人的自由，这样你也该不自由了。言论自由应当限制在法律的范围内，才是对自由的正确解读。[132] 对不确定的信息，教师应引导学生学会在多种媒体上反复求证，三思而后行。应当说，社会对自媒体行为的规范，无论是从社会管理角度还是从法律角度，都在一定程度上促进了学生加强网络道德建设的意识，促进了学生的网络道德的自觉、自省和自律。

三、高校被赋予文化传播的功能，促使师生建立了传承和规范中华民族优秀传统道德文化的责任担当

当高校被赋予人类先进文化的传播者的使命后，高校师生传承优质的华夏文化和文明成为义不容辞的法律义务和教育职能。在人人自“微”的自媒体时代，如果缺乏网络法治环境，或缺乏网络自律，脏话、粗话、别字、错字，语言颠三倒四成了时代的追捧，如果再加以扩散则是糟上加糟。近年来网络文化的形成，使错字别字充斥着网络，也在丧失着五千年华夏优质文化的尊严，当下中央电视台正在开展的“汉语桥”，汉字听写等节目，在一定程度上规范着我们横平竖直的方方正正的中国字。这是对我国传统文化的尊严的维护，也是对泱泱华夏独有文字文化的继承和弘扬。大学生要建立维护优质华夏文化的自觉和自省意识，严以自律，并坚守优质华夏文明和文化的底线，坚持正确地使用中国的汉字和词汇，同时要担当起中国孝文化的传递者，让“常回家看看”成为一种道德自律，而非法律所规；让老人承欢膝下的愿望成为现实，在社会经济发达的今天，在社会生活多元化、多样化的今天，让老有所养成为现实，让老有所依、老有所乐成为学生应当传承和担当的责任。一个社会没有过去就没有现在，没有现在就没有未来，现在承袭着过去，传递着未来，每位师生的生活也是如此，我们就

是一个家庭的过去的承袭者和未来的传递者，如果我们失去了孝文化，我们也享受不到未来的承欢膝下的天伦之乐。为学生讲明了这些道理，其他优质文化的传承也不言而喻了。

四、高校被赋予文化传播的功能，促使师生建立了实践和传播优秀时代文化的责任担当

今天的学校教育，无论是课堂还是课余，无论是教师还是学生，无论是将手机设置在震动还是在静音，这是一个时时在线、人人自“微”的时代。面对这样一个时代，海量的信息无论是对学生还是对教师而言，都是一个挡不住的诱惑。我们只能因势利导，而不可强行的封堵。即便是教师没收了课堂上玩手机学生的手机，也无法封闭他的思想，无法关闭他的思维。时时在线，人人自“微”，这是一个没有任何力量可以阻挡的、开放的、回归社会生活的德育时代，如果忽略了它的开放性和生活的回归性，德育将难以进行。因为你在讲台上传播着这么一种声音，而学生的手机上正发出另外一种声音。在开放的时代，在时时在线，人人自“微”的时代，教师自身首先要博学博览，还要探究和深究，才能略高一筹，站稳讲坛。“教是为了不教”的道理告诫教师，德育无痕，渗透在每个人的学习、生活和工作之中。德育课程不是为德育而德育的课程，而是可以将日常德育案例科学地引入课程的德育课程，这样的德育课程将不再是现实和德育教育的两张皮。师生在对现实德育事件或事实的分析中，进一步认识到德育知识对于人的成长的意义，也能培育学生分析问题和解决问题的能力，进而培养学生分析和解答当下社会问题的能力。每一代大学生通过高等教育的熏陶，必然打下时代发展的烙印，而高校承载着文化传承的职能，高校的每一位师生，都将是优秀时代文化的学习者、提炼者，也是传播者。这是党和国家赋予当代师生的责任担当。

五、百年大计，以育人为本，以德育为先，以人才培养为中心

2009 年末，“中国导弹之父”钱学森留下的“为什么我们的学校总是培养不出杰出人才”之问，曾激起全国上下，尤其是高等教育界的反思。这一年，时任国家总理的温家宝于 2009 年 9 月 4 日在北京第 35 中学主持召开北京市教师代表座谈会并发言说：“百年大计，教育为本；教育大计，教师为本。”他重点谈了提高教育质量和水平的问题，提出，教育要符合自身发展的规律要求；要符合时代发展的要求；要符合建设中国特色社会主义对人才的要求；要符合以人为本的要求。[133] 这一言论成为当年教师节加强师德建设，全面提高教学能力和教育质量的蓝本。如果说钱学森之问对我国的高等教育是一次极大的震撼的话，温家宝的讲话则引起了我国教育界的认真思索。同时，引发了全国范围的高等教育改革，无论是“南

方科技大学”的“去行政化”，还是9所首批“985工程”建设高校之间的强强联盟，北京大学、清华大学等学校“九校联盟”（简称C9）的诞生，使其他院校的教学、培养方式等改革也是日趋活跃，一直延续到今天。[134] 但是，当国人期待已久的诺贝尔奖终于被低调做人的莫言捧回来的时候，国人不禁要问：如果莫言也有我国高等学府教育的阅历，是否还能尽情地放纵自己的思想在天地之间自由地翱翔？我们的教育缺失了什么？

德育实践教学研究，就是对知行合一的探索。目前我国社会发展进入了独生子女成为普遍现象的时期，而社会经济发展中，竞争压力已经从成人转移到学生身上，独生子女是父母、家庭的唯一，为了使这“唯一的人”适应未来社会的竞争，多少父母用尽心思地恨不得从胎教就开始为自己的宝宝培养专业特长。一个人从出生开始，专业特长培养、各项技能训练、学习成绩几乎是所有家长关注的对象，而德、智、体、美中的德被严重的忽略了。而道德教育恰恰是以生活为基础的教育，“生活是道德的基础，而不是拒绝道德的理由。人在生活中学习道德，但道德同样将回到生活。”[135] 由于在生活中我们缺失了道德的教育，名利和功利意识在一定程度上通过家长或社会的某些途径，自觉不自觉间正侵蚀和感染着当代的青少年。目前我国社会经济生活发生了巨大的变化，而我们的道德意识领域没有跟得上社会经济发展的步伐，才导致了一系列道德问题的出现，这其中有的是道德问题，有的是健全法制的问题，也有的是社会问题，但就和谐社会建设而言，用木桶理论原理来考量，公民的道德水准在其中占有决定性的因素。一个国家的公民素质上不去，即便是经济上去了，也会遭到损毁，因此，社会道德环境对学生的影响十分重要，社会环境好了，将对学校的德育产生支持作用。“支持性的学习环境是学生和教师可以操作的社会组织结构，它需要强调影响学生的课堂环境特征；强调由教师创建的用于学习和反馈的环境；强调学生在校内或校外参与学习环境的范围。”[136] 但我国的社会分配存在着差距过大的现象，导致了社会生活的复杂化。所以，学生的道德认知能力和水平不是在真空中形成和发展的，“人的改变与环境的改变是一致的，即只有理想的社会才能造就出理想的人”[137]，只有和谐的社会才能造就出和谐的人生。这就证实了一个不争的事实：德育源于生活而高于生活，德育的基础是生活。而“促进道德发展首先要优化社会环境”，“当务之急不是改变人，而是改变环境。”[138] 从而为学校营造一个良好的德育系统。就学校而言，则需要完成德育实施系统的培育，否则，“没有德育实施系统，德育的内容和途径等都是一个空架子。”[139]

古往今来，我国都是世界上的德育大国，高校的教育历来是将道德建设放在首位，但却效果不佳，其主要原因是我们将道德教育彻底课程化了。使道德成为游离于社会生活之外或之上的空中楼阁，被高度抽象化了。综上所述的研究表明：

学校的德育不是应该弱化，而是应该加强，使道德教育在高校中不再仅仅是“德育工作者”的德育，而是贯穿学校的结构、制度、教育活动和校园文化全过程的德育，也就是在整个高校的建设发展过程中必须经得起道德的检验。道德教育应该自然地融汇到整个学校的文化和教育活动中去，德育理论教学知识是人类长期实践所得出的道德建设的精华，是师生都需要把握的，但任何德育知性的建立都有赖于坚实、广泛而深远的生活渊源。德育实践教学将德育贯穿到大学生大学生活的全过程，丰富的大学校园业余文化生活、丰富的社会生活、高校丰富的社会生产实践活动为德育提供着源源不断的教育源泉，德育源于生活，高于生活，又回报生活。学生在德育知识的引导下，在广泛的社会生活中实践道德理论，学与养同时进行，直至养成良好的道德品格。因此，目前我国的德育改革不是减少或增加德育课程的问题，是如何改或怎样改的问题，是要将德育放开或开放的问题。如何放开？一是将学校德育从“德育工作者”的单向思维形式中解放出来，使德育成为每一位教师、每一门专业课都要关注的内容，试想：一位没有健全道德人格的教师能教好专业课吗？每一门专业课都凝结着人类思想和人类实践的光辉，每一门专业课从形成发展到今天，都有着不凡的经历，学好每一门专业课不仅仅是对人类先知的敬仰，也是对未来社会发展在积淀应有的知识量，不是要我学，而是社会发展，为了自身的生存与存在，我要学，这是最大的德。任何人对任何知识的不敬都是最大的不道德，在这样的思想认识基础上建立的学校德育，成为每位教师的教导内容，必然会为学生营造出一个良好的校园德育环境。

至于开放的问题，在高校有着开放办学的传统优势，开放办学的路径很多，首先是专业课实践教学的机会，能使学生在一定的学习阶段与社会生产“零”距离接触，在社会生产一线直接接受各类企业文化和相关职业道德的熏陶，感受社会经济进步和发展的节奏，极大地拓展了高校的德育办学空间。从2008年金融危机开始，高校毕业生屡屡经历“最难就业季”，而高校的学生却因供不应求而受到经济社会热捧，是因为他们适应了社会发展的需求，毕业能顶岗，就业渠道畅。

200年前，德国哲人康德曾说：“我们的责任不是制作书本，而是制作人格；我们要赢得的不是战役与疆土，而是我们行为间的秩序与安宁。真正的大师的杰作是一个合宜的生活方式。”[140] 德育的基础是生活，德育成果又反馈于生活，在广泛的校园生活中，德育实践教学有着广泛的研究基础，德育实践教学在研究中实践，又通过实践促进研究。我们有着良好的期待，我们期待德育实践教学能还原给学生一个美好的、文明有序的、和谐的大学生活，并以此生活为契机，为学生的一生培养一个“适宜的生活方式”，从而使高校的德育惠及他们未来的生活，塑造和谐的人生。

后记

家庭，重养育；学校，重教育；社会，重教化，教而育之，育而化之，是教育的最高境界。化民成俗，形成公序良俗，重在教育；耐心引导，反复教导，养成教育任重道远。在大学阶段，若将学校的教育与家庭的教养有机贯通，养成教育就不仅仅体现在学校方面，也贯穿到家庭，学生的一以贯之的德育情境就能得到保障。这需要高校教师放下师道尊严的架子，走进学生家庭、走向社会，更深入地探究人才培养的奥秘。

家庭的养育和学校的教育二者的有机结合是教养，社会重培训，三者的系统思考，整体推进，才是科学的、全社会关注的大德育。德育需要大环境的支持，其中，家庭是社会的细胞，学校德育之所以要首先对家庭德育建立研究和思考，是因为一个人的德育养成是一以贯之的过程，如果脱离了对家庭教育的了解，就无法了解学生的德育基础、基本情况。学校德育还需要向社会延伸，如果不了解社会德育状况，在开放的信息时代，面对封闭的课堂德育，只能让师生莫衷一是，更无措、无奈，学生学得也更迷惑、更茫然。

德育实践教学试图突破固有的、封闭式的课堂德育模式，首先在校园范围内尝试培育完善的德育环境，打破德育是“德育工作者”的职能和任务的封闭概念，让德育渗透在校园生活的每个角落，从学生的学习到课余活动，从安全教育到广义的各类拓展教育，从更加全面、完整的角度培育学生健全的人格。同时，大胆地突破以往的学校德育的范围，试图建立学校与企业合作的、专业课实践教学与德育课实践教学相互融合贯通的德育实践教学模式，学生在社会生产实践中主要完成职业道德和职业素质的培养，完成一定内容的社会公德意识培养与实践。

高校的德育无一例外地依赖于社会德育环境的滋养，但学校的德育也能为社会输送新鲜的道德营养，二者是相互涵养的。在人才培养方面，无论是学生的家长还是学校和社会，在培养德、智、体、美全面发展的社会主义事业建设者或接班人方面都有着高度统一的目标，因此，我们将德育实践教学研究建立在家庭、学校、社会背景下进行，为研究开阔了视野，也为研究提供了丰富的内容和形式。德育实践教学尚在进行中，在实践中我们能发现问题，及时做出调整，由于实践过程中受到各种观念和客观因素的影响，或许德育实践教学的路途还很长，德育实践行动或许没有预期的结果，但不行动将永远没有结果。我们努力着，也期待着。

注释

[1] 周晓静著，《课程德育论》，人民教育出版社，2010 年版，P21。
[2] 吴式颖等编，《马卡连柯教育文集》下卷，人民教育出版社，2006 年版，P548。
[3] [英]约翰·威尔逊著，蒋一之译，《道德教育新论》，浙江教育出版社，2003 年版，P242。
[4] 檀传宝主编，《德育的力量》，华东师范大学出版社，2012 年版，P59。
[5] 周晓静著，《课程德育论》，人民教育出版社，2010 年版，P22。
[6] 吴式颖等编，《马卡连柯教育文集》下卷，《家庭和儿童教育》，人民教育出版社，2006 年版，P583。
[7] 檀传宝主编，《德育的力量》，华东师范大学出版社，2012 年版，P123。
[8] 檀传宝主编，《德育的力量》，华东师范大学出版社，2012 年版，P122。
[9] 《马克思恩格斯全集》第 3 卷，人民出版社，1990 年版，P43。
[10] 《墨子·所染》。
[11] 《过度营销几时休》，人民日报，2013 年 5 月 31 日。
[12] 吴安春著，《德性教师论》，人民教育出版社，2003 年版，P22。
[13] 宋·陆游《示子遹》。
[14] [美]乔治·萨顿著，陈恒六等译，《科学史和新人文主义》，华夏出版社，1989 年版，P49。
[15] 方明编，《陶行知教育名篇》，教育科学出版社，2012 年版，P223。
[16] [美]约翰·杜威著，赵祥麟等译，《学校与社会·明日之学校》，人民教育出版社，2005 年版，P3。
[17] 檀传宝主编，《德育的力量》，华东师范大学出版社，2012 年版，P114。
[18] 檀传宝主编，《道德的力量》，华东师范大学出版社，2012 年版，P114。
[19] 魏曼华等著，《当代社会问题与青少年成长》，福建教育出版社，2005 年版，P594。
[20] 檀传宝主编，《道德的力量》，华东师范大学出版社，2012 年版，P125。
[21] 张晓东著，《德育政策论》，人民教育出版社，2011 年版，P223。
[22] 檀传宝主编，《道德的力量》，华东师范大学出版社，2012 年版，P121。
[23] 袁振国著，《教育政策学》，江苏教育出版社，2000 年版，P89。
[24] 鲁洁著，《超越与创新》，人民教育出版社，2001 年版，P180。

[25] 杨润根著，《发现老子》，华夏出版社，2006 年版，P217。
[26] [法]爱弥尔·涂尔干著，李康译，《教育思想的演进》，上海人民出版社，2003 年版，P477。
[27] 翟凡，《高职，给学生成长和经济发展正能量》，中国教育报，2013 年 7 月 18 日。
[28] 朱小曼主编，《对策与建议—2005-2006 年度教育热点、难点问题分析》，教育科学出版社，2007 年版，P44。
[29] 朱小曼主编，《对策与建议—2005-2006 年度教育热点、难点问题分析》，教育科学出版社，2007 年版，P47。
[30] 张晓东著，《德育政策论》，人民教育出版社，2011 年版，P223。
[31] 张晓东著，《德育政策论》，人民教育出版社，2011 年版，P222。
[32] [美]约翰·D·布兰斯福特等著，程可拉等译，《人是如何学习的—大脑、心理、经验及学校》，华东师范大学出版社，2005 年版，P133。
[33] 《荀子·劝学》。
[34] 《马克思恩格斯选集》第一卷，人民出版社，1995 年版，P60。
[35] 《论语·学而》。
[36] 《论语·为政》。
[37] 《朱夫子治家格言》。
[38] [美]约翰·杜威著，赵祥麟等译，《学校与社会·明日之学校》，人民教育出版社，2005 年版，P14。
[39] 联合国教科文组织、国际教育发展委员会编著，《学会生存——教育世界的今天和明天》，教育科学出版社，1996 年版，P192。
[40] 教育部法制办公室编，《教育法律法规规章汇编》，教育科学出版社，2005 年版，P70。
[41] 教育部法制办公室编，《教育法律法规规章汇编》，教育科学出版社，2005 年版，P63。
[42] 《十八大报告辅导读本》，人民出版社，2012 年版，P35。
[43] 彭未名著，《交往德育论》，山西教育出版社，2005 年版，P61。
[44] 于光著，《德育主体论》，中国社会科学出版社，2010 年版，P179。
[45] [英]托·亨·赫胥黎著，《科学与教育》，人民教育出版社，2005 年版，P63。
[46] 黄纯一，对话台湾著名文史学家王泛森《大学“太紧张”，产不出独创性学问》，文汇报、文汇教育版，2013 年 7 月 11 日。
[47] 黄纯一，对话台湾著名文史学家王泛森《大学“太紧张”，产不出独创性学问》，文汇报、文汇教育版，2013 年 7 月 11 日。

[48] [捷]夸美纽斯著，傅任敢译，《大教学论》，教育科学出版社，1999 年版，P14。
[49] 汪澄清、李濛著，《和谐方舟——中国拿什么奉献给未来》，机械工业出版社，2010 年版，P10。
[50] 汪澄清、李濛著，《和谐方舟——中国拿什么奉献给未来》，机械工业出版社，2010 年版，P10。
[51] 联合国教科文组织国际教育发展委员会编著，《学会生存——教育世界的今天和明天》，北京：教育科学出版社，2004 年版，P191。
[52] 联合国教科文组织国际教育发展委员会编著，《学会生存——教育世界的今天和明天》，北京：教育科学出版社，2004 年版，P191。
[53] 联合国教科文组织国际教育发展委员会编著，《学会生存——教育世界的今天和明天》，北京：教育科学出版社，2004 年版，P192。
[54] 方明编，《陶行知教育名篇》，教育科学出版社，2012 年版，P214。
[55] 方明编，《陶行知教育名篇》，教育科学出版社，2012 年版，P215。
[56] 于光著，《德育主体论》，中国社会科学出版社，2010 年版，P182。
[57] 俞水点评，“徐砺寒‘闯祸’之后”，中国教育报第 3 版，2012 年 11 月 30 日。
[58] 周晓静著，《课程德育论》，人民教育出版社，2010 年版，P101。
[59] [法]爱弥尔·涂尔干著，陈光金等译，《道德教育》，上海人民出版社，2001 年版，P471。
[60] 方柏林（南桥）著，《知识不是力量》，华东师范大学出版社，2011 年版，P80。
[61] [美]威廉·墨菲，D.J.R.布鲁克纳著，彭阳辉译，《芝加哥大学的理念》，上海人民出版社，2007 年版，P36。
[62] 方柏林（南桥）著，《知识不是力量》，华东师范大学出版社，2011 年版，P49。
[63] [捷]夸美纽斯著，傅任敢译，《大教学论》，教育科学出版社，2004 年版，P165。
[64] 田晓玲，《道德可以给企业带来利润》，文汇报、第 13 版，2013 年 6 月 24 日。
[65] 田晓玲，《道德可以给企业带来利润》，文汇报、第 13 版，2013 年 6 月 24 日。
[66] 黄纯一，对话台湾著名文史学家王泛森《大学“太紧张”，产不出独创性学问》，文汇报、文汇教育版，2013 年 7 月 11 日。
[67] [美]丹尼尔·科顿姆著，仇蓓玲、卫鑫译，《教育为何是无用的》，江苏人民出版社，2005 年版，P2、P17。
[68] 冉乃彦著，《生命教育课》，同心出版社，2008 年版，P110。
[69] 冉乃彦著，《生命教育课》，同心出版社，2008 年版，P108。
[70] 朱小曼著，《教育的问题与挑战—思想的回应》，南京师范大学出版社，2000 年版，P287。
[71] 朱小曼著，《教育的问题与挑战—思想的回应》，南京师范大学出版社，2000

年版，P287。
[72] 朱小曼著，《教育的问题与挑战—思想的回应》，南京师范大学出版社，2000年版，P289。
[73] 竭长光著，《德育辩证论》，中国社会科学出版社，2010年版，P145。
[74] [捷]夸美纽斯著，傅任敢译，《大教学论》，教育科学出版社，2004年版，P2。
[75] [捷]夸美纽斯著，傅任敢译，《大教学论》，教育科学出版社，2004年版，P177。
[76] 冉乃彦著，《生命教育课》，同心出版社，2008年版，P210-211。
[77] [美]约翰·杜威著，《学校与社会·明日之学校》，人民教育出版社，2005年版，P222。
[78] 杨润根著，《发现老子》，华夏出版社，2006年版，P1。
[79] 张烁，《考试"绑架"了什么》，人民日报，2013年5月16日。
[80] 张烁，《考试"绑架"了什么》，人民日报，2013年5月16日。
[81] 薛晓阳著，《希望德育论》，人民教育出版社，2006年版，P147。
[82] 潘发勤，《新的道德教育——二战后美国的道德教育及瑞安的五种学习模式》[J]，外国中小学教育，1996（6）。
[83] 《陶行知全集》第二卷，湖南教育出版社，1985年版，P289。
[84] 薛晓阳著，《希望德育论》，人民教育出版社，2006年版，P158。
[85] 薛晓阳著，《希望德育论》，人民教育出版社，2006年版，P158。
[86] 唐·韩愈《师说》。
[87] [捷]夸美纽斯著，傅任敢译，《大教学论》，教育科学出版社，2004年版，P43。
[88] 薛晓阳著，《希望德育论》，人民教育出版社，2006年版，P116。
[89] 薛晓阳著，《希望德育论》，人民教育出版社，2006年版，P116。
[90] [德]古茨塔夫·勒内·豪克著，李永平译，《绝望与信心》，中国社会科学出版社，1992年版，P66。
[91] 薛晓阳著，《希望德育论》，人民教育出版社，2006年版，P122。
[92] 薛晓阳著，《希望德育论》，人民教育出版社，2006年版，P122。
[93] [美]丹尼尔·科顿姆著，仇蓓玲，卫鑫译，《教育为何是无用的》，江苏人民出版社，2005年版，P201。
[94] 周晓静著，《课程德育论》，人民教育出版社，2010年版，P231-232。
[95] 上海教育杂志社编，《此岸·彼岸·28 国教育改革进行时》，上海教育出版社，2007年版，P348。
[96] 上海教育杂志社编，《此岸·彼岸·28 国教育改革进行时》，上海教育出版社，2007年版，P348。
[97] [捷]夸美纽斯著，傅任敢译，《大教学论》，教育科学出版社，2004年版，P169。

[98] 联合国教科文组织、国际教育发展委员会编著，《学会生存——教育世界的今天和明天》，教育科学出版社，2004 年版，P108。
[99] [捷]夸美纽斯著，傅任敢译，《大教学论》，教育科学出版社，2004 年版，P165。
[100] [捷]夸美纽斯著，傅任敢译，《大教学论》，教育科学出版社，2004 年版，P14。
[101] 周晓静著，《课程德育论》，人民教育出版社，2010 年版，P54。
[102] 胡乐乐，《毕业生卖猪肉没给母校丢脸》，中国教育报，2013 年 4 月 19 日。
[103] 翟帆，《高职：给学生成长和经济发展正能量》，中国教育报，第 5 版，2013 年 7 月 18 日。
[104] [英]彼得斯著，邬冬星译，《道德发展与道德教育》，浙江教育出版社，2003 年版，P225。
[105] 由雅克・德洛尔任主席的国际 21 世纪教育委员会向联合国教科文组织提交的报告，《教育—财富蕴藏其中》，教育科学出版社，1997 年版，P39。
[106] 张岱年等著，《中国文化概论》，北京师范大学出版社，1994 年版，P91。
[107] [美]斯塔夫里阿诺斯著，《全球通史——从史前到 21 世纪》下册，北京大学出版社，2006 年版，P470。
[108] 李洪峰著，《大国崛起的文化准备》，文化艺术出版社，2011 年版，P790。
[109] 王仕民著，《德育文化论》，中山大学出版社，2007 年版，P37。
[110] 张贺，《以文化化解戾气》，人民日报，第 19 版，2013 年 9 月 12 日。
[111] 王仕民著，《德育文化论》，中山大学出版社，2007 年版，P200。
[112] 王星霞著，《反思与前瞻　学校发展变革研究》，科学出版社，2010 年版，P2。
[113] 王仕民著，《德育文化论》，中山大学出版社，2007 年版，P155。
[114] 赵详麟、王承绪编译，《杜威教育论著选》，华东师范大学出版社，1981 年版，P13。
[115] 江苏省立第二师范学校编，《杜威在华演讲集》，群益书社，1919 年版，P40。
[116] 《荀子・劝学》
[117] 檀传宝主编，《德育的力量》，华东师范大学出版社，2012 年版，P118。
[118] 檀传宝主编，《德育的力量》，华东师范大学出版社，2012 年版，P118。
[119] 冉乃彦著，《生命教育课》，同心出版社，2008 年版，P54。
[120] 苏霍姆林斯基，《论德育和全面发展》，《国外教育资料》，1980 年第一期。
[121] 檀传宝主编，《德育的力量》，华东师范大学出版社，2012 年版，P118。
[122] 朱永新著，《新教育演讲录》，中国人民大学出版社，2012 年版，P208。
[123] 朱永新著，《新教育讲演录》，中国人民大学出版社，2012 年版，P252-254。
[124] [英]约翰・威尔逊著，蒋一之译，《道德教育新论》，浙江教育出版社，2003 年版，P188。

[125] 人民时评：《承欢膝下是我们共有的福利》，人民日报，2013 年 7 月 4 日。
[126] 郭元祥著，《生活与教育》，华中师范大学出版社，2005 年版，P131。
[127] 于光著，《德育主体论》，中国社会科学出版社，2010 年版，P132。
[128] 于光著，《德育主体论》，中国社会科学出版社，2010 年版，P131。
[129] 周晓静著，《课程德育论》，人民教育出版社，2010 年版，P303。
[130] 徐隽，《网络社会同样是责任社会》，人民日报，第 18 版，民主政治周刊，2013 年 7 月 24 日。
[131] 徐隽，《网络社会同样是责任社会》，人民日报，第 18 版，民主政治周刊，2013 年 7 月 24 日。
[132] 邓瑜著，《媒介融合与表达自由》，中国传媒大学出版社，2011 年版，P17。
[133] 《人民日报》第 2 版，2009 年 10 月 12 日。
[134] 杨东平主编，《中国教育发展报告 2010》，社会科学文献出版社，2010 年版，P112。
[135] 薛晓阳著，《希望德育论》，人民教育出版社，2006 年版，P115。
[136] [美]约翰·D·布兰斯特等编著，程可拉等译，《人是如何学习的—大脑、心理、经验及学校》，华东师范大学出版社，2005 年版，P274。
[137] 刘黎明著，《教育学视阈中的人》，科学出版社，2010 年版，P205。
[138] 檀传宝主编，《德育的力量》，华东师范大学出版社，2012 年版，P123。
[139] 曹影著，《德育职能论》，中国社会科学出版社，2010 年版，P222。
[140] 《大师的杰作》，光明日报，第 16 版，教育时空，2012 年 1 月 9 日。

附件一　“高校德育实践教学研究”调研问卷

“高校德育实践教学研究”调研问卷——“孝文化”现状调研

1．您是否认为孝顺父母是维系家庭幸福的基础？

A．是　　B．否

2．您对“孝”的了解主要来源于？

A．家庭教育　　B．社会影响

C．学校教育　　D．其他

3．您是否听说过“二十四孝”的故事？

A．是，非常赞同故事里面主人公的做法

B．是，故事里有些可取，有些不可取

C．不赞同里面的做法

D．没听说过

4．您认为“孝”的内容是？（可多选）

A．赡养父母　　B．尊敬老人

C．顺从父母　　D．光宗耀祖

E．厚葬厚祭　　F．成家（延续后代）立业

G．不远离父母　　H．为父母付出所有

I．爱国家　　J．做好人

5．您对于父母的命令或决定的态度是？

A．绝对服从　　B．视情况而定

C．不予理睬　　D．反对

6．您认为不孝敬父母的现象产生的原因是？

A．经济困难，无法尽孝　　B．与父母难以沟通和相处

C．不愿担负责任

7．您对不孝敬父母的人的态度是？

A．不愿与之交往　　B．愿意与之交往

C．无所谓

8．您对待父母的缺点、过错的做法是？

A．隐讳不讲　　　　　　　　B．公开谈
C．严厉批评

9．您觉得您现在对待自己的父母？
A．已经很好　　　　　　　　B．一般
C．做得不够　　　　　　　　D．愧对父母

10．你觉得您父母现在的居住和饮食条件？
A．非常好　　　　　　　　　B．好
C．一般　　　　　　　　　　D．差
E．非常差

11．您对父母的健康状况了解程度？
A．非常了解　　　　　　　　B．不是很了解
C．完全不知道

12．假如父母生病又无人照顾，您又恰好出门在外办事，您会？
A．无论如何赶回去　　　　　B．通知邻居或朋友帮忙
C．等事情办完后回家探望　　D．不理睬

13．如果您的父母没有经济收入，您每月会给父母多少赡养费？
A．50 元左右　　　　　　　 B．50～100 元
C．100～200 元　　　　　　 D．200～400 元
E．400 元以上

14．您上高职后跟父母吵架吗？
A．经常吵架　　　　　　　　B．偶尔吵架
D．从来不

15．假如您将来有了孩子，您会认为？
A．父母更为重要　　　　　　B．孩子更为重要
C．同等重要

16．家庭有重大事情需要解决时，您会？
A．按照自己的意思去办　　　B．跟父母商量
C．完全听父母的意见　　　　D．其他

17．您平时跟父母沟通主要是为了？
A．了解父母的生活状况　　　B．与父母谈心
C．寻求帮助　　　　　　　　D．随意聊天
E．其他

18．您记得父母中谁的生日？
A．只记得父亲的生日　　　　B．只记得母亲的生日

C．父母的生日都记得　　D．只记得他们生日的大概日期
E．完全不记得父母生日

19．您会在父母生日时，给他们礼物吗？
A．会　　B．不会

20．假如您长期在外，会怎样联系父母？
A．经常打电话或写信　　B．偶尔打电话或写封信
C．有事情才联系　　D．基本不联系

21．父母心情不好时，您会？
A．想办法让父母高兴　　B．分析原因，然后找他们谈心
C．不管不问，避开　　D．跟着一起难过

22．您认为现在青年孝顺父母的意识是不是淡薄了？
A．是　　B．否

23．您认为社会有必要提倡孝吗？
A．有　　B．没有

24．您的性别？
A．男　　B．女

25．您的家庭所在地？
A．城市　　B．城镇
C．城郊　　D．农村

"高校德育实践教学研究"调研问卷——家庭美德现状家访调研

1．您的家庭是？
A．三室同堂　　B．四室同堂
C．与子女单过　　D．与叔伯等亲属一起过

2．您的孩子是否孝顺？
A．是　　B．比较孝顺
C．不孝顺　　D．目前看不清楚

3．您是否注意培养孩子帮您干些家务活？
A．没关注　　B．从小就注意培养了，一直干
C．培养了，但没起太大作用

4．您是否给孩子讲过"二十四孝"的故事？
A．讲过几例　　B．没讲过

5．您认为有必要对孩子进行孝道方面的引导或教育吗？

A．有必要　　B．没必要

6．在条件允许的情况下，您是否更赞同四室同堂的天伦生活？

A．是　　B．无所谓

C．还是小的家庭单元好，更自由些

7．若是没有与老人生活在一起，您多久带孩子去探望老人？

A．2次以上/周　　B．1次以上/周

C．1次/半个月　　D．1次/月

8．若与老人两地，您多久能带孩子探视老人？

A．1次/月　　B．1次/两个月

C．1次/半年　　D．1次/1年

9．您让孩子为老人做过以下的事情吗？

A．陪老人散步　　B．为老人剪指甲

C．为老人梳洗　　D．帮老人打理家务

E．帮老人操持农活

10．长辈有了病痛的时候？

A．孩子能服侍左右

B．孩子不闻不问

C．孩子担心，但束手无策

D．孩子在外面得知后，很担心，常电话问候

11．居家过日子，有重大事项，如您的孩子已经进入中学后，您与孩子沟通商量吗？

A．没有　　B．说出来，听听孩子的意见

C．办完后，与孩子沟通一下

12．您的孩子能记得以下这些人的生日吗？

A．父母　　B．祖父母

C．外祖父母　　D．曾祖父母或外曾祖父母

13．老人的生日，孩子能及时问候吗？

A．事先提醒可以　　B．如在外学习，电话问候

C．有时遗忘　　D．从不问候

14．您的孩子寒暑假主要在干些什么？（可多选）

A．宅在家里上网　　B．和同学出去玩

C．帮助父母料理家务　　D．帮助父母料理农活

E．服侍祖父母或外祖父母、曾祖父母

F．积极地参与一些社会活动，进行社会调研

J．打工挣钱

H．一边参加社会生产实践，一边联系工作

15．您希望倡导孝道吗？（可多选）

A．希望学校积极倡导

B．希望整个社会积极倡导

C．自己做给孩子看

以下是邻居的问卷调研：

16．您认为邻居的孩子（大学生）孝顺吗？

A．孝顺　　B．比较孝顺

C．一般　　D．不孝顺

E．不了解

17．您认为邻居的孩子（大学生）懂礼貌吗？

A．懂礼貌，很文明　　B．知书达礼，有教养

C．不熟悉

18．您认为邻居的孩子（大学生）邻里关系如何？

A．很好，常为邻里做好事　　B．文明有序、诚信友善

C．邻里有事时能热心帮忙　　D．不了解

19．您是否注意邻居的孩子有以下行为？（可多选）

A．吸烟　　B．酗酒

C．有网瘾　　D．深夜不归家

E．常与长辈吵闹　　F．邻里不和

J．寻衅滋事，制造事端

20．您认为邻居的孩子？

A．关心集体，热心公益，积极参加集体劳动和活动

B．能将所学知识用在社会生产和生活实践中，为邻里或村里办好事

C．是个好孩子，很受邻里欢迎

D．能帮助自己的孩子辅导功课，并引导比他（她）小的孩子健康成长

"高校德育实践教学研究"调研问卷——职业道德调研

1．请问您认为"职业道德"的内容有哪些？（可多选）

A．爱岗敬业　　B．诚实守信
C．办事公道　　D．服务群众
E．奉献社会

2．请问您认为“职业道德”会对哪些事物造成影响？（可多选）

A．社会发展　　B．公民素质
C．人才培养　　D．工作效率
E．经济效益　　F．管理效率

3．请问您认为“职业道德”是？（可多选）

A．是一种职业规范，受社会的普遍认可
B．是长期以来自然形成的
C．是依靠员工的自律来实现
D．无强制力
E．对员工的义务要求
F．多样化的，对于不同的职业有不同的观点

4．请问您认为“职业道德”是否重要？

A．很重要　　B．一般　　C．不重要

5．请问您认为“职业道德”是否应该被重视？

A．必须　　B．随便　　C．没必要

6．请问您认为“职业道德”是否需要法律的制约？

A．需要　　B．可有可无　　C．不需要

7．请问您认为“职业道德”是否应该成为衡量一个人的标准？

A．一定是　　B．不好说，在某些职业应该如此
C．没必要

8．请问您认为哪些职业最容易失去职业道德？（可多选）

A．医生　　B．警察
C．教师　　D．公务员
E．财务人员　　F．法官
G．学者　　H．记者
I．职员　　J．工人
K．商人

9．请问您认为哪些职业的人失去职业道德最可怕？（可多选）

A．医生　　B．警察
C．教师　　D．公务员
E．财务人员　　F．法官

G．学者　　　　H．记者
I．职员　　　　J．工人
K．商人

10．请问您认为对于失去职业道德的人应该如何处置？
A．不允许该人继续从事该行业
B．对该人进行强制教育
C．对该人处分但并不强制其离职

11．请问您认为造成当今社会职业道德沦陷的原因是什么？（可多选）
A．缺少法律监管和舆论监督
B．职业道德的观点没有深入人心
C．人们过于重视利益而忽略了职业信誉
D．整个社会道德下滑
E．社会压力逼迫

12．请问您认为"职业道德"应该如何培养？
A．从教育抓起，从小培养孩子的道德修养
B．工作单位加强培训
C．对于没有职业道德的人严厉打击
D．其他

13．请问您对自己所学专业的职业道德规范是通过什么途径了解的？
A．专业课老师
B．实习课上老师辅导
C．在企业实习、实训时传授的

14．请问您热爱所学专业吗？
A．热爱　　　　B．一般
C．不热爱　　　　D．无所谓

15．您认为职业生涯是否需要职业道德的约束？
A．需要　　　　B．不需要
C．二者不相关　　　　D．要进行阶段培训加强引导

"高校德育实践教学研究"调研问卷——公民道德建设调研

1．您是否在公共场所吐过痰？
A．从不　　　　B．偶尔
C．较多　　　　D．很多

2．当看到有人乱扔果皮纸屑时，您会怎么做？

A．自己捡起来扔进垃圾箱　　B．上前制止

C．多一事不如少一事　　D．视而不见

3．当您在街上看到有人向建筑物和地面上张贴、喷涂违法小广告时，会怎么做？

A．上前制止

B．向有关部门报告

C．不敢管，多一事不如少一事

D．视而不见

4．乘坐公共汽车见到老、弱、病、残、孕无座时，您会怎样做？

A．视而不见　　B．假装没看见

C．别人不让我也不让　　D．主动让座

5．您出行遇到红灯时，将怎么做？

A．闯红灯

B．警察在时遵守交通法规，警察不在时不遵守

C．随大流，有人闯红灯就跟着闯

D．遵守交通规则

6．您会在银行、邮局等公共场所自觉排队吗？

A．会　　B．不会　　C．看情况

7．在图书馆，你捡到了一个价值不菲的钱包，您会？

A．占为己有

B．在捡到钱包的位置耐心等待回来寻找的失主

C．有人认领，什么都不问就给他

D．交给图书管理员

8．在已打扫过的自习室里如果有一张废纸，您会主动捡起来吗？

A．会　　B．不会　　C看情况

9．当您发现身边人缺乏诚信时，您会怎么办？

A．无所谓

B．立即断交

C．以其人之道还治其人之身

D．用诚实守信的事例引导身边人

10．对于父母的高标准严要求，您会怎么做？

A．反其道而行之　　B．不理睬，我行我素

C．完全听从他们的安排　　D．用他们的话勉励自己

11．您所生活的社区邻里关系怎么样？

A．邻里团结，比较融洽　　B．关系一般，基本和气

C．互不来往，关系冷漠　　D．关系紧张，不能相处

12．您是怎样处理邻里之间关系的？

A．主动联系，互助互爱

B．关系淡漠，但有机会的话会有交往

C．不管不问，互不交往

D．关系紧张，不愿交往

13．对于社会上坑蒙拐骗、制假贩假等行为，您的看法是什么？

A．是违法行为，要坚决打击

B．如果是生活所迫，可以原谅

C．如果自己没有被骗，那就无所谓

D．只有坑蒙拐骗才能发财

14．您认为所在城市居民对待诸如公用电话、健身器材、公交港湾等公共设施的态度怎样？

A．很爱护　　B．比较爱护

C．爱护意识薄弱　　D．不爱护

15．您对市民穿睡衣拖鞋、夏天光背、带宠物出入公共场合的行为怎么看？

A．很不文明　　B．不太文明

C．完全可以　　D．无所谓

16．面对城市街头流浪人员，您会怎么做？

A．积极救助　　B．给予力所能及的帮助

C．反映到有关部门进行救助　D．不关自己的事

17．您参加过义务志愿者服务活动吗？

A．参加过　　B．没有参加过

C．想参加，不知如何报名　　D．没兴趣

18．您所在城市公民的道德现状如何？

A．很好　　B．较好

C．一般　　D．很差

19．遇到外地游客需要帮助时，您会怎么做？

A．热情帮助　　B．不和陌生人说话

C．躲着走　　D．让他（她）找警察

20．您怎样看待身边的好人？

A．品德高尚，令人尊敬，是自己学习的榜样

B．很平常，只是做什么事都能够持之以恒

C．没什么，只是机遇比别人好而已

D．有点傻

21．您对国计民生的态度是？

A．偶尔看一下，只了解周围人谈论的事情

B．很关心，通过各种渠道了解

C．与自己无关的不关心

22．您曾主动去无偿献血吗？

A．想去，但不放心

B．没有献过血

C．无偿献过血

23．您曾经利用手机或网络等媒介传播过淫秽暴力等不良信息吗？

A．从来没有做过

B．曾经有过这种行为，但现在不再有

C．有过这种行为

D．一直都有这种行为

24．在 QQ 聊天时，我们一般选择匿名。您认为最可能的原因是？

A．避开社会舆论的监督

B．想干什么就干什么，想说什么就说什么，也不用考虑后果

C．维护自己的隐私权利，不想陌生人知道自己更多

D．在缺少外在监督的网络空间里，培养自己的网络自律精神

25．您对使用一次性餐具的态度是？

A．有意识，尽量少用

B．坚决不用

C．不在意

26．您对环保的态度？

A．说说而已

B．没有太大的意识，偶尔实践

C．意识较高，经常实践

27．如果在举行一些环保活动，您会积极参与吗？

A．会

B．不会

C．看情况

28．您觉得大学生缺乏社会公德的原因有哪些？（可多选）

A．大学生的个人思想道德修养和素质有待加强和提高

B．社会公德所规范的行为包括社会公共生活中最微小的行为细节，而大学生往往会忽视这些细节

C．从众心理普遍存在

D．学校和家庭在思想道德教育方面有待加强

E．社会陋习依然存在

"高校德育实践教学研究"调研问卷——思想政治理论课教学情况调研

1．您的性别？

A．男　　B．女

2．您的政治面貌？

A．中共党员　　B．团员　　C．其他

3．您所学的专业？

A．理工科类　　B．文科类

C．艺术类　　D．其他

4．您认为在高校开设思想政治理论课是否有必要？

A．非常有必要　　B．有必要

C．不太必要　　D．没必要

5．您认为通过思想政治理论课进行思想道德教育是否可行？

A．非常可行　　B．可行

C．不太可行　　D．不可行

6．您对思想政治理论课程是否感举趣？

A．非常感兴趣　　B．感兴趣

C．不太感兴趣　　D．反感

7．您上思想政治理论课的主要原因？

A．是必修课必须上

B．提高思想政治理论素质

C．受老师所讲授内容吸引

D．单纯应付考试拿学分

E．受学校课堂纪律约束

8．您认为思想政治理论课程对您今后的发展是否有帮助？

A．非常有帮助　　B．有帮助

C. 帮助不大　　　　　　　　D. 没有帮助

9. 您对思想政治理论教学效果总体印象是?

A. 非常满意　　　　　　　　B. 满意

C. 较满意　　　　　　　　　D. 不太满意

E. 不满意

10. 您对学校开设的思想政治理论课包含哪些课程是否了解?

A. 非常了解　　　　　　　　B. 了解

C. 不太了解　　　　　　　　D. 不了解

11. 如果思想政治理论课是选修课，您认为同学选修的情况会?

A. 绝大多数学生会选修

B. 大部分学生会选修

C. 很少有学生会选修

D. 学生基本不会选修

12. 您最喜欢的思想政治理论课课程为?

A. 思想道德修养与法律基础

B. 中国近现代史纲要

C. 毛泽东思想、邓小平理论、“三个代表”重要思想概论

D. 马克思主义基本原理概论

E. 形势与政策

13. 您在思想政治理论课课堂的表现为?

A. 认真听讲做笔记　　　　　B. 只听不做笔记

C. 看其他的书或打磕睡　　　D. 心不在焉，根本不听

14. 您认为思想政治理论课教学中存在的最大问题是?

A. 教学方法问题　　　　　　B. 教学内容问题

C. 社会环境问题　　　　　　D. 教学手段问题

E. 其他

15. 有的学生在思想政治理论课堂逃课，您认为最主要原因是?

A. 有其他更重要的活动

B. 对思想政治理论课程内容不感兴趣

C. 老师讲授效果不好

D. 与专业学习关系不大

E. 学生自身纪律性不强

16. 有些老师讲课对学生缺乏吸引力，您认为最主要原因是?

A. 理论功底欠缺，掌握的本学科知识缺乏必要的广度和深度

B．教学方式陈旧、单一，难以激发学生的学习兴趣

C．语言表达缺乏感染力，导致课堂气氛沉闷

D．教师的言谈举止、年龄、性别、个性以及对待学生的态度和教师的个人修养等

17．您认为教师不定期使用讨论、辩论等教学方法对增强教学效果是否有帮助？

A．非常有帮助　　B．有帮助

C．帮助不大　　D．没有帮助

18．您认为思想政治理论课教师需要具备的素质？（可多选）

A．有学术造诣　　B．有责任感

C．有人格魅力　　D．有较强的教学能力

E．综合以上 A、B、C、D 选项

19．您认为除教师素质外，提高思想政治理论课教学实效亟待解决的是？（可多选）

A．理论联系实际，解答当前的热点、难点

B．改革考试、评定成绩的方式

C．采用先进的教学手段

D．加强社会实践环节

20．思想政治理论课教学要求理论联系实际，您最喜欢的社会实践方式是？

A．参观考察　　B．社会调查

C．志愿者服务　　D．校外走访

21．当您看到“神州八号”发射成功时，心中的感觉是？

A．非常自豪　　B．自豪

C．一般　　D．没感觉

22．理想与信念对个人的成长成才？

A．非常重要　　B．重要

C．不太重要　　D．不重要

23．您对中国特色社会主义理论体系的了解程度？

A．非常了解　　B．了解

C．不大了解　　D．不了解

24．您认为开展深入学习实践科学发展活动是否有意义？

A．非常有意义　　B．有意义

C．意义不大　　D．没有意义

25．您对加强和改进思想政治理论课建设的意见和建议。

附件二　关于学生在校期间德育考评系列鉴定表

关于学生家长对子女家庭美德现状的（　　）年度考核鉴定表

（该表由学生家长及邻居填写）

考核责任人及考核对象	考核内容	学生表现评价				备注
		优秀	良好	合格	不合格	
考核责任人：在校学生的家长 考核对象：在校学生	您的孩子在孝顺方面表现					
	与家长交流、沟通方面					
	寒暑假期间帮助父母或祖父母、外祖父母做农活或家务等方面					
	在关心父母身心健康方面					
	在阅读和社会实践活动方面					
	在厉行节约、勤俭朴素方面					
请在校生邻居评价部分	敬老爱幼、文明礼貌方面					
	人格健康、邻里和谐方面					
	性情豁达、助人为乐方面					
	关心集体、热心公益方面					
总体评价（由家长填写）						

家长对学生培养的建议：

家长签字：　　　　　　年　　月　　日

邻居对学校人才培养的建议：

备注：①优秀为 85 分以上；良好为 75 分以上；合格为 60 分以上，以下表格同；

②对学生的评价请在您认可的栏目里划“√”，以下表格同。

关于企、事业单位对实习学生职业道德（素质）现状考核鉴定表

（该表由学生实习单位填写）

<table>
<tr><th rowspan="2">考核责任人</th><th rowspan="2">考核内容</th><th colspan="4">学生表现评价</th><th rowspan="2">备注</th></tr>
<tr><th>优秀</th><th>良好</th><th>合格</th><th>不合格</th></tr>
<tr><td rowspan="10">学生实习单位的实习指导教师或部门负责人</td><td>善于学习、勤奋工作方面</td><td></td><td></td><td></td><td></td><td></td></tr>
<tr><td>刻苦钻研、勇于创新方面</td><td></td><td></td><td></td><td></td><td>若给予优良评价需要要有成果</td></tr>
<tr><td>严守纪律、服从分配方面</td><td></td><td></td><td></td><td></td><td></td></tr>
<tr><td>精益求精、尽职尽责方面</td><td></td><td></td><td></td><td></td><td></td></tr>
<tr><td>爱岗敬业、爱护公物方面</td><td></td><td></td><td></td><td></td><td></td></tr>
<tr><td>诚实守信、人格健康方面</td><td></td><td></td><td></td><td></td><td></td></tr>
<tr><td>团结友爱、尊敬师长方面</td><td></td><td></td><td></td><td></td><td></td></tr>
<tr><td>公平正义、办事公道方面</td><td></td><td></td><td></td><td></td><td></td></tr>
<tr><td>加班加点、甘于奉献方面</td><td></td><td></td><td></td><td></td><td></td></tr>
<tr><td>乐于助人、善于合作方面</td><td></td><td></td><td></td><td></td><td></td></tr>
<tr><td colspan="2">实习单位总评价</td><td colspan="5"></td></tr>
<tr><td colspan="7">实习指导教师对学生培养的建议：

导师签名：　　　　　年　　月　　日</td></tr>
<tr><td colspan="7">学生实习的企、事业单位对学校人才培养的建议：

单位盖章：　　　　　年　　月　　日</td></tr>
</table>

学生在校期间德育实践活动现状（　　）年度考核鉴定表

考核责任人	考核内容	学生表现评价				考核人签字
		优秀	良好	合格	不合格	
学生所在系辅导员	热爱班集体，积极参加学院和系组织的各类活动，身心和谐					
	尊敬师长、团结同学、诚实守信					
	爱护公物、严格遵守法规校纪					
专业教师（3 名以上）综合评价	勤奋学习、善于思考、善于钻研					
	严守课堂纪律、认真听课					
	吃苦耐劳、技能好、素质好					
系团委（总支）负责人	思想健康、文明向上、积极进取					
	积极参加团组织活动，有崇高的理想信念的追求					
系学生会综合评价	善于协作、积极参加系学生会活动					
	善于思考、善于团结、认真工作					
学生社团及志愿者活动评价	情趣健康、热心公益、乐于助人					
	积极参加相关社团和志愿者活动					
志愿者服务的单位评价	文明礼貌、助人为乐、个人品德好					
	敬老爱幼、爱护公物、环保意识强					

年度考核总体评价（由辅导员填写）：

签字：　　　　　　年　　月　　日

备注：考核人签名一栏的签名人数应根据所给空格而定（如学生社团及志愿者活动评价一栏至少应有两人签字）。

学生在校期间德育考评鉴定总表（该表在学生毕业前填写并进入学生档案）

<table>
<tr><th rowspan="2">考核
责任人</th><th rowspan="2">考核内容</th><th colspan="4">学生表现评价</th><th rowspan="2">考核人
签字</th><th rowspan="2">备注</th></tr>
<tr><th>优秀</th><th>良好</th><th>合格</th><th>不合格</th></tr>
<tr><td rowspan="3">学生所在系辅导员</td><td>热爱班集体、积极参加学院和系组织的各类活动，身心和谐</td><td></td><td></td><td></td><td></td><td rowspan="3"></td><td rowspan="3">注意汇总各年度考核结果作出总体评价</td></tr>
<tr><td>尊敬师长、团结同学、诚实守信、</td><td></td><td></td><td></td><td></td></tr>
<tr><td>爱护公物、严格遵守法规校纪</td><td></td><td></td><td></td><td></td></tr>
<tr><td rowspan="3">专业教师（3 名以上）综合评价</td><td>勤奋学习、善于思考、善于钻研</td><td></td><td></td><td></td><td></td><td rowspan="3"></td><td rowspan="3"></td></tr>
<tr><td>严守课堂纪律、认真听课</td><td></td><td></td><td></td><td></td></tr>
<tr><td>吃苦耐劳、技能好、素质好</td><td></td><td></td><td></td><td></td></tr>
<tr><td rowspan="3">专业实习单位导师评价</td><td>善于学习、善于钻研、甘于奉献</td><td></td><td></td><td></td><td></td><td rowspan="3"></td><td rowspan="3">注意汇总各实习单位意见</td></tr>
<tr><td>爱岗敬业、吃苦耐劳、善于合作</td><td></td><td></td><td></td><td></td></tr>
<tr><td>尊敬师长、严守纪律、服从领导</td><td></td><td></td><td></td><td></td></tr>
<tr><td rowspan="2">系团委（总支）评价</td><td>思想健康、文明向上、积极进取</td><td></td><td></td><td></td><td></td><td rowspan="2"></td><td rowspan="2"></td></tr>
<tr><td>积极参加团组织活动，有崇高的理想信念的追求</td><td></td><td></td><td></td><td></td></tr>
<tr><td rowspan="2">系学生会综合评价</td><td>善于协作、积极参加系学生会活动</td><td></td><td></td><td></td><td></td><td rowspan="2"></td><td rowspan="2"></td></tr>
<tr><td>善于思考、善于团结、认真工作</td><td></td><td></td><td></td><td></td></tr>
<tr><td colspan="8">德育理论考试结果（由德育理论教师记入学生德育考试成绩）：</td></tr>
<tr><td colspan="8">学生在校期间德育综合考核评价（由德育专业教师汇总前 5 项德育实践教学考核结果和第 6 项德育理论考试结果给出综合评价，以分计）：</td></tr>
</table>

教师签字：　　　　　　　　　　年　　月　　日

学生所在系党总支书记签字：　　　　　　　　　　年　　月　　日

参考文献

[1] 周晓静著．课程德育论．北京：人民教育出版社，2010.
[2] 檀传宝主编．德育的力量．上海：华东师范大学出版社，2012.
[3] 吴式颖等编．马卡连柯教育文集（下卷）．北京：人民教育出版社，2006.
[4] 马克思恩格斯全集（第3卷）．北京：人民出版社，1990.
[5] 过度营销几时休．人民日报，2013年5月31日.
[6] 吴安春著．德性教师论．北京：人民教育出版社，2003．22.
[7] [美]乔治·萨顿著．科学史和新人文主义．陈恒六等译．北京：华夏出版社，1989.
[8] 方明编．陶行知教育名篇．北京：教育科学出版社，2012.
[9] [美]约翰·杜威著．学校与社会·明日之学校．赵祥麟等译．北京：人民教育出版社，2005.
[10] 魏曼华等著．当代社会问题与青少年成长．福州：福建教育出版社，2005.
[11] 张晓东著．德育政策论．北京：人民教育出版社，2011.
[12] 袁振国著．教育政策学．南京：江苏教育出版社，2000.
[13] 鲁洁著．超越与创新．北京：人民教育出版社，2001.
[14] 杨润根著．发现老子．北京：华夏出版社，2006.
[15] [法]爱弥尔·涂尔干著．教育思想的演进．李康译．上海：上海人民出版社，2003.
[16] 翟凡．高职，给学生成长和经济发展正能量．中国教育报，2013年7月18日.
[17] 朱小曼主编．对策与建议—2005-2006年度教育热点、难点问题分析．北京：教育科学出版社，2007.
[18] [美]约翰·D·布兰斯福特等著．人是如何学习的—大脑、心理、经验及学校．程可拉等译．上海：华东师范大学出版社，2005.
[19] 马克思恩格斯选集（第一卷）．北京：人民出版社，1995.
[20] [美]约翰·杜威著．学校与社会·明日之学校．赵祥麟等译．北京：人民教育出版社，2005.
[21] 联合国教科文组织，国际教育发展委员会编著．学会生存——教育世界

的今天和明天. 北京：教育科学出版社，1996.
[22] 教育部法制办公室编. 教育法律法规规章汇编. 北京：教育科学出版社，2005.
[23] 十八大报告辅导读本. 北京：人民出版社，2012.
[24] 彭未名著. 交往德育论. 太原：山西教育出版社，2005.
[25] 于光著. 德育主体论. 北京：中国社会科学出版社，2010.
[26] [英]托・亨・赫胥黎著. 科学与教育. 北京：人民教育出版社，2005.
[27] 黄纯一. 对话台湾著名文史学家王汎森——大学“太紧张”，产不出独创性学问. 文汇报、文汇教育版，2013 年 7 月 11 日.
[28] [捷]夸美纽斯著. 大教学论. 傅任敢译. 北京：教育科学出版社，1999.
[29] 汪澄清，李濛著. 和谐方舟——中国拿什么奉献给未来. 北京：机械工业出版社，2010.
[30] 俞水. 点评：“徐砺寒‘闯祸’之后”. 中国教育报第 3 版，2012 年 11 月 30 日.
[31] 方柏林（南桥）著. 知识不是力量. 上海：华东师范大学出版社，2011.
[32] [美]威廉・墨菲. D.J.R.布鲁克纳著. 芝加哥大学的理念. 彭阳辉译. 上海：上海人民出版社，2007.
[33] 田晓玲. 道德可以给企业带来利润. 文汇报第 13 版，2013 年 6 月 24 日.
[34] [美]丹尼尔・科顿姆著. 教育为何是无用的. 仇蓓玲，卫鑫译. 南京：江苏人民出版社，2005.
[35] 冉乃彦著. 生命教育课. 北京：同心出版社，2008.
[36] 朱小曼著. 教育的问题与挑战　思想的回应. 南京：南京师范大学出版社，2000.
[37] 竭长光著. 德育辨证论. 北京：中国社会科学出版社，2010.
[38] 张烁. 考试“绑架”了什么. 北京：人民日报，2013 年 5 月 16 日.
[39] 薛晓阳著. 希望德育论. 北京：人民教育出版社，2006.
[40] 潘发勤. 新的道德教育——二战后美国的道德教育及瑞安的五种学习模式. 外国中小学教育，1996.
[41] 《陶行知全集》第二卷. 长沙：湖南教育出版社，1985.
[42] [德]古茨塔夫・勒内・豪克著. 绝望与信心. 李永平译. 北京：中国社会科学出版社，1992.
[43] 上海教育杂志社编. 此岸・彼岸・28 国教育改革进行时. 上海教育出版社，2007.
[44] 胡乐乐. 毕业生卖猪肉没给母校丢脸. 中国教育报，2013 年 4 月 19 日.

[45] 翟帆．高职：给学生成长和经济发展正能量．中国教育报第 5 版，2013 年 7 月 18 日．
[46] [英]彼得斯著．道德发展与道德教育．邬冬星译．杭州：浙江教育出版社，2003．
[47] 由雅克・德洛尔任主席的国际 21 世纪教育委员会向联合国教科文组织提交的报告．教育—财富蕴藏其中．北京：教育科学出版社，1997．
[48] 张岱年等著．中国文化概论．北京：北京师范大学出版社，1994．
[49] [美]斯塔夫里阿诺斯著．全球通史——从史前到 21 世纪（下册）．北京：北京大学出版社，2006．
[50] 李洪峰著．大国崛起的文化准备．北京：文化艺术出版社，2011．
[51] 王仕民著．德育文化论．广州：中山大学出版社，2007．
[52] 张贺．以文化化解戾气．人民日报第 19 版，2013 年 9 月 12 日．
[53] 王星霞著．反思与前瞻　学校发展变革研究．北京：科学出版社，2010．
[54] 赵详麟，王承绪编译．杜威教育论著选．上海：华东师范大学出版社，1981．
[55] 江苏省立第二师范学校编．杜威在华演讲集．北京：群益书社，1919．
[56] 苏霍姆林斯基．论德育和全面发展．国外教育资料，1980（1）．
[57] 朱永新著．新教育演讲录．北京：中国人民大学出版社，2012．
[58] [英]约翰・威尔逊著．道德教育新论．蒋一之译．杭州：浙江教育出版社，2003．
[59] 人民时评：《承欢膝下是我们共有的福利》．人民日报，2013 年 7 月 4 日．
[60] 郭元祥著．生活与教育．武汉：华中师范大学出版社，2005．
[61] 徐隽．网络社会同样是责任社会．人民日报第 18 版，民主政治周刊，2013 年 7 月 24 日．
[62] 邓瑜著．媒介融合与表达自由．北京：中国传媒大学出版社，2011．
[63] 《教育大计，教师为本》．《人民日报》第 2 版，2009 年 10 月 12 日．
[64] 杨东平主编．中国教育发展报告 2010．北京：社会科学文献出版社，2010．
[65] 刘黎明著．教育学视阈中的人．北京：科学出版社，2010．
[66] 曹影著．德育职能论．北京：中国社会科学出版社，2010．
[67] 大师的杰作．光明日报第 16 版，教育时空，2012 年 1 月 9 日．